吕祖谦文献学研究

李洪波 著

社会科学文献出版社
SOCIAL SCIENCES ACADEMIC PRESS (CHINA)

目录

前　言

吕祖谦，字伯恭，人称东莱先生。生于南宋高宗绍兴七年（1137），卒于南宋孝宗淳熙八年（1181），年45岁。吕祖谦文学术业，本于天资，习于家庭，稽诸中原文献之所传，博诸四方师友之所讲，融洽无所偏滞。是南宋乾道、淳熙间最具影响力的学者之一，与朱熹、张栻齐名，被时人尊为“东南三贤”。吕氏学问广博，撰述宏富，在四十五年的短暂一生中留下数百万字的著述，其用力之勤勉、学问之精深、成果之丰富，在当时可能只有朱熹可以与之相提并论，而其泛观广接，兼收并蓄，讲学丽泽，对于当时、后世的学术影响都非常深远。

一　吕祖谦研究综述

在较长一段时间的学术史研究中，吕祖谦处于被忽略的尴尬位置，相比于朱熹研究的繁荣深入、蔚成大国，吕祖谦研究显得比较冷清。尤其在大陆，20世纪90年代以前，吕祖谦研究只能说是刚刚起步，仅有少数论著、论文针对吕祖谦的学术进行专门研究。但近十几年来，吕祖谦的学术成就逐渐受到学界的重视，不仅其著述得到全面的整理与出版，其在理学、经学、史学、文学、教育学等领域的价值和意义也逐渐被发掘出来，出现了一批具有代表性的研究论著与学位论文，关于吕祖谦的研究呈现出渐趋深入之势。

（一）吕祖谦著述整理及文献研究

吕祖谦一生撰述文字上千万言，然东莱中年而逝，许多撰述都是其弟祖俭、侄子乔年以及门生后学整理刊刻。南宋以来，传本既多，错讹分合亦自不少，更有许多撰述散失亡佚。对其著作撰述之整理，历代皆有经心者，是以《吕氏家塾读诗记》、《古文关键》、《东莱博议》等版刻不绝。而吕氏全集之整理，直至近年而始成。

2008 年，黄灵庚、吴战垒先生主持整理的《吕祖谦全集》，由浙江古籍出版社正式出版，共十六册。同年，黄灵庚先生主持点校的吕祖谦《十七史详节》，由上海古籍出版社正式出版，共八册，即《史记详节》、《西汉书详节》、《东汉书详节》、《三国志详节》、《晋书详节》、《南史详节》、《北史详节》、《隋书详节》、《唐书详节》、《五代史详节》，凡十种，是目前为止《十七史详节》整理的最佳版本。

《吕祖谦全集》、《十七史详节》对吕祖谦撰述进行了全面的梳理点校，为吕祖谦研究的进一步深入展开奠定了可靠的文献基础，黄、吴二位先生可谓功臣。

对吕祖谦著述的版本考辨、佚文辑录等工作，也取得了丰富的成果，比如冯春生《吕祖谦经学著述目录版本考述》（2002）、《吕祖谦丁部文献目录版本考述》（2006）对吕祖谦经部、集部撰述的版本目录考述，黄灵庚《吕祖谦佚文补遗》、《吕祖谦佚文考辨三则》（2008）等对吕氏佚文的辑录，李解民《〈春秋集解〉为吕祖谦撰考》（2005）、张宗友《吕氏〈春秋集解〉十二卷本作者与流传之探索》（2009）、黄觉弘《今传〈春秋集解〉作者非吕祖谦考辨》（2010）等对《春秋集解》一书的辨正。

杜海军《吕祖谦与〈近思录〉的编纂》（2003）、程水龙《〈近思录〉版本与传播研究》（2008）等对吕氏编纂之学进行研究，具体分析了吕祖谦在《近思录》编纂中的重要作用及其在理学传播史上的意义。杜海军《吕祖谦文学研究》之《古文关键》、《皇朝文鉴》部分（2003）梳理了吕氏两部文学编纂之作的基本体例、内容及其对文学史的影响。杜海军《〈欧公本末〉的发现及其文献与学术价值》（2011）对吕氏《欧公本末》一书的文献学价值进行了考察。

孙建元《吕祖谦〈音注河上公道德经〉记略》（1996）、《吕祖谦音注三种研究》（1998）对吕祖谦的音注进行了考察，是目前对于吕氏音注研究的重要成果。

杨太辛《吕祖谦博洽文史的中原文献之学》（2006）则从总体上考察了吕祖谦文献之学的主要特点。

（二）吕祖谦生平、家世、交游研究

吕氏家族是两宋时期最引人注目的家族群体之一，可称是衣冠世家。吕氏家族世代问学，著于当时。吕祖谦秉承家族之学，博诸师友之讲，成学术界一时之领袖人物。

因此，研究者在考察吕祖谦之学术时，对于吕祖谦之家学渊源、师友砥砺尤为重视。刘昭仁《吕东莱之文学与史学》（1986）、潘富恩和徐余庆《吕祖谦评传》（1992）、徐儒宗《婺学之宗——吕祖谦传》（2005），爬梳剔抉，基本理清了吕祖谦的家世生平以及交游情况，并考察了对于吕祖谦学术的影响。杜海军《吕祖谦年谱》（2007）是今人重编吕祖谦年谱，资料翔实，考证细密，系年准确，吕氏生平行事、学术政治活动，得以全面呈现，是吕祖谦研究的一项重要成果。除此之外，孔东《宋代东莱吕氏之族望及其贡献》（1988），陈开勇《宋代开封——金华吕氏文化世家研究》（2010），姚红《宋代东莱吕氏家族及其文献考论》（2010），罗莹《宋代东莱吕氏家族与研究》（2011）等从不同角度对吕祖谦家族学术及特点进行了考察，有助于我们从家族传统上理解吕氏之学。

（三）吕祖谦学术之研究

1. 总体研究

潘富恩、徐余庆《吕祖谦思想初探》（1984）是国内第一部全面研究吕祖谦学术思想的专著，是大陆吕祖谦研究的开山之作，分为生平与学术活动、社会政治思想、哲学思想、伦理学思想、教育思想、历史观等六部分，全面论述吕氏之学，筚路蓝缕之功不可没。此外，潘富恩和施昌东《论吕祖谦》（1982）、步近智《论吕祖谦与婺学的特征》（1983）等论文，

代表了这一时期对吕祖谦学术思想研究的主要成果。而在台湾及海外，吴春山《吕祖谦研究》（1978）、姚荣松《吕祖谦——中国历代思想家》（1987）是较早对吕祖谦进行全面研究的著作。田浩是较早考察吕祖谦与朱熹学术互动并推崇吕祖谦学术地位的学者，主要论著有《重寻历史上的吕祖谦》（1995）、《朱熹的思维世界》（1996）等。

20世纪90年代以来，对吕祖谦学术思想的研究渐趋深入。潘富恩、徐余庆在《吕祖谦思想初探》的基础上扩充深化，撰就《吕祖谦评传》，从经济思想、政治思想、哲学思想、人生观、伦理思想、教育思想、史学观等方面深入分析吕祖谦的学术思想，在相当长的一段时间内代表着大陆学界吕祖谦研究的成就和水平。浙江省武义县政协文史资料委员会编《吕祖谦与浙东明招文化》（2006），则对吕祖谦的家族家世、生平交际、门生传人、文化事功、思想成就以及对后世之影响做了全面的介绍与研究。论文方面，董平《吕祖谦思想论略》（1991）、潘富恩《论吕祖谦兼容并蓄的学术思想》（1992）、潘富恩等《简论吕祖谦的治学之道》（1995）、黄灵庚《吕祖谦学术简论》、杨宗锡《吕祖谦学术思想研究》（2003）、黄灵庚《经、史并重的吕学特色》（2005）、陈国灿《吕祖谦的学术风格》（2005）等，注重从总体上考察吕祖谦的学术、思想特点。王远《吕祖谦之家学及其开创的婺学渊源小考》（1991）、汪俊《宋代吕氏家族学术特点述略》（2001）、肖永明和张长明《吕祖谦的思想学术渊源与治学特点》（2003）、刘玉敏《吕祖谦学术渊源考略》（2007）则从家族、流派等角度深入考察了吕祖谦学术思想的渊源及其特点，尤其杜海军《吕祖谦受学吕本中吗？——与刘玉敏商榷兼论吕祖谦学术渊源于吕本中》（2008）、《论吕祖谦研究中的偏见》（2008）等论文，对许多似是而非的传统说法进行了辨析。

另外，杜海军《论吕祖谦对浙东学术的培植与影响》（2006）、周梦江和张洁《试论吕祖谦及其与永嘉学派的关系》（2006）、张晶《宋元时期“婺学”的流变》（2006）等论文，着重考察了吕祖谦学术对当时及后世的影响，浙东学派的兴盛发展与吕祖谦的学术努力是分不开的。

2. **吕祖谦经学研究**

经学研究主要围绕吕祖谦的《诗经》学、《春秋左传》学、《易》学展开。学位论文方面，台湾有林建勋《吕东莱的春秋学》（1990）、郭丽娟《吕祖谦诗经学研究》（1994）、洪春音《朱熹与吕祖谦诗说异同考》（1994）等，大陆有杨延《〈吕氏家塾读诗记〉的宗毛倾向》（2006）、程颖颖《论〈吕氏家塾读诗记〉》（2007）、朱宏秋《东莱吕氏〈左传〉学发微》、吴冰妮《〈吕氏家塾读诗记〉研究》（2010）等，对吕祖谦经学中最重要的《春秋》学、《诗经》学、《左传》学进行深入的研究，考察其经学的主要内容、成就、特点，以及在经学史上的地位，偏重于学术史的考察，有的论文也涉及比较细致的文献学分析，有助于我们建立起对吕祖谦经学的全面理解。这些学位论文后来多发表于学术期刊，从而形成一段时期吕祖谦经学研究的热点。

重要论文有赖炎光《吕祖谦的诗经学》（1973）、张卫中《吕祖谦左传研究论析》（1992）、张卫中《吕祖谦左传研究论析（续）》（1992）、杜海军《〈读诗记〉及其权属与影响》（2003）、杜海军《吕祖谦的〈诗〉学观》（2005）、李家树《南宋朱熹、吕祖谦“淫诗说”驳议述评》（2005）、杨新勋《论吕祖谦〈诗经〉学的主要思想》（2006）、姚永辉《论吕祖谦〈吕氏家塾读诗记〉中的“诗史互释”》（2006）、杨新勋《吕祖谦〈吕氏家塾读诗记〉在〈诗经〉学史上的意义》（2008）、姚永辉《朱熹、吕祖谦关于〈诗经〉的四大论辩平议》（2008）、蔡方鹿和付春《吕祖谦的〈诗经〉学探析》（2008）、孙旭红《吕祖谦〈左传〉学中的王霸之辨》（2010）、李之鉴《吕祖谦易说浅论》（1997）、徐儒宗《吕氏〈古周易〉与朱子〈周易本义〉简论》（2007）、蔡方鹿《吕祖谦的易学思想》（2008）等。在这些论文中，有关《吕氏家塾读诗记》的研究占大多数，对吕祖谦《诗经》学思想、与朱熹的论辩、在学术史上的意义等进行全面考察，这也是目前吕祖谦经学研究比较深入的一个领域。

在总体研究上，蔡方鹿《吕祖谦的经学思想及其方法论原则》（2008）是一篇很有价值的论文，总结了吕祖谦“以理视经”的经学思想和“经非疏我，而我则疏经”的解经原则，以及坚持“先治一经，触类而长”、“先识得大纲，再做工夫”、“读书必务精熟”等解经方法，认为吕祖谦经学与理学结合起来，在南宋思想界产生了深远的影响。

3. 吕祖谦史学研究

吕祖谦极重史学，在南宋理学家中独树一帜。关于吕祖谦史学的研究，很早就引起研究者的重视，并取得了丰富的成果。

台湾地区对吕祖谦的史学研究开展较早，胡昌智《吕祖谦与其史学》(1974)、刘昭仁《吕东莱之文学与史学》(1986)、李宗翰《吕祖谦之历史思想》(1997)、高焜源《吕祖谦的史学批评》(2000)，以学位论文或专著的形式对吕祖谦的史学成就、史学思想进行了比较全面的考察与研究。

大陆对吕祖谦史学的研究，早期有潘富恩等《论吕祖谦的历史哲学》(1984)、孙方明《吕祖谦史学思想初探》(1985)、李炳泉《吕祖谦的史学思想》(1989)、吴怀祺《吕祖谦的史学》(1992)、潘富恩《吕祖谦与浙东史学》(1992)，对吕祖谦史学研究特点、主要的史学思想作了分析总结，蓄德致用、强调通变、求实考信、经史并重等特点成为学界对吕祖谦史学的比较一致的看法。董平《论吕祖谦的历史哲学》(2005)对于吕祖谦史学思想有更深入的理解与认识，认为以吕祖谦为代表的浙东学派，特别重视将天道的追寻贯彻于社会历史的全部领域，实现了历史学与哲学的融合，在某种意义上开创了中国学术史上的历史哲学传统。

4. 吕祖谦文学研究

对吕祖谦文学成就的研究主要侧重于《古文关键》的文学评点之学、《宋文鉴》等文学文献编纂之学以及《东莱博议》等评论文字。

刘昭仁《吕东莱之文学与史学》(1986)，以专章论述吕祖谦的文学成就。许爱莲《吕祖谦及其〈东莱博议〉》(1990)、林文腾《吕祖谦〈皇朝文鉴〉研究》(2001)分别以学位论文的形式从文学角度对吕祖谦编撰的两部重要典籍进行研究。杜海军《吕祖谦文学研究》(2003)全面论述吕祖谦文学创作、文学文献整理、《诗经》学、文学思想等方面的文学成就，是大陆第一部专门研究吕祖谦文学成就的专著。

从《古文关键》、《宋文鉴》等入手考察吕祖谦的文学思想是文学领域研究的重心，先后有陈广胜《〈宋文鉴〉与吕祖谦的学术思想》（1996）、张秋娥《修辞接受与修辞表达——从〈古文关键〉评点看吕祖谦的修辞思想》（2002）、吴承学《现存评点第一书——论〈古文关键〉的编选、评点及其影响》（2003）、邱江宁《吕祖谦与〈古文关键〉》（2005）、杜海军《吕祖谦与〈唐宋八大家〉》（2006）、罗莹《〈古文关键〉经典的确立与文章学上的意义》（2009）、巩本栋《论〈宋文鉴〉》（2012）等论文，分析吕祖谦编选《宋文鉴》的基本体例、原则与理念，以及《古文关键》体现的吕氏文学观念及其学术史意义。

（四）基于学术史背景的吕祖谦研究

吕祖谦是南宋理学的重要代表，也是南宋浙东学派的领军人物，所以在南宋理学史、浙东学术史研究中，吕祖谦研究都居于重要地位。比如王凤贤等《浙东学派研究》（1993）、管敏义等《浙东学术史》（1993）、田浩《朱熹的思维世界》（1996）、侯外庐等《宋明理学史》（1997）、董平《浙江思想学术史》（2005）、郝桂敏《宋代〈诗经〉文献研究》（2006）、吴怀祺《中国史学思想通史（宋辽金卷）》（2010）都有专门章节论述吕祖谦的学术思想及其地位、影响。

对浙东学术的研究是近代学术研究的热点之一，因此有大量论文论及浙东学派、金华学派、婺学，将吕祖谦放到浙东学术的大背景下以及与其他学者的比较中加以考察，进一步凸显吕祖谦在南宋学术史中的价值与地位。比如高越天《述金华学派》（1973）、李甲孚《朱子、吕祖谦与近思录》（1975）、朱仲玉《试论金华学派的形成、学术特色及其历史贡献》（1989）、周梦江《南宋婺学与永嘉学派》（1990）、潘富恩与刘华《论浙东学派的事功之学》（1994）、董建和与卢香霄《南宋浙东学派的“家学”源与流》（1994）、潘富恩《论朱子与东莱思想之异同》（2000）、徐德智《朱熹和吕祖谦的经史观》（2004）、潘富恩《论陆九渊与吕祖谦思想之异同》（2005）、朱晓鹏《论南宋浙学研究的现代意义及其方法》（2010），等等。

二　本书的研究思路

从以上对吕祖谦研究的简单列述可以看出，虽然近年来研究情况已经大有改观，但相对于其突出的学术成就与深远的学术影响来说，后人对吕祖谦的研究还是很不够的，尤其在文献学等领域还有待于学者的深入研究和探索。

从孔子以来，历代学者之学术研究，固然不乏独出心裁的创造性著作，但多数学者的著述是通过文献整理的形式完成的。吕氏家族以文献传家，吕祖谦在文献整理研究方面成果丰硕，并体现出鲜明的文献学特点，其学术成就主要也是通过对文献的整理研究体现出来。因此，研究吕氏的文献整理之学，是全面考察其学术成就的重要途径。而对于这一领域的研究，还有待深入。

首先，除了从经学、史学、文学等不同领域介入的有相关性的研究之外，还没有从整体上对吕祖谦的文献之学进行研究的论著。刘昭仁《吕东莱之文学与史学》、杜海军《吕祖谦文学研究》等论著对其文献学给予了很大的关注，也做了大量的梳理研究工作，但前者仅以之为论述基础，后者论述中心在集部文献，都未能从总体角度考察研究其文献之学。而吕祖谦的文献整理之学涉及领域虽多，但在学术上有着一以贯之的理念，从某一领域入手，做深入细致的梳理考察，有助于建立起对其文献学的纵深研究，但对于探讨其不同学术领域间的相互影响，以及从总体上考察其文献学思想、定位其文献学成就，此类研究则有困难。而吕氏之学的特点就是博杂融通，不从整体出发全面研究是无助于抉发其文献之学的真正内涵的。吕祖谦经史兼通、文史并重，单纯从经学、史学或文学角度的研究，会影响我们认识其文献学在经学、史学、文学等方面的融通特点，也不便于考察评价其总体成就。比如我们在考察其文学典籍注释时发现，吕祖谦非常重视对作品中涉及的史事的注释，这与一般的文学典籍的注释倾向有所不同。而其编纂的《欧公本末》一书，也是文史结合的一个例子。此书以欧文为经，考其历仕岁月，兼及时事、时贤之本末，文集而见史意，史著而见文心，可谓匠心独具之作。至于经史贯通方面，吕氏《左传》学、《诗经》学研究体现得都比较明显。吕氏文献之学的这些特点，需要通过总体全面的考察才能够进一步抉发、揭示。

另外，吕祖谦在文献学方面取得的成就与其文献学思想的价值意义，还需要进行深入的研究与探讨。杨太辛《吕祖谦博洽文史的中原文献之学》从总体上考察了吕祖谦文献之学的主要特点，蔡方鹿《吕祖谦的经学思想及其方法论原则》总结吕祖谦经学思想、解经原则、解经方法，都已经涉及对吕祖谦文献学思想及其特点的考察分析。我们需要做的，是基于对吕祖谦文献学的总体考察，结合具体代表性文本，并将其置于古代文献学史的背景中，进行更为深入的探讨。由于吕祖谦的特殊地位与影响，他与同时代学者如朱熹之间的交流是极为频繁的，本书试图通过梳理吕祖谦与朱熹在文献之学方面的交往互动，考察其文献学在当时的地位、影响及其价值。两人交往密切，学术成就极高，各自的学术方法、思想、观点在互相交往影响中又呈现出自己的鲜明特点，考察这一互动影响的过程，本身就是有学术史意义的。

三　本书的主要研究内容与方法

本书试图通过对吕祖谦文献整理研究活动的考察，全面梳理并评价吕祖谦的文献学成就，总结提炼其文献学思想，并试图由此探讨其在文献学方面与当时学术界的互动以及对当时、后世的影响。

前言部分，主要总结吕祖谦研究的基本情况，介绍本书的基本研究思路、研究方法，本研究的价值与意义。

第一章主要围绕吕氏家族的世家特点，分析其家学传统，重心在分析家学渊源与师承对吕祖谦文献学撰述及思想的影响。

第二章主要考察吕祖谦在经典诠释学方面的成绩及其特点。吕祖谦的在经典诠释方面采取注释、解说等不同形式，前者如《吕氏家塾读诗记》、

《古易音训》、《春秋集解》等，以传统的训诂注释方式解释经典，后者如《左氏传说》、《左氏传续说》、《增修东莱书说》、《丽泽论说集录》等，以解说阐发大旨的方式解释经典。我们将通过文本分析，考察吕祖谦在文字训诂、文义训解、音注，文献具体内容方面（名物制度、地理年代、人物史实等）的考释，文献思想内容诠释等方面的成就。鉴于吕氏著作宏富，且各书形态差异较大，本章将主要围绕《吕氏家塾读诗记》（吕氏经注的代表）来展开考察。

第三章考察吕祖谦的文献编纂之学。文献编纂是吕祖谦学术撰述中的重要内容，其中体现着吕祖谦本人明确的学术目的与宗旨，是吕祖谦对南宋学术文化发展及传播形式的适应与推动。《大事记》是其史部文献编纂的代表作，本章将对其进行全面的研究，以见吕祖谦文献编纂学的成就。

第四章主要是从学术史的角度来考察吕祖谦文献学的影响。以吕祖谦与朱熹在文献学方面的互动为中心，考察吕祖谦的文献学在当时学术文化圈的影响。

本书的研究方法，主要通过对吕祖谦文献学撰述的仔细梳理、文本细读展开，归纳义例，申明宗旨，对其文献学成就进行总结分析评价，并揭明其在文献学史上的价值与意义。同时特别注意考察吕祖谦文献学与宋代学术文化之间的内在联系，争取能够充分展现吕祖谦文献学的丰富成果、突出成就，以及在宋代学术史上的独特地位和影响。

鉴于吕祖谦文献整理活动的丰富性与复杂性，本书还将通过吕祖谦文献整理活动年表的考订编制，细化对其文献之学的认识与理解。

第一章

吕祖谦的
家世家学与其文献学研究

第一节　作为世家的吕氏家族

宋代是古代社会结构发生重大变化的时期，已无六朝隋唐的门阀世族，但是仍然有一些世代高官厚禄的世家大族，在政治、文化上体现出深远的影响。

南宋学者王明清《挥麈录》卷二“本朝族望之盛”，最早做了梳理：

> 自祖宗以来，故家以真定韩氏为首，忠宪公家也。……东莱吕氏，文穆家也。……河内向氏，文简公家也。……两浙钱氏，文僖兄弟名连惟字。……曹武惠诸子，名连玉字。……高武烈诸子连遵字。……晁文元诸子，名连宗字，文庄兄弟也。……李文定本甄城人，既徙京师，都人呼为“濮州李家”。……以上数家，派源既繁，名不尽连矣。在江南则两曾氏，宣靖与南丰是也，曾文清兄弟亦以儒学显，又三族矣。三苏氏：太简、仪父、明允。两范氏：蜀公与文正是也。若莆田之蔡，白沙之萧，毗陵之胡，会稽之石，番阳之陈，新安之汪，吴兴之沈，龙泉州之鲍，皆为今之望族。而都城专以戚里名家又数家，不能悉数也。①

在这些大家族中，东莱吕氏家族是较为突出的。从北宋以来，家族成员在王朝政治系统中地位显要，多人位至宰执。随着家族的兴盛，其在王朝学术文化中的影响力也逐渐显露出来，从而使得吕氏家族在两宋时期显露出

① 王明清：《挥麈录》卷2，景印文渊阁《四库全书》本，上海古籍出版社，1987。

别样的风采。

罗莹在《宋代东莱吕氏家族与研究》中根据王明清《挥麈录》、劳格《读书杂识》制作了“宋代文化家族简表”，统计出两宋著名的文化家族有48家。其中吕氏家族横跨两宋，家族事业涵盖哲学、文学、史学、政事，为48家中所仅见。[①]

由于宋代的社会结构与政治构成相比前朝已经发生根本性的变化，因此宋代的世家大族已很难做到历久而不衰。罗莹做过较详尽的统计，发现“持续十数代甚至与一个王朝相始终的家族是极其少见的”。[②] 如《容斋随笔·三笔》卷十二“大贤之后”记载：“本朝三李相，文正公昉、文靖公沆、文定公迪皆一时名宰，子孙亦相继达宦。然数世之后益为萧条，又经南渡之厄，今三裔并居余干，无一人在仕版。文定濮州之族，今有居越者，虽曰不显，犹簪缨仅传，而文正、文靖无闻，可为太息！”[③] 其实，这在宋代可算是家族传承的常态，跟宋代统治者有意识削弱大族势力的统治策略有关。但在这一大背景下，吕氏家族在宋代仍然体现出独特的风貌，绵延十余代二百五十多年，几乎与两宋王朝相始终。不仅在政坛上具有深远的影响力，而且以文化传家，与理学的兴起、繁荣息息相关，涵盖文史哲学各学术领域，并形成鲜明的家族学术文化传统。

吕氏在政治上的影响，时人多有称颂，如《挥麈录》卷二曰：“本朝一家为宰执者，吕氏最盛。”具体来说，吕氏一家曾执七朝政，“吕文穆相太宗。犹子文靖参真宗政事，相仁宗。文靖子惠穆为英宗副枢，为神宗枢使；次子正献为神宗知枢，相哲宗。正献孙舜徒为太上皇右丞。相继执七朝政，真盛事也！”[④] 邵伯温《邵氏闻见录》卷三曰：“韩、吕，朝廷之世

---

① 罗莹：《宋代东莱吕氏家族与研究》，人民出版社，2011，第11页。

② 罗莹：《宋代东莱吕氏家族与研究》，人民出版社，2011，第16页。

③ 洪迈：《容斋随笔·三笔》卷12，上海古籍出版社，1978。

④ 王明清：《挥麈录》卷2，景印文渊阁《四库全书》本，上海古籍出版社，1987。

臣也，天下之士，不出于韩，即出于吕。”[①] 王珪《吕谏议公绰墓志铭》曰：“天下之人谈衣冠之盛者，必以吕氏为世家。”[②]

以上评价着重于吕氏家族在政治上的世代影响力，其实，在与政治相辅相成的文化、学术领域中，这些世家大族也致力于建立起一种统序。力图在文化、学术上获得话语权与影响力，成为宋代世家大族的主动行为与积极追求。

考察两宋绵延数代的世家大族，基本上都具有一个特征，也就是政治、文化影响并驾齐驱，相辅相成。如周必大曾说：“古者公卿大夫之家，其父兄既植德累功于前，其子孙复曾修积美于后，传祀数百不陨其名，是之谓世臣巨室。及其季也，荜门圭窦之人暴登贵仕而公侯子孙往往降在皂隶。国之兴替常于是乎？卜之本朝，盛时如文元晁氏、忠宪忠献二韩氏、文正范氏、宣献宋氏、申国吕氏，或文献相承，或德业交著，因事立功，与国同休，至于今赖之。”[③] 文献相承，德业交著，实际上就涵盖了政治、文化两方面的内容，真正能影响朝野、延及后世的家族，两者是不能偏废的。宋代官僚之家，既然很难世代相继而长盛，文化、学术上的追求就是他们在政治外渴望延续家族影响力的一个重要考虑。如《宋元学案》曰：“北宋公相家之盛，莫如吕氏、韩氏，其子孙皆能以学统光大之。”[④] 说明最终能延续并光大家族传统的，还是学术、文化方面的影响力。

比如韩氏一族，在北宋世代宰执，到南宋则有韩元吉“文献、政事、文学为一代冠冕”[⑤]，韩淲以诗名当世，体现出文化上的影响力。另如晁氏家族，“五世百余年，文献相望，以及建炎、绍兴”。[⑥] 所谓文献相望，靠

---

① 邵伯温：《邵氏闻见录》卷3，中华书局，1983。

② 杜大珪：《名臣碑传琬琰之集》中编卷15，景印文渊阁《四库全书》本，上海古籍出版社，1987。

③ 周必大：《文忠集》卷186《江阴李教授》，景印文渊阁《四库全书》本，上海古籍出版社，1987。

④ 黄宗羲、全祖望：《宋元学案》卷34《武夷学案》，中华书局，1986。

⑤ 黄昇：《中兴以来绝妙词选》卷3，《四部丛刊》本。

⑥ 陆游：《渭南文集》卷14《晁伯咎诗集序》，景印文渊阁《四库全书》本，上海古籍出版社，1987。

的自然也不仅仅是政治资本。

而吕氏家族在政治之外，在宋代文化、学术领域的影响力，更为其他大族所不及。就家族学术的持续性来说，终宋一代，无与伦比。全祖望说："吕正献公家登《学案》者七世十七人。"[①] 据后来学者统计，实则为七世二十二人。这样一个绵延十数代，政治、文化影响深远的家族，其家学传统值得深入研究。

"一个家族的延续，总是由人来承担推进的。皮之不存，毛将焉附。另一方面，家族的崛起、兴盛及文化的建立、推进又主要是由关键的特殊人物来实现的。"[②] 本书在讨论吕氏家族的家学传统时，不涉及过于细致的家族世系的考证，主要通过建立推进吕氏家族传统的关键特殊人物来加以考察。从目前的吕氏家族研究来看，两宋时期的吕氏家族世系基本梳理清楚，从吕龟图、吕龟祥兄弟的"龟"字辈，到吕乔年、吕康年等的"年"字辈，两宋吕氏家族的影响力持续了十代，关键人物主要是吕蒙正、吕夷简、吕公著、吕希哲、吕好问、吕本中、吕大器、吕祖谦等。吕氏家族支脉繁衍，其中吕祖谦一支的世系，是吕龟祥—吕蒙亨—吕夷简—吕公著—吕希哲—吕好问—吕弸中—吕大器—吕祖谦，但因为世家大族聚族而居的传统及血缘、文化凝聚力，本文在论述吕祖谦的家世与家学时，也会将吕蒙正、吕本中等吕氏家族传承中的重要人物纳入其中。

第二节　吕氏家族的家学传统及其对吕祖谦文献学的影响

一　经史并重、史学最著

钱穆曾说："自东汉以来，因有累世经学，而有累世公卿，于是而有

① 黄宗羲、全祖望：《宋元学案》卷19《范吕诸儒学案》，中华书局，1986。
② 陈开勇：《宋代开封——金华吕氏文化世家研究》，中国社会科学出版社，2010，第6页。

门第之产生。自有门第，于是而又有累世之学业。”[①] 在家族之学中，经学是其根基。吕氏家族学术中，经学传统也是源远流长。

吕蒙正以进士第一及第，吕夷简等也都是通过科举入仕。当时科举重帖经、墨义，儒家经典及汉唐注疏就是士子必修的功课，科举入仕者必定是其中的佼佼者，吕夷简甚至被视作“以儒学起家”，故而吕氏先祖在当时经史素养应属较高水准。值得注意的是，吕氏家族虽然并未在经史之学方面展开专门的学术研究，但强调切于实用，注重古今盛衰之变等特点已经显露出来。吕夷简“敷经上前，导以典学，每奏事之间辄引经史”[②]，吕公绰“四典太常，尤明于礼学”[③]，吕公弼“暇则读书，究观古今治乱之要”[④]，都说明重经史是吕氏家学传统中一个突出的特质。

自吕公著始，吕氏家学逐渐形成，并引起学术界的重视。吕公著“自少讲学，即以治心养性为本”。[⑤] 入仕后，以经史之学用于现实，切于实用。比如在迩英阁为英宗讲《论语》，劝勉君王要“返身修德”。讲到“学而时习之”一句，论述曰：“人君之学，当观自古圣贤之君如尧、舜、禹、汤、文、武之所用心，以求治天下国家之要道，非若博士诸生治章句、解训诂而已。”[⑥] 根据学者的钩沉梳理，吕公著对于《周易》、《尚书》、《诗经》、《周礼》、《礼记》、《春秋》、《孝经》、《孟子》等儒家经典及汉唐史书都非常熟悉，日常奏章中时时引述并据以立论言说。

吕公著与当世学者交往深厚，其子吕希哲得以转益多师，学于焦千之、胡瑗、孙复、二程等人。吕希哲论学以儒学为宗，对于《大学》、《论语》、《孟子》、《周易》造诣颇深，有解《孟子》、《论语》之书为《郡斋

① 钱穆：《中国思想史论丛》卷3《略论魏晋南北朝学术文化与当时门第之关系》，安徽教育出版社，2004，第164页。

② 张方平：《乐全集》卷36《赠太师中书令谥文靖吕公神道碑铭并序》，景印文渊阁《四库全书》本，上海古籍出版社，1987。

③ 王珪：《华阳集》卷51《翰林侍读学士吕公墓志铭》，《丛书集成初编》本。

④ 杜大珪：《名臣碑传琬琰之集》中编卷26，景印文渊阁《四库全书》本，上海古籍出版社，1987。

⑤ 黄宗羲、全祖望：《宋元学案》卷19《范吕诸儒学案》，中华书局，1986。

⑥ 李焘：《续资治通鉴长编》卷199，中华书局，2004。

读书志》、《文献通考》等书著录。“其读经书，平直简要，不为辞说，以知言为先，自得为本，躬行为实，不尚虚言，不为异行”[①]，体现出吕氏家学学术化的转折，但又保留了其注重实践、不尚虚言的特点。

吕本中是吕祖谦的伯祖，是吕祖谦之前吕氏家族中学问最为广博的学者。他兼通诸经，尤其是《春秋》学，朱熹有较高评价：“吕居仁《春秋》亦甚明白，正如某《诗传》相似。”《四库全书总目》评价其《春秋集解》一书“经学深邃”，[②] 尤其对于其《紫微杂说》评价甚高：“其书分条胪列，于六经疑义，诸史事迹，皆有所辨论，往往醇实可取。如谓经书‘致’字有取之义，又有纳之义，先儒但以至极立解为未尽。……其他大抵平正通达，切中理道之言，非诸家说部所能方驾。”[③]

吕氏家族中，吕蒙正、吕夷简、吕公著，三世为相，多次参与朝廷修史，其他如吕希哲、吕本中等也多次任史职。吕氏家族与官方修史的渊源颇深，当然也会积累形成丰富的史学传统。出身世家大族，素习经史，政治、社会地位高，交接朝野闻人，又有丰富的文献典藏，在史学方面更具有得天独厚的优势。

宋代史馆，如国史院、实录院等，多以宰相领之。吕蒙正，历任太宗、真宗朝宰相，端拱元年拜相，为中书侍郎兼户部尚书、同中书门下平章事，监修国史。

吕夷简，于仁宗天圣五年修国史。天圣七年拜相，不久加吏部侍郎、昭文馆大学士，监修国史。庆历三年，授司徒，监修国史。天圣五年王曾上书建议：“采太祖、太宗、真宗实录、日历、时政记、起居注，其间事迹不入正史者，别为一书。”明道二年，监修国史吕夷简上《三朝宝训》三十卷，即为此书，《宋史·艺文志》有著录。另外，《宋史·艺文志》还著录《三朝国史》一百五十五卷（《直斋书录解题》、《郡斋读书志》皆作

---

① 朱熹：《宋名臣言行录》后集卷8，景印文渊阁《四库全书》本，上海古籍出版社，1987。

② 永瑢等：《四库全书总目》卷27《春秋集解》提要，中华书局，1981。

③ 永瑢等：《四库全书总目》卷121《紫微杂说》提要，中华书局，1981。

一百五十卷），吕夷简等撰。《郡斋读书志》卷五评价说："比之三朝《实录》，增者大半，事核文赡，褒贬得宜，百世之所考信云。"[①] 虽然《三朝国史》成于众手，历王旦、王曾诸相，但吕夷简为最后监修者，居功不少。

吕公绰，为吕夷简长子。曾与修《崇文总目》。"四典太常，尤明于礼学，自三代沿革，国朝典章之盛，靡不该达。"[②]

吕公弼，吕夷简次子。仁宗明道二年，积迁直史馆。范镇《吕惠穆公公弼神道碑》曰："家居未尝喜怒，暇则读书，究观古今治乱之要，而不为章句之学。故所至有治功。"[③]

吕公著，吕夷简三子。神宗熙宁二年，以翰林学士与修《英宗实录》，《直斋书录解题》著录三十卷。哲宗元祐元年，拜尚书右仆射兼中书侍郎，提举修《神宗实录》。

吕希哲，吕公著长子。有《吕氏杂记》，"所记旧闻，朝廷掌故，多可与史传相参考"。[④] 又有《岁时杂记》，陆游跋曰："承平无事之日，故都节物，及中州风俗人人知之，若不必记。自丧乱来七十年，遗老凋落无在者，然后知此书之不可阙。"[⑤]

吕希纯，吕公著三子。哲宗亲政，拜为中书舍人，同修国史。时人推崇其家学深厚，文史俱有功底，"以尔德义之训，克承厥家。文史之学，自进以道。儒林推其强博，礼官服其辩论。一代之典，既有撰述之劳，右史之华，是为褒擢之渐"。[⑥]

吕广问，吕公雅之孙。南宋孝宗在位期间，曾兼同修国史。

---

① 晁公武撰，孙猛校证《郡斋读书志校证》卷3，上海古籍出版社，1990。

② 王珪：《华阳集》卷51《翰林侍读学士吕公墓志铭》，《丛书集成初编》本。

③ 杜大珪：《名臣碑传琬琰之集》中编卷26，景印文渊阁《四库全书》本，上海古籍出版社，1987。

④ 永瑢等：《四库全书总目》卷120《吕氏杂记》提要，中华书局，1981。

⑤ 陆游：《渭南文集》卷28《跋吕侍讲〈岁时杂记〉》，景印文渊阁《四库全书》本，上海古籍出版社，1987。

⑥ 吕陶：《净德集》卷8《秘书丞吕希纯可起居舍人制》，景印文渊阁《四库全书》本，上海古籍出版社，1987。

吕本中，吕好问之子。徽宗宣和六年，除枢密院编修官。高宗绍兴八年，中书舍人，兼权直学士院，兼史馆修撰。

吕氏家族绵延近十代的修史传统与史官经历，使其家学打上了深深的史学烙印。

吕祖谦《东莱公家传》说："盖其自正献公而上，勋德行治皆在太史氏。"[①] 吕氏家族的学术重心，一直是史学，而观史书以见盛衰之迹，多识前言往行以畜其德，是吕氏家族自来就有的意识。吕本中也曾说道："《大畜》之卦曰：'君子以多识前言往行以畜其德。'所谓'识'者，识其是非也，识其邪正也。夫如是，故能畜其德。"[②] 这些特点直接影响到吕祖谦文献学的基本思路，《大事记》明确说《解题》之作，目的"非事杂博，求新语，出于人之所不知"，而是畜德致用，虽然"浅深大小，则存乎其人"，不能保证受学者皆能如此，却是根本宗旨所在。所谓"看史非欲闻见该博，正是要'识前言往行，以畜其德'"[③]，也就是特别注重考察历史、学习前贤以求其实用践行，从历史盛衰大势中总结出规律以成治国经世之用。

吕氏作为世家大族的最大特点就是醇厚包容，史学固然是家族学术的主要特点，但对经学、诸子、文章，也不偏废。吕祖谦也是一样，为学路径较为宽广，兼容并蓄、泛观广接，学问不拘泥于经、史、子、集之藩篱，有经史贯通、文史融合之倾向。在吕祖谦的这种融合中，经学是基础，史学是其根本路径。吕祖谦编著的史部文献中，往往摘引经典，以经典表述表明宗旨，如《大事记·通释》和《历代制度详说》，都是如此；而其经部文献中，也有《左氏传说》、《左氏传续说》这样经史并重的著作。

吕祖谦文献学的方法路径，部分也来自于家学传统。

---

① 吕祖谦：《东莱吕太史文集》卷14《东莱公家传》，黄灵庚、吴战垒主编《吕祖谦全集》第一册，浙江古籍出版社，2008，第211页。本书所引吕祖谦撰述，除特别标明外，皆出自《吕祖谦全集》，以下只注明册、卷或页数，不详细出注。

② 黄宗羲、全祖望：《宋元学案》卷36《紫微学案》，中华书局，1986。

③ 《丽泽论说集录》卷10，《吕祖谦全集》第二册，第259页。

《宋元学案》卷二十三《荥阳学案》引《吕氏杂记》数条，如“子产有数事失君子气象”，“张良说汉祖诈秦卒，大不类平日所为”，等等。以及卷三十六《紫微学案》引《童蒙训》：“齐晏子纳邑，卫公孙免余辞邑，郑子张归邑，此古人辞尊居卑，辞富居贫，处乱世自全之道。”可以看出吕氏家学中注重史学细节，点评史事以求蓄德致用，是自觉承续的传统，对吕祖谦的影响是非常深远的。《大事记》之《解题》部分的史事考辨、人物评点，其方法与路径的源头可能即在于此。

《紫微杂说》中也有很多评述史事的文字，如：“陶侃、温峤之讨苏峻，湘州刺史卞敦拥兵不赴，又不给军粮。及峻平，陶侃奏敦阻军顾望，不赴国难，请槛车收付廷尉。王导以丧乱之后，宜加宽宥，转敦安南将军、广州刺史。温公以为卞之罪既不能明正典刑，又以宠禄报之，晋室无政，亦可知矣。温公之言，固正论也，然未知王导之意，盖有所在，导意以为晋室衰微已甚，又前此无积仁累德之效，若一一行法用刑，则离心更甚，危亡必及，如人元气不固而又以峻药理病，岂不殆哉？凡导之辅晋，盖得子产治郑之意，多委曲迁就，以求合人心者，未可以常理论也。王右军与殷浩言中兴之业，以道胜宽和为本。又顾和劝王导，明公为政，当使网漏吞舟之鱼。此皆深达当时治体，王导能慎守之，以辅衰晋，非后人所能详也。”① 此处与吕祖谦《大事记》、《左氏传说》、《左氏传续说》等书中的评点文字，以及《东莱博议》等史评文字，风格、思路、为文路径都非常相似。所谓“治体”云云，也是吕祖谦曾特别标明的：“看史须看一半便掩卷，料其后成败如何。其大要有六：择善、警戒、阃范、治体、议论、处事。”②

另外，吕本中曾撰《春秋集解》，这种集解体的撰述方式应该会对吕祖谦撰《吕氏家塾读诗记》产生影响。吕本中所编《童蒙训》，是“家塾训课之本”，吕祖谦编《少仪外传》，也是为“训课幼学而设”，无论从编纂的宗旨和意图还是具体材料的摘录来看，《少仪外传》可能都直接受到

---

① 吕本中：《紫微杂说》，景印文渊阁《四库全书》本，上海古籍出版社，1987。

② 《丽泽论说集录》卷10，《吕祖谦全集》第二册，第257页。

《童蒙训》的影响。

二 博闻广问、不名一师

吕氏家族在政治与文化领域的广泛影响与较高地位，使得家族与当世闻人的交游极为广泛，形成了其家学博闻广问、不名一师的特点。

吕氏家族自吕公著始，即在文化、学术上展现影响力。吕公著“自少讲学，即以治心养性为本……其识虑深敏，量闳而学粹”。“讲说尤精，语约而理尽。”[①] 苏颂称其“文章识度，诸儒所宗，议论风采，中外推服”。[②] 陈襄称其“道德醇明，学有原本”。[③] 吕公著是吕氏家族中非常重要的人物，政治上继承吕蒙正、吕夷简开创的局面，再为宰相，成就吕氏官僚世家大族的地位。同时，他与欧阳修、王安石、司马光等人的关系很近，与周敦颐、二程兄弟、张载、邵雍等理学诸子的交往也很密切，奠定了吕氏家族在宋代学术、文化谱系中的重要地位。

熙宁初，吕公著与赵抃曾推荐周敦颐，周敦颐感谢吕公著说：“在薄宦有四方之游，于高贤无一日之雅。”[④]

熙宁中，吕公著与富弼、司马光等退居洛中，时与邵雍相从游，为邵购置园宅“安乐窝”，命三子吕希哲、吕希绩、吕希纯皆师事之。

熙宁初年，程颢因吕公著所荐而为太子中允、监察御史里行。因反对王安石新法，皆被贬职出京。两人多有诗文往来，并在洛阳有聚会酬唱。对程颐，吕公著也于英宗治平三年推荐其有“特立之操，出群之姿”，“洞明经术，通古今治乱之要，实有经世济物之才”，“使在朝廷，必为国器”。[⑤] 哲宗初年，又与司马光一起推荐程颐为西京国子监教授，不久任秘

---

① 脱脱：《宋史》卷336《吕公著传》，中华书局，1976。

② 苏颂：《苏魏公文集》卷31《吕公著可守御史中丞制》，景印文渊阁《四库全书》本，上海古籍出版社，1987。

③ 陈襄：《古灵集》卷1《翰林侍读学士宝文阁学士尚书户部侍郎提举西京嵩山崇福宫吕公著》，景印文渊阁《四库全书》本，上海古籍出版社，1987。

④ 吕本中：《童蒙训》卷上，景印文渊阁《四库全书》本，上海古籍出版社，1987。

⑤ 李幼武：《宋名臣言行录》外集卷3，景印文渊阁《四库全书》本，上海古籍出版社，1987。

书省校书郎，擢崇政殿说书。

熙宁中，吕公著因敬佩张载有古学而推荐其任崇文院校书。

吕希哲是吕氏家族学术传统的进一步开创者，他曾说："中人以下，内无贤父兄，外无严师友，而能有成者，未之有也。"① 逐渐奠定转益多师的家族传统。吕希哲最初师从焦千之，督学甚严。二十一岁入太学，先从胡瑗学，后从孙复、石介、李觏、王安石等学。他与北宋中期的理学家也有深厚交谊。在太学时，拜程颐为师。亦与程颢兄弟、张载、孙觉、李常等游。所谓出入理学诸子之间，泛观广接，以成自家之学。吕氏家学博学广问的特点，是从吕希哲开始奠定的。时人对吕希哲的评价很高，程颐曾说："一意正道者实在原明子。"② 晁说之称赞吕希哲"讲学最明"。③ 吕本中《师友杂记》记载："程门学子如谢显道、杨中立，亦皆以师礼事荥阳公。"④

吕本中也是转益多师，从学杨时、游酢、尹焞，学术渊源以尹焞所传程学为本，但又广学其他各家学问。"自元祐后诸名宿，如元城、龟山、廌山、了翁、和靖以及王信伯之徒，皆尝从游，多识前言往行以畜其德。"⑤

吕氏家族博学广问、不名一师的家学传统，造就了其学术上泛观广接、兼容并蓄的特点。

对于吕祖谦来说，他继承家族传统，转益多师，先后受学于刘勉之、张九成、林之奇、汪应辰、胡宪等，奠定了他早期的学问路径。

据《宋元学案》卷四十三《刘胡诸儒学案》，吕祖谦是刘勉之门人，但受学时间、地点都不可考。徐儒宗《婺学之宗——吕祖谦传》认为刘勉之是吕祖谦的启蒙老师，是从年龄上推测的。⑥ 刘勉之卒于绍兴十九年，

---

① 吕本中：《童蒙训》卷上，景印文渊阁《四库全书》本，上海古籍出版社，1987。

② 朱熹：《伊洛渊源录》卷7，景印文渊阁《四库全书》本，上海古籍出版社，1987。

③ 晁说之：《嵩山文集》卷15《与吕舜徒书》，《四部丛刊续编》本。

④ 吕本中：《师友杂记》，景印文渊阁《四库全书》本，上海古籍出版社，1987。

⑤ 黄宗羲、全祖望：《宋元学案》卷36《紫微学案》，中华书局，1986。

⑥ 徐儒宗：《婺学之宗——吕祖谦传》，浙江人民出版社，2005，第27页。

当时吕祖谦十三岁。考《宋史》卷四百五十九《隐逸传》，绍兴间，时任中书舍人的吕本中疏刘勉之行义志业以闻，特召诣阙。后刘勉之不与秦桧相合，即谢病归。杜门十余年，学者踵至，随其材品，为说圣贤教学之门及前言往行之懿。所居有白水，人号曰白水先生。吕祖谦受学，即可能在刘勉之病归杜门的最后几年，当时尚年幼，“圣贤教学之门及前言往行之懿”所获必多，但如徐儒宗所言，刘氏上承二程，兼取张载，辗转问学于谯定、刘安世、杨龟山，并将众多理学大师思想传授于吕祖谦，且在诗文方面影响巨大，则是揣测多过实证。

陈傅良《跋陈求仁所藏张无垢帖》说：“余尝闻吕伯恭父云：‘某从无垢学最久，见知爱最深，至今亡矣。念无以报，独时时戒学者，无徒诵世所行《论语解》，以为无垢之学尽在是也。’始余以伯恭父有为言之也，今见求仁先大夫与往还书说《论语》事甚悉，盖《雍也》以前无垢已恨早出，余所著未尝示人。无垢无多著书，而《论语解》要非成书，学者但尊信之，以此窥见无垢，宜伯恭云尔也。”[①] 刘玉敏推断，吕祖谦受学张九成的时间在绍兴二十八年四月至二十九年六月（张九成卒）之间[②]，但时间如此短暂，与吕祖谦“某从无垢学最久，见知爱最深”之语颇有矛盾之处。

吕祖谦《祭林宗丞文》曰：“某未冠，缀弟子之末行，期待之厚，独出于千百人之右。”[③] 自言问学于林之奇，《宋元学案》说：“三山之门，当时极盛，及门尝数百人，今其弟子多无可考者，而吕成公其出蓝者也。”[④] 时吕祖谦十九岁，父亲吕大器任福建提刑司干官，他得以跟随林之奇问学。次年，应考福建转运司进士，因中首选到京城，当时林之奇任秘书省正字。这一段时间，吕祖谦与林之奇问学交往甚密。林之奇在学术上

① 陈傅良：《止斋文集》卷42《跋陈求仁所藏张无垢帖》，景印文渊阁《四库全书》本，上海古籍出版社，1987。

② 刘玉敏：《吕祖谦学术渊源略考》，《中国哲学史》2007年第3期。

③ 《东莱吕太史文集》卷8，《吕祖谦全集》第一册，第133页。

④ 黄宗羲、全祖望：《宋元学案》卷36《紫微学案》，中华书局，1986。

对吕祖谦的影响很大，林有《尚书全解》四十卷，“颇多异说。如以阳鸟为地名，三俊为常伯、常任、准人，皆未尝依傍前人。至其辨析异同，贯穿史事，覃思积悟，实卓然成一家言。”其孙畊《后序》称：“脱稿之初，为门人吕祖谦持去，诸生传录，仅十得二三。书肆急于锓梓，遂讹以传讹。至淳祐辛丑，畊从陈元凤得宇文氏所传《书说拾遗》手稿一册，乃《康诰》至《君陈》之文。乙巳得建安余氏所刻完本，始知麻沙所刻，自《洛诰》以下皆伪续。”① 另外，吕祖谦有《书说》，今传本三十五卷，门人时澜整理增修而成。吕氏原本并非完书，据赵希弁《读书附志》说：“自《洛诰》至《秦誓》，凡一十七篇。”② 而按照朱熹、王应麟等人的说法，吕祖谦《书说》为续其师林之奇书而作，但吕祖谦弟弟及弟子的记载中并未涉及此说，各执一端，我们将在下章做详细考辨。但无论如何，吕祖谦《尚书》之学应该是受到林之奇影响的。

吕祖谦受学汪应辰很早，交往时间亦久，吕祖谦自称是“亲承二纪中。论交从父祖，受教自儿童”③。据吕乔年所编《年谱》载，时在绍兴三十年，吕大器任岳州通判，吕祖谦随侍。是时汪应辰为秘书少监，胡宪为秘书省正字，吕祖谦皆从之游。吕祖谦妻弟韩淲说：“汪圣锡内翰曾接吕舍人讲论，最为平正，有任重之意，伯恭得于汪为多。”④ 从其受学，吕氏也曾自言收获颇大：“近造函丈，非惟积年依向之诚，得以开释，而旬日获听教诲，警省启发，周浃笃至，敬当服膺戴佩，不敢废忘。”⑤ 吕祖谦《与周子充书》提到汪应辰时说：“其辞翰隽发，多识典故。”⑥ 可见汪应辰与吕氏学术路径颇为相近。淳熙三年，汪应辰去世，吕祖谦前往三衢哭拜，喟叹“典刑文献于是尽矣”，并有《祭文》推崇汪应辰对于当时文化学术之影响。吕祖谦与汪应辰书信往还见于文集者有十六封，皆系以年

① 以上并见永瑢等撰《四库全书总目》卷11《尚书全解》提要，中华书局，1981。
② 赵希弁撰，孙猛校证《郡斋读书志校证》之《读书附志》卷上，上海古籍出版社，1990。
③ 《东莱吕太史文集》卷1《汪圣锡挽章》，《吕祖谦全集》第一册，第23页。
④ 韩淲：《涧泉日记》卷中，景印文渊阁《四库全书》本，上海古籍出版社，1987。
⑤ 《东莱吕太史别集》卷7《与汪端明》，《吕祖谦全集》第一册，第392页。
⑥ 黄宗羲、全祖望：《宋元学案》卷46《玉山学案》，中华书局，1986。

月，并置诸书牍之首，可见对汪应辰尊崇敬戴之意。[①]

胡宪为胡安国侄子，从其学《春秋》，又从程门再传谯定学《易》，经学对吕祖谦有影响。实际上从文献学的角度看，胡宪对吕祖谦最直接的影响体现在他教授弟子的做法，“先生教诸生，于功课余暇，以片纸书古人懿行，或诗文铭赞之有补于人者，黏置壁间，俾往来诵之，咸令精熟”。[②]吕祖谦后来编集《少仪外传》、《阃范》等书，都是采择前人嘉言懿行以教士子、幼学，做法上可能也受到胡宪的启发。胡宪为人，“质本恬淡，而培养深固，平居危坐植立，时然后言，望之枵然，如槁木之枝，而即之温然。虽当仓卒，不见其有疾言遽色。人或犯之，未尝校也”。[③] 这对吕祖谦为人行事宽宏包容、温和恭谦的品格之养成，应该也不无影响。

另一方面，吕祖谦的学问根基来源于家族对北宋以来学术的兼容并蓄，也就是学者总结的关洛、元祐之学。

吕祖谦学术渊源之一是关学，因吕本中是横渠再传，林之奇、汪应辰皆从吕本中学，吕祖谦又学于林、汪，所以与关学关系很近。关学重典章制度，南渡后传于浙东，周行己、许景衡、沈躬行传关学于永嘉，郑伯熊、伯英、伯谦诸兄弟师事周行己，而吕祖谦又与郑伯熊等为学侣，从著述来看，相互影响较多。比如郑伯谦有《太平经国书》，列述历代制度，与吕祖谦《历代制度详说》等颇有近似处，吕氏也于《东汉书详节》中附郑书中之《汉南北军所图》。[④] 可见吕祖谦学术路径与关学渊源之深。

吕氏家族与洛学的关系在吕公著、吕希哲时期最为密切，这对于吕祖谦有潜移默化的影响，也可以在吕祖谦的著述中找到直接的证据。何炳松《浙东学术溯源》认为浙东学术是承自程颐的，吕祖谦也不例外，虽然学者有不同看法，[⑤] 但吕氏之学与程颐的关系似乎相当紧密。理学、经学传

---

① 刘昭仁：《吕东莱之文学与史学》，文史哲出版社，1981，第 90 页。

② 黄宗羲、全祖望：《宋元学案》卷 43《刘胡诸儒学案》，中华书局，1986。

③ 脱脱：《宋史》卷 459《隐逸传》，中华书局，1976。

④ 刘昭仁：《吕东莱之文学与史学》，文史哲出版社，1981，第 86 页。

⑤ 郑吉雄：《浙东学术名义检讨》，《明清浙东学术文化研究》，中国社会科学出版社，2004，第 9 ~ 12 页。

承固然比较明显，程颐的读史之法，对吕祖谦应该也有直接的影响。

有关程颐读史之法，我们分析三段文字。“始看史传，及半，则掩卷而深思之，度其后之成败，为之规画，然后复取观焉。然成败有幸不幸，不可以一概看。”[①] “凡读史，不徒要记事迹，须要识治乱、安危、兴废、存亡之理。且如读高帝一纪，便须识得汉家四百年终始治乱当如何，是亦学也。”[②] “读史须见圣贤所存治乱之机，贤人君子出处进退，今人只将他见成底事便做是使，示知煞有误人处。”[③]

程颐强调看史书要进入具体情境，设身处地加以体会，可以提高对历史的认识；同时他强调看史书不是看故事、广见闻，而是究古今之变，察治乱之机。类似的观念，吕祖谦也反复表达过：“看史须看一半便掩卷，料其后成败如何。”[④] “观史当如身在其中，见事之利害，时之祸患，必掩卷自思，使我遇此等事，当作如何处之。”[⑤] “读史先看统体，合一代纲纪、风俗、消长、治乱观之。”[⑥]

比较来看，可以说是惊人的相似，话语、思路几无二致，可见吕祖谦本人对历史的看法确实受到程颐的影响，甚至可能即是对程颐观点的转述、申说。而吕祖谦《大事记》之《解题》卷一开卷即引程伊川《春秋传序》，作为此书之纲领，也可见吕氏对程氏学说的接受。

北宋从庆历到元祐的学者中，吕祖谦对司马光的史学极为推崇，《大事记》即是以《资治通鉴》为模板修撰而成，从编修宗旨、史事材料到考订方法等都汲取颇多（详见第三章第二节）。对于王安石、三苏等学者的经学与文学，吕祖谦亦有继承接受。

可以说，吕祖谦学问的博杂广大、包容贯通，与其家学传统中的博闻广问、不名一师、兼容并蓄、泛观广接的学术精神是密不可分的。

---

① 《二程遗书》卷 24“伊川先生语十”，上海古籍出版社，2000，第 370 页。

② 《二程遗书》卷 18“伊川先生语四”，上海古籍出版社，2000，第 283 页。

③ 《二程遗书》卷 19“伊川先生语五”，上海古籍出版社，2000，第 312 页。

④ 《丽泽论说集录》卷 10，《吕祖谦全集》第二册，第 257 页。

⑤ 《丽泽论说集录》卷 8，《吕祖谦全集》第二册，第 218 页。

⑥ 《东莱吕太史别集》卷 14，《吕祖谦全集》第一册，第 561 页。

吕祖谦经典诠释学研究

——以《吕氏家塾读诗记》为例

第一节　吕祖谦的经典诠释学著述及其特点

在中国学术史上，经典诠释一直是最重要的学术内容之一，历代学者多通过对经典的诠释来继承传统，发展开拓。近年来，许多学者都在致力于建构中国传统诠释学，孙钦善先生说："从解释层面来看，一般可分为三：1. 语文解释，包括字、词和文义的训解串释；2. 文献具体内容（如史实、人物、名物、典制、天文、历法、地理、年代等等有关空间和时间的具体事物）的考释；3. 文献内容的诠释。"[①] 应该说涵盖了中国传统诠释学的主要解释层面，本章对吕祖谦经典诠释学内容方面的分析研究亦不出此三者。

从诠释的形式上来说，历代产生了各种各样、名目繁多的著作，从早期的传、笺、注，到后来的章句、集解、义疏、集注、正义，以及经说、经解、讲义等等，体例形式极为丰富。简而化之，可以分为注释与解说两大类。

在吕祖谦文献学撰述中，经典诠释是最重要的内容之一。其经典诠释之作，我们也可以大致分为两种类型。其一是注释体，比如《吕氏家塾读诗记》、《古易音训》、《周易系辞精义》等；其二是独撰别论式的解说体，比如《左氏传说》、《左氏传续说》、《东莱书说》等。这两种诠释之作，具体的诠释方法、特点有着明显的区别。注释体的撰述，着重在语文解

① 孙钦善：《论中国传统诠释学的继承和发展》，《北京大学中国古文献研究中心集刊》（第九辑），北京大学出版社，2010。

释、文献具体内容考释的基础上，对文献内容进行诠释。而解说体的撰述，则更强调直接对文献内容进行阐发与诠释。

一　吕祖谦的注释体撰述

1.《古易音训》

此书是吕祖谦编次《古周易》后，汇集陆德明《经典释文》及晁说之《古周易》而成，训释《周易》文字音义。

宋元人书目中，《直斋书录解题》、《遂初堂书目》、《文献通考·经籍考》、《宋史·艺文志》均有著录。《直斋书录解题》卷一著录吕氏《古易》十二卷、《音训》二卷，“篇次与汲郡吕氏同。《音训》则门人王莘叟笔受。朱晦庵刻之于临漳、会稽，益以程氏是正文字及晁氏说。其所著《本义》，据此本也。”[①]

就时人的记载来看，朱熹《书临漳所刊古周易后》：“《音训》一篇，则其门人金华王莘叟之所笔受也。……《音训》则妄意其或有所遗脱，莘叟盖言书甫毕而伯恭父殁，是则固宜然，亦未敢辄补也，为之别见于篇后云。”[②] 朱鉴《吕氏音训跋》：“先公著述经传，悉加音训，而于《易》独否者，以有东莱先生此书也。鉴既刊启蒙《本义》，念音训不可阙，因取宝婺、临漳、鄂渚本，亲正讹误六十余字，而并刊之。”[③] 可知《古易音训》在南宋即有刻本多种，朱鉴搜罗众本，稍作勘正后与《周易本义》并刊。

此书单行本久佚，清嘉庆中，宋咸熙从《周易会通》中辑录并刊刻《古易音训》，其序曰：“吕氏本陆德明《释文》、晁以道《古周易》著此编。《易释文》有明监《注疏》本及汲古阁、通志堂、雅雨堂、抱经堂诸本，而多误。惟此所载与叶石君影宋钞本合。晁氏生当北宋，犹见郑

① 陈振孙：《直斋书录解题》卷1，徐小蛮、顾美华点校，上海古籍出版社，2006。本书所引《直斋书录解题》皆出自此版本，以下只注明卷数，不重复出注。

② 《古周易》附录，《吕祖谦全集》第二册，第87页。

③ 《古易音训》附录，《吕祖谦全集》第二册，第67页。

《易》四篇及唐沙门一行、阴闳道、陆希声等说。今嵩山之书久亡，亦藉此以存其梗概。”[①]

宋氏认为《古易音训》所采录《释文》版本较善，可以之订正今本《经典释文》之误，并做了列举分析：

> 《屯》六二“屯如亶如”与叶钞本及《汉书》、《集韵》合，知今本作“邅”之为臆改也。《蒙》“苞蒙”、《泰》“苞荒”与叶钞本及唐《石经》、《六经正误》合，知今本作“包”或“苞”、“包”倒置之为窜改也。《泰》“苞荒”，晁氏曰：“郑读为康，大也。”案《尔雅》某氏本及《诗·召旻笺》皆云：“荒，虚也。”《易·晋》“康侯”，郑云：“康，尊也，广也。”广、大义同。《尔雅·释器》：“康瓠谓之甈。”李巡曰：“康，谓大；瓠，瓢也。”知“康”有大义，“荒”即训虚，不必读康。而今本作读为康、训为荒者，误也。[②]

朱彝尊《经义考》卷三十引王柏曰：“予暇日校正《音训》而有未能释然于可疑者，久之方悟成公之谨于阙疑也，善于复古也。……今成公于字音因晁氏之旧而增广之，异同之间不敢轻加一字，谨之重之如此之至也。乃于千载传袭不疑之书，锐然拨乱而反之正，则其不可不复古也审矣。……抑尝思之，不有《音训》类其同异，则不知诸儒之得失，不见诸儒之异同得失，则不知伊洛以来传义之精也。《音训》之有益于后学如此。”[③]

可见，《古易音训》虽然主要以纂集前人旧说为主，并无吕氏个人见解，但所据版本精良，且采择精当，渊源有据，颇为后人推崇。

2.《周易系辞精义》，二卷

本书收录二程、张载、周敦颐及杨氏、游氏、吕氏、谢氏、尹氏、侯

① 《古易音训》附录，《吕祖谦全集》第二册，第 67 页。

② 《古易音训》附录，《吕祖谦全集》第二册，第 68 页。

③ 朱彝尊：《经义考》卷 30，中华书局，1998。本书所引《经义考》皆出自此版本，以下只注明卷数，不重复出注。

氏、范氏、安定胡氏（胡瑗）、五峰胡氏（胡宏）等解说《周易》之说，凡十四家。

此书宋元人书目如《郡斋读书志》、《直斋书录解题》、《遂初堂书目》、《宋史·艺文志》等皆有著录。《直斋书录解题》卷一曰："《馆阁书目》以为托祖谦之名。"《四库全书总目》推测此说"殆必有据也"，但未言何据。其他书目则未有异说。

考朱熹对此书的评价：

> 李德之问："《系辞精义》编得如何?"曰："编得亦杂，只是前辈说话有一二句与系辞相杂者皆载。只如'触类而长之'，前辈曾说此便载入，更不暇问是与不是。"
>
> 或问《系辞精义》。曰："这文字虽然是裒集得做一处，其实于本文经旨多有难通者。如伊川说话与横渠说话，都有一时意见如此，故如此说。若用本经文一二句看得亦自通，只要成片看，便上不接得前，下不带得后。"①

从朱子言论可知，此书当是吕祖谦所撰无疑。《馆阁书目》所言不确。

关于此书的价值，以朱熹为代表的批评者认为去取未为精审，采择庞杂，剪裁失当，是有道理的。因为从现存《周易系辞精义》的编纂情况看，吕氏重视对前人《易》说的汇集，却并未作特别的整合梳理。但我们也要看到，此书鲜明的特点是材料丰富，罗列众家之说，以见周、程、张载以来宋代理学家解《易》的基本思路与主要成绩。而且所载各家之说，有许多已经散佚不存，此书能起到文献保存之作用。如杨时，"平生最用功于易，于程门理义之学多有发明"（《黄氏日抄》），然其《易说》不存于世，此书所引可资考证，亦可见杨时易学之一斑。

3.《春秋集解》

《春秋集解》一书，最早著录于赵希弁《读书附志》，凡三十卷，署名

① 黎靖德编《朱子语类》卷122，岳麓书社，1997。

东莱先生所著也。此东莱先生，李解民先生考订即为吕祖谦，确定无误。楼钥在为陈傅良《春秋后传》作序时提到“东莱吕公祖谦，又有《集解》行于世，《春秋》之学殆无余蕴”。[①] 南宋李明复《春秋集义》“诸家姓氏事略”也提到吕祖谦“尤嗜《春秋左氏传》，有《春秋集解》、《左氏博议》等书行于世”。[②]

楼钥与祖谦基本同时，李明复、赵希弁稍晚于吕祖谦，他们的说法是比较可信的，即吕祖谦确实撰有《春秋集解》一书。

但陈振孙《直斋书录解题》也著录了一部十二卷本的《春秋集解》，署名吕祖谦撰，曰：“自三《传》而下，集诸家之说，各记其名氏，然不过陆氏及两孙氏、两刘氏苏氏、程氏、许崧老、胡文定数家而已。大略如杜谔《会义》，而所择颇精，却无自己议论。”（《文献通考》所引则题作“吕本中”，与今本《解题》不同）李解民先生认为这个十二卷本编定很可能在今传三十卷本之前，这是有道理的。

但学者也都注意到，有关《春秋集解》，后来历代著录中也有著录撰者为吕本中者，造成认识上的混乱，以致纠缠不清。

比如王应麟《玉海》卷四十载“吕本中《集解》十二卷”。《文献通考·经籍考》引《直斋书录解题》，但著录《春秋集解》十二卷的撰者为吕本中。《经义考》卷一百八十四著录《春秋集解》十二卷，撰者亦署吕本中；同时著录《春秋集解》三十卷，撰者为吕祖谦。纳兰性德编《通志堂经解》，所收《春秋集解》序中怀疑“是编为居仁所著，第卷帙多寡不合，或居仁草创而成公增益之者与?”但撰者仍题为吕祖谦。到《四库全书总目》卷二十七本书提要，径题为“吕本中撰”，明确说：“旧刻题曰‘吕祖谦’，误也。”四库馆臣的看法影响很大，以至于后来者多将传世的三十卷本《春秋集解》视为吕本中的作品。

今人讨论这一问题的，先后有崔富章《四库提要补正》（杭州大学出

① 陈傅良：《春秋后传》序，景印文渊阁《四库全书》本，上海古籍出版社，1987。

② 李明复：《春秋集义·诸家姓氏事略》，景印文渊阁《四库全书》本，上海古籍出版社，1987。

版社，1990，第156～159页）、李解民《〈春秋集解〉为吕祖谦撰考——〈四库全书总目〉辨正札记》（《中国典籍与文化论丛》第八辑，北京大学出版社，2005）、张宗友《吕氏〈春秋集解〉十二卷本作者与流传之探索》（《中国典籍与文化》，2009年第4期）、黄觉弘《今传〈春秋集解〉作者非吕祖谦考辨》（《中国典籍与文化》，2010年第1期）等。

综合以上诸文的讨论，首先大家比较倾向于三十卷本《春秋集解》是由十二卷本增补而来的。至于撰者问题则比较复杂，崔、张、黄都倾向于吕本中，而李解民认为是吕祖谦，各有论证。黄觉弘文考察宋元《春秋》集解类著作中引述吕祖谦《春秋集解》中的说法，并不见于今本《春秋集解》，较有说服力。但还可以提出几点疑问来补充讨论。

（1）《春秋集解》为吕祖谦所撰的说法比较早，楼钥、李明复、赵希弁都是南宋人，楼钥与吕祖谦关系更近。为吕本中所撰的说法较为晚起，最早为王应麟、马端临，但他们只是提到十二卷本。提出三十卷本《春秋集解》撰者为吕本中的说法要晚到纳兰性德，但他只是怀疑而已，到四库馆臣才正式改题撰者为吕本中。

（2）今本《春秋集解》中有“吕氏说”（吕本中，一百余条）及“东莱吕氏说”（吕祖谦，正文三条，小注三条）。如为吕本中所撰，一则“东莱吕氏说”从何而来，不好解释。二则体例上来说与集解体有所不合，因为本书罗列各家，“吕氏说”与其他各家之说并无不同，如是吕本中本人下以己意，体例上应有区别。如为吕祖谦所撰，则比较好解释，“吕氏说”与众家之说性质相同，“东莱吕氏说”为后学编定时掺入。

（3）马端临《文献通考》引朱子《语录》曰：“吕居仁《春秋》亦甚明白，正如某《诗传》相似。”从体例上来说，这里朱子所说的吕本中《春秋》之作与传本《春秋集解》，似乎有所不同，今本《春秋集解》只是罗列众说的简单集解之作，与朱子《诗集传》颇为不类。而这种撰述方式，与《周易系辞精义》、《古易音训》等书相似，汇聚众家之说，是吕祖谦驾轻就熟，经常使用的。

（4）今本《春秋集解》的经文以《左氏》为本，其中与《公羊》、

《穀梁》歧异的文字加注列出，李解民认为："从全书汇集各家之说的编排顺序和援引次数上，可以清晰看到编者治春秋重《左氏》、重程颐、重胡安国的指导思想。"[①]《经义考》卷一百八十七引张萱曰："吕祖谦博考三传以来至宋儒诸说，摭其合于经者，撮要编之。"这些特点与吕祖谦的学术路向是相吻合的。

因此，在没有确定无误的根据之前，我们姑且先将《春秋集解》系于吕祖谦名下。

4.**《吕氏家塾读诗记》**

《吕氏家塾读诗记》（以下行文中简称《读诗记》）是最能够代表吕祖谦经典注释成就的一部著作。共三十二卷。此书初稿从淳熙元年开始编纂，淳熙三年复编，至九月左右编完。淳熙六年开始吕祖谦又加修订，至淳熙八年病卒，止于《公刘》首章。《大雅·公刘》首章以后未及改定（具体论述详后专节）。

二　吕祖谦的解说体撰述

1.**《东莱书说》**

此书历代著录卷数不一。《郡斋读书志》卷五上、赵希弁《读书附志》著录《书说》六卷，自《洛诰》至《秦誓》，凡一十七篇。

《直斋书录解题》卷二著录《东莱书说》十卷。"其始为之也虑不克终篇，故自《秦誓》以上逆为之说，然亦仅能至《洛诰》而止。世有别本全书者，其门人续成之，非东莱本书也。"

《文献通考·经籍考》著录十卷。并录大愚叟（吕祖俭）《书后序》全文。

《宋史·艺文志》著录三十五卷。

《经义考》卷八十一著录吕氏《书说》，注曰："《宋志》三十五卷。"小字注："《通考》十卷，赵氏《读书附志》六卷。"引赵希弁说，误为

① 《春秋集解》之《点校说明》，《吕祖谦全集》第五册。

“一十七篇”。引大愚叟（吕祖俭）《书后序》全文。

《经义考》又著录时澜《增修东莱书说》三十卷，并注曰“存”。与历代著录不同，与传世本亦不同，不详何故。

吕祖谦撰《东莱书说》，自《秦誓》始，至《洛诰》终，而不是按照全书顺序逐一讲解。对于这一情形，前人说法不一。

朱子有吕祖谦续林之奇《书集解》之说。《经义考》卷八十一朱彝尊按曰：“少颖著《书集解》，朱子谓：‘《洛诰》以后非其所解，盖出于他人手。成公意未安，故其《书说》始《洛诰》而终《秦誓》，以补师说之未及尔。门人不知微意，乃增修之，失成公本怀矣。’”

王应麟《玉海》亦认为《东莱书说》是为接续其师林之奇《尚书全解》而作：“林少颖《书说》至《洛诰》而终，吕成公《书说》自《洛诰》而始，盖之奇受学于吕居仁，祖谦又受学于之奇，本以终始其师说为一家之学，而澜之所续，则又终始祖谦一人之说也。”[①]

后来纳兰性德《时氏增修东莱书说序》与《四库全书总目》都特别强调吕氏为林之奇续书这一说法。同治八年胡凤丹重刻《增修东莱书说》，其序也延续《四库全书总目》的说法。

但吕祖俭的说法与吕祖谦弟子却有不同。吕祖谦《书说后序》说：

> 《尚书》自《秦誓》至《洛诰》凡十八篇，伯氏太史己亥之冬，口授诸生而笔之册者也。惟念伯氏退休里中之日，居多以《诗》、《书》、《礼》、《乐》训授学者，俾其有以自得乎？此初未尝喜为书也。然听之有浅深，记之有工拙，传习既广，而漫不可收拾，伯氏盖深病之。一日客有来告者曰：“记录之易差，固也。各述其所闻，而复有详略得失之异，则其差为甚矣。非有以审其是，学者何从而信之？”于是然其言，取《尚书》置几间而为之说。先之《秦誓》、《费誓》者，欲自其流而上溯于唐、虞之际也。辞旨所发，不能不敷畅详

---

① 转引自刘昭仁《吕东莱之文学与史学》，文史哲出版社，1981，第37页。

> 至者，欲学者易于览习而有以舍其旧也。讫于《洛诰》，而遂以绝笔者，以夫精义无穷，今姑欲以是而废夫世之笔录，盖非所以言夫经也。未再岁，伯氏下世，整次《读诗纪》犹未终篇，《书》及《三礼》皆未及次第考论，而《书》则犹口授，而非传闻。南康史君曾侯取而刊之学宫，书来求记其本末，义不得辞也。因书其所知，以附于卷末。①

吕祖俭详细交代了吕祖谦撰《书说》的缘起，以及吕祖谦之所以先从《秦誓》着手解说的原因："先之《秦誓》、《费誓》者，欲自其流而上溯于唐、虞之际也。"是吕祖谦欲自流溯源的有意为之。之所以绝笔《洛诰》，"以夫精义无穷，今姑欲以是而废夫世之笔录，盖非所以言夫经也"。这一切都是吕祖谦的精心考虑。

吕祖谦弟子时澜《增修东莱书说序》也提到吕氏此书的编撰意图是"自堂徂奥，以造帝者，溯而求之，于《秦誓》始，至于《洛诰》"，与吕祖俭所说吻合。但时氏又说："工夫之不继。悲夫！《书说》之行于世，终狐裘而羔袖。"② 他对吕祖谦因去世未能完成全书，深表悲哀，与吕祖俭的看法亦有不同。但他们都没有提及为林之奇续书之事。

陈振孙《直斋书录解题》卷二的说法比较特别："其始为之也虑不克终篇，故自《秦誓》以上逆为之说，然亦仅能至《洛诰》而止。"似乎吕祖谦撰述之初即担心不能卒篇，故从《秦誓》逆为之说。此说不合情理，有语焉不详之处。

此书流传本有时澜《增修东莱书说》三十五卷本与巩丰整理《东莱书说》两种。《增修东莱书说》后十三卷为吕祖谦编定，前二十二卷为时澜增修。《郑堂读书记补逸》卷三："吴郡黄尧圃曾得千顷堂黄氏旧藏钞本，其前二十卷题曰'增修'，其后十三卷则无'增修'字，盖时氏原本之旧

① 《东莱书说》附录，《吕祖谦全集》第三册，第 619 页。
② 《东莱书说》附录，《吕祖谦全集》第三册，第 620 页。

也。"[①] 宋刻今存四卷，藏国家图书馆。全本传世者有《通志堂经解》、《四库全书》、《金华丛书》等版本。

巩丰整理的《东莱书说》，现残存九卷。据《钱遵王读书敏求记校证》卷一上，引劳权曰："东莱原本《书说》，严修能先生曾得宋残本，自《尧典》至《武成》十六卷，卷首题门人巩丰仲至钞。"[②] 而《善本书室藏书志》卷一则著录《东莱先生书说》十三卷，严九能手抄宋本。不详何故。今本严修能序亦未明言所据宋本的卷数。

据严修能序，巩丰整理本与时澜增修本的区别在于，巩丰整理本能够保持吕氏原说的面貌，版行较早，是时澜据以芟夷剪裁者，故时氏增修本不如原书曲卺。但时澜增修后，总体上是优于巩丰本的。

2.《左氏传说》

此书是吕祖谦《左传》学的代表性著作。又名《左氏说》、《春秋左氏传说》等。凡二十卷。采取就事论说的形式，阐发吕氏对《左传》的看法。

历代著录，卷数不一。

宋元人著录，多为三十卷。如《直斋书录解题》卷三，著录《左氏说》三十卷，"于《左氏》一书多所发明，而不为文。似一时讲说，门人所钞录者"。《文献通考·经籍考》亦著录《左氏说》三十卷。引《朱子语录》曰："东莱有《左氏说》亦好，是人记录他言语。"（今见《朱子语类》卷八十三）著录书名、卷数皆同，也都认为是门人记录而成。

而《宋史·艺文志》，则著录《左氏说》一卷。卷数相差甚远，不详何故。

清人著录则多作二十卷。

如《经义考》卷一百八十七，著录《左氏说》，注曰："《通考》三十

① 《东莱书说》附录，《吕祖谦全集》第三册，第637页。
② 《东莱书说》附录，《吕祖谦全集》第三册，第635页。

卷，今本二十卷，存。”并引张萱曰：“今内阁藏本《传说》四册，《续说》四册。”是明内阁藏本不详卷数。

《四库全书简明目录》卷三，著录《春秋左氏传说》二十卷。“祖谦之学于《左传》最深，其发挥《左传》者有《类编》，有《博议》及此书。……《博议》与此书皆据事发挥，据陈得失。此书尤推阐详尽。”①

《四库全书总目》卷二十七：“《书录解题》载是书为三十卷，此本仅二十卷。考明张萱《内阁书目》所载《传说》四册外，尚有《续说》四册，知陈氏所谓三十卷者，实兼《续说》十卷计之。今《续说》别于《永乐大典》之中裒采成帙，以其体例自为起讫，仍分著于录云。”②

依据《四库全书总目》的说法，之所以有三十卷与二十卷的区别，是因为宋时与《左氏传续说》合为三十卷之故。故备一说。

3.《左氏传续说》

吕祖谦《左传》之学的补遗之作。久无传本，故宋元书目中未见著录。今本十二卷，根据《四库全书总目》，是清人辑自《永乐大典》。

《四库全书总目》卷二十七：

> 是编继《左氏传说》而作，以补所未及，故谓之《续说》。久无传本，今见于《永乐大典》者，惟自僖公十四年秋八月至三十三年、襄公十六年夏至三十一年，旧本阙佚，无足采录。其余则首尾完具，以《传》文次第排比之，仍可成帙。其中如“臾骈送狐射姑之帑”、“孟献子爱公孙敖二子”两条，俱以《博议》所云为非。是则是书当成于晚年矣。其体例主于随文解义，故议论稍不如前说之阔大。然于《传》文所载，阐发其蕴，并抉摘其疵。……至于朝祭、军旅、官制、赋役诸大典及晋、楚兴衰，列国向背之事机，诠释尤为明畅。惟子服景伯系本桓公，而以为出自襄公，稍为讹舛耳。盖祖谦邃于史事，知空谈不可以说《经》，故研究《传》文，穷始末以核得失，而不倡废

---

① 《左氏传说》附录，《吕祖谦全集》第七册，第219页。

② 永瑢等：《四库全书总目》卷27《左氏传说》提要，中华书局，1981。

> 《传》之高论。视孙复诸人，其学为有据多矣。[①]

《总目》对《续说》内容体例及其特点的评价，比较准确，为后来书目沿袭。

《续通志》、《爱日精庐藏书志》、《皕宋楼藏书志》、《嘉业堂藏书志》等皆著录此十二卷本。

唯陆心源《仪顾堂续跋》对《左氏传说》及《续说》体例的辨析与成书的推测，颇有道理，可补《总目》之未及。"传抄《永乐大典》本，各家书目均未著录，惟明《文渊阁书目》有之，注曰：四册完全。当即据以采入《大典》者。前有《纲领》十八条。此书虽续《传说》而作，与《传说》体例不同。《传说》如比事之例，先例经文之相类者数条，而后为之说。此则或出经文数句，或出经文一句而说之，其词如语录，与《丽泽论说集录》相似。当出随时讲说，而门弟子录以成书者。今《丽泽论说集录》群经皆有，而独无《春秋》，或即《集录》之一种而摘出别行者与？"[②]

4. **《丽泽论说集录》**

凡十卷。其中《易说》二卷，《诗说拾遗》一卷，《周礼说》一卷，《礼记说》一卷，《论语说》一卷，《孟子说》一卷，《史说》一卷，《杂说》二卷。

此书始刻于南宋嘉泰四年，今有元、明递修本存世。宋元著录者有《直斋书录解题》、《宋史·艺文志》儒家类，均著录为十卷。

此书前有吕祖谦侄子吕乔年题记：

> 伯父太史说经，唯《读诗记》为成书，后再刊定，迄于《公刘》之首章。《尚书》自《秦誓》上至《洛诰》，口授为讲义。其他则皆讲说所及，而门人记录之者也。伯父无恙时，固尝以其多舛，戒勿传

① 永瑢等：《四库全书总目》卷27《左氏传续说》提要，中华书局，1981。

② 陆心源：《仪顾堂续跋》卷2，《续修四库全书》本，上海古籍出版社，2002。

习，而终不能止。伯父没，流散益广，无所是正。然其大义奥指，盖犹赖是以存。而此编则先君子尝所裒辑，不可以不传也。故今仍据旧录，颇附益次比之，不敢辄有删改。若夫听者之浅深，记者之工拙，则览者当自得之。乔年谨记。[①]

可见此书为门人记录吕祖谦讲解经典之说，吕祖俭初为裒辑，吕乔年又做了“附益次比”的整理工作，但未加删改。

5.《左氏博议》

吕氏《自序》曰：“《左氏博议》者，为诸生课试之作也。”又曰：“凡《春秋》经旨概不敢僭论，而枝辞赘喻，则举子所以资课试者也。”[②]也就是吕祖谦为士子撰写的科举范文，并不是纯粹的解经之作。后人的认识也是如此。《经义考》卷一百八十七引陈栎曰：“吕成公《博议》乃初年之作，不过以教后生作时文为议论而已，其议《左氏》多巧说，未得尽为正论。”瞿世瑛亦曰：“特谭余语隙，骋笔以为课试者之资，非果于《传》义欲有所论辨纠正也。”[③]

但吕祖谦自述撰写过程，说“取《左氏》书理乱得失之迹，疏其说于下”。因此，此书撰述目的固然在于着意为文以资课试，但必以对经义的理解为基础，故亦可视为吕祖谦特殊的解经之作。对于《左传》有其梳理综括之功，注重对理乱得失之迹的分析，对后人理解经义亦不为无助。王树之为胡凤丹重刻本作跋时评价说：“是书明乎天人义利之分，理乱得失之迹，古今事为之变，典章名物之繁，英光浩气，伸纸直书，按之圣贤精微之奥，不爽毫厘。”[④] 可谓得之。

此书流传甚广，版本极多，足本二十五卷，亦有节本十二卷及四卷者。

---

① 《丽泽论说集录》附录，《吕祖谦全集》第二册，第269页。
② 《东莱博议》附录，《吕祖谦全集》第六册，第576页。
③ 《东莱博议》附录，《吕祖谦全集》第六册，第579页。
④ 《东莱博议》附录，《吕祖谦全集》第六册，第581页。

三　吕祖谦经典诠释之学的特点

吕氏诠释经典，其一用传统的注释之体，其二用解说之体。注释体的撰述严守体例，并有所发展。解说体的撰述，大多是其讲学的成果汇集，有的是吕氏生前基本编就的，有的是他去世后弟侄及弟子编纂而成的。

从总体上来考察，吕氏经典诠释之学有以下几个特点。

（一）训诂、名物与义理阐释并重

学术的发展有着鲜明的时代特征，可以说一时代有一时代之学术，学术的风格也在不断发生着变化。就宋代来说，北宋前期还有延续汉唐以来学术特点的《论语疏》、《孟子疏》、《尔雅疏》等著作，重字词训诂，重名物考证，学问笃实。庆历以后，学风转向，学者疑经疑传，倾向义理阐发一路。经典诠释之学发展到南宋，重义理阐释而轻字词训诂之风更盛。吕祖谦对此，有较为清醒的认识。他曾经批评这一风气，并力求纠正其弊。“近时多忽传注而求新说，此极害事。后生于传注中，须是字字考始得。”①

他在讲学中给弟子举例说：

> 读《六经》，不可不参《释文》点检。如：“曾子闻之，瞿然曰：‘呼！’”呼音虚，呼与虚相去远矣。《释文》作“曰吁”，此决知“呼”字者误。又如言乘丘之战，“马惊败绩”，《释文》作“马惊败”，而无“绩”字。按乘丘之战，鲁胜也，无败绩之事，但当时止是马惊败耳，初不预军之胜负也。如此类，皆是后人误有增加。又如言“予有乱臣十人”，或者以为子无臣母之义，按《释文》止作“予有乱十人”，无“臣”字。②

---

① 《东莱吕太史外集》卷 5“己亥秋所记”，《吕祖谦全集》第一册，第 729 页。

② 《丽泽论说集录》卷 9，《吕祖谦全集》第二册，第 250 页。

因此，他的《吕氏家塾读诗记》、《古易音训》等都有鲜明的特点，就是特别注重文字训诂与名物制度考证。

《读诗记》的撰述体例，倾向于兼采诸家之说，核心内容即是对前代训诂成果和名物制度考证成果的精心选择与辨析。《读诗记》的这一特点，朱熹也非常认同，他曾说："《诗》亦再看，旧说多所未安，见加删改，别作一小书，庶几简约易读，若详考即自有伯恭之书矣。"①

《古易音训》汇集《经典释文》与晁以道《古周易》中的注音、训释，目的是为研习《易》者提供前人凿实的训诂成果。前引王柏说："不有《音训》类其同异，则不知诸儒之得失，不见诸儒之异同得失，则不知伊洛以来传义之精也。《音训》之有益于后学如此。"正道出其价值所在。

吕祖谦的经典诠释，在内容上尤其注重名物、制度之学。制度是理解历史的关键。吕氏以史学为根基，他阐发经典较多从历史角度切入，因此注重名物、制度的解释、考辨，就是很自然的事情。一方面梳理综括，提供了大量有关名物、制度的文献材料，见出名物、制度与经史诠释之关系；另一方面对于有异议的训诂、名物制度，也多做辨析考证。

如《左氏传续说》卷一隐公元年"春公将如棠观鱼者臧僖伯谏曰春蒐夏苗秋猕冬狩皆于农隙以讲事也"，吕氏详考春秋以来蒐苗猕狩之制，指出其先四者皆备，秦汉以后，古制或废，存者唯"狩"而已，殊失古意。另如同书卷二桓公二年"今晋甸侯也而建国本既弱矣其能久乎"，吕祖谦详论古者甸之为制，分别畿甸与侯甸，并考辨《周礼·职方氏》之误。凡此种种，皆可见吕祖谦对古代制度之谙熟。更重要的是，吕氏注重由细节考察制度变迁之迹。比如《左氏传说》卷七，郑子驷为田洫，司氏、堵氏、侯氏、子师氏皆丧田，吕氏曰："以此观之，盖周之井田废坏，至此已见其端。……人皆谓商君开阡陌大坏井田之制，曾不知其来之渐已久。"② 井田废坏，非一蹴而就，吕氏考察制度变迁之迹，即见出历史发展盛衰规律。

---

① 王懋竑：《朱熹年谱》卷2，中华书局，1998，第81页。

② 《左氏传说》卷7，《吕祖谦全集》第七册，第91页。

《吕氏家塾读诗记》中，吕氏特别注重对诗中涉及的礼仪、制度进行阐释、梳理，也有助于更好地阐发诗义。

同时，吕祖谦秉承中原文献之学，对以庆历、元祐诸子为代表的北宋学术有着自觉的传承意识。吕氏家族兼容并蓄的学术传统也使得吕祖谦对义理之学并不偏废，吕祖谦本人也是宋代理学家中颇有代表性的学者，这就决定了吕祖谦的经典诠释学著作，固然有注重文字训诂、名物考证的笃实风格，也不乏幽微精密的义理阐发。在《东莱书说》、《左氏传说》、《吕氏家塾读诗记》、《丽泽论说集录》等著述中，吕祖谦对儒家经典的思想内容都有深入的阐发。

（二）特别注重对经传研习方法的总结

吕祖谦博学多识，学问融通，对于经传的理解独具只眼。他很早就授徒讲学，对于学问入门也有特别的关注。实际上，目前流传于世的吕氏撰述，大多都是在讲学的基础上形成的，因此尤其注重对经典学习的方法、路径的总结。

首先，吕氏的撰述，卷首往往有“纲领”一类文字，综括学术大概，介绍进学法门。如《左氏传说》有《看左氏规模》，《左氏传续说》、《读诗记》前都有《纲领》，当时对于门人弟子，有实际的帮助，对于后人进学，裨益亦多。吕氏撰述，后代推崇备至，传抄刊刻，代不乏人，与其注重总结经传入门方法的特点密不可分。

比如《左氏传说》卷首《看左氏规模》：“看《左传》须看一代之所以升降，一国之所以盛衰，一君之所以治乱，一人之所以变迁，能如此看，则所谓‘先立乎其大者’，然后看一书之所以得失。”① 在吕氏看来，看《左传》的关键在于从大处着眼，洞悉历史变迁之规律，即所谓时代升降、王朝兴衰、君王治乱、人心之变。

《门人集录易说》开卷即曰：“读《易》，当观其生生不穷处。”就是

---

① 《左氏传说》卷首，《吕祖谦全集》第七册，第1页。

对《易》学基本精神的阐发。学者读《易》，先要识得这一精神本质，方可循序渐进以探《易》学奥妙。接着又说："读《易》，须于常时平读过处反复深体，见得句句是实，不可一字放过。如此读《易》，虽日读一句，其益多矣，若泛泛而读，虽多亦奚以为？"[①] 此处是从具体研习方法角度，教导弟子要反复细读文本，不可泛滥无归。

《门人所记诗说拾遗》开篇也是总结读《诗》之法："诗者，人之性情而已，必先得诗人之心，然后玩之易入。""看《诗》且须咏讽，此最治心之法。""凡观《诗》，须先识圣贤所说大条例。"[②] 如此云云。

此外，《门人集录史说》比较编年与纪传二体，并取列子之言"人之所游，观其所见，我之所游，观其所变"作为"看史之法"。认为"观史当如身在其中，见事之利害，时之祸患，必掩卷自思，使我遇此等事，当作如何处之。如此观史，学问亦可以进，知识亦可以高，方为有益"。[③] 以及《左氏传续说·纲领》曰："学者观史各有详略，如《左传》、《史记》、《前汉》三书皆当精熟细看，反覆考究，直不可一字草草"，"学者观史且要熟看事之本末源流，未要便生议论"，云云，[④] 皆是总结如何看史书的方法门径。

在具体的注释与解说中，吕祖谦也时时注意经典研习方法的总结。

如《左氏传说》卷十六昭公二十八年"魏献子为政分祁氏之田为七县分羊舌氏之田为三县"，吕氏认为"以大体而观之，则六卿分公室，实自此始"。并总结治学之法曰："学者考古论治，须当自大体处看，不可就小节上看。"[⑤]

凡此种种，皆可看出吕祖谦经典诠释中特别注重总结学习研读方法的特点，这也是其撰述在当时及后世深为士子推崇、流传甚广的重要原因。

① 《丽泽论说集录》卷 1，《吕祖谦全集》第二册，第 1 页。
② 《丽泽论说集录》卷 3，《吕祖谦全集》第二册，第 112 页。
③ 《丽泽论说集录》卷 8，《吕祖谦全集》第二册，第 218 页。
④ 《左氏传续说》卷首，《吕祖谦全集》第七册，第 1～2 页。
⑤ 《左氏传说》卷 16，《吕祖谦全集》第七册，第 173 页。

（三）注释、解说强调贯通互证

1. 经典之间互相联系印证

从吕氏经典诠释著作来看，他一直坚持诸经互证的方法。

吕氏曾说："看《柏舟》诗，须合《尚书·微子》篇看，方知得仁人之心。卫之君固不如纣之甚，卫之小人亦未至若纣时之甚，然卫之仁人只是一人，全无可同心者。微子犹有三人，可以共扶持，有说话处。"[①] 可以代表他的基本思路。

如《左氏传说》卷十昭公五年"公如晋自郊劳至于赠贿无失礼"，吕氏说：

> 鲁昭公如晋，自郊劳至赠贿无失礼者。女叔齐谓鲁侯焉知礼。夫自郊劳至赠贿皆无违，何故谓之不知礼？观女叔齐之言，谓"是仪也，非礼也"。礼与仪本非二事。凡周旋上下，俯仰揖逊之际，无非至理之所在。到得后世，析而观之，仪自仪，礼自礼，至有以仪为非礼。女叔齐不特辨鲁侯仪、礼之分，乃所以深警晋平公不知礼之本。平公之时，六卿方强，何异鲁三家。有女叔齐、叔向不能用，何异有子家羁不能用。是鲁、晋当时皆不知礼之本矣。方从事虚文，而不能于实事上理会，此女叔齐所以深警动他。盖周之衰，大抵皆徇末忘本。从事于末，而不知本，实寓于此也。故林放问礼之本，夫子曰："大哉问！"是当时皆不知其本，惟林放独知而能问。然夫子又曰："礼云礼云，玉帛云乎哉！乐云乐云，钟鼓云乎哉！"当时皆从事于钟鼓玉帛之末，而不知钟鼓玉帛者，固有本末存焉。今须看得礼乐固不在于玉帛钟鼓，而亦不在于玉帛钟鼓之外。使圣人有作，虽不徒徇乎末，而所以为本者，又岂在于钟鼓玉帛之外哉！学者不可缘女叔齐之言，遂分仪与礼为两事。使昭公果知郊劳赠贿之为礼，而能立礼之本，则三家决不至于盛，而鲁亦未至遽弱也。[②]

---

① 《东莱吕太史外集》卷5"己亥秋所记"，《吕祖谦全集》第一册，第731页。

② 《左氏传说》卷10，《吕祖谦全集》第七册，第128页。

此处吕氏论礼仪之别，总结当时鲁、晋皆已不知礼之本，以《论语》林放问礼与《左传》所载进行印证阐发。

再如《左氏传说》卷十六昭公三年、二十年、二十六年晏子之事，吕氏曰："看《左传》载晏子之谏，或曰'公乃止'，或曰'公曰善哉'，此类甚多。如《孟子》所载晏子论巡狩述职，景公大说。又如《论语》所载景公问政，夫子言：'君君，臣臣，父父，子子。'则曰：'善哉！'见得景公于忠言谠论未尝不欣然领受。而齐卒不振者，盖能听而不能用也。"① 吕氏结合《孟子》、《论语》记载与《左传》相互印证。

《左氏传续说》隐公七年"陈及郑平十二月陈五父如郑莅盟壬申及郑伯盟歃如忘"，吕氏联系《诗·陈风·墓门》解释《左传》：

> "如忘"者，精神不在于盟也。往岁郑伯请成于陈，陈侯不许。五父谏曰："亲仁、善邻，国之宝也。君其许郑！"此数句足见五父之贤矣。其至于与郑伯盟时，亦不过数年间耳，何其先后相反之甚！以《墓门》之诗观之："墓门有梅，有鸮萃止。夫也不良，歌以讯之。"而序《诗》者以为"刺陈佗无良师傅，以至于不义，恶加于万民焉。"盖陈佗初间数语，以其本有善心，资质自好，后来只缘师傅不善，朝夕相与处者非其人，故荡散其心术，凿坏其资质，所以至此。以此知人之善恶，本无定分，只在朝夕所相与处如何耳。学者于此不可不时时警省。②

另如《左氏传说》卷七襄公九年"秦景公使士雃乞师于楚将以伐晋楚子许之子囊曰不可"，吕氏总结说："凡一盛一衰，一治一乱，其腹心骨髓一一见隔。隋修德政欲取陈，而陈懵然不知，此陈隋不能两立。而晋楚相距如此之远，所以相持百余年者，以其国各有人，常察两国之政。以是见国之有人无人之间也。"③ 以经书与后代史书、史事互相联系，总结历史兴

---

① 《左氏传说》卷16，《吕祖谦全集》第七册，第169页。

② 《左氏传续说》卷1，《吕祖谦全集》第七册，第14页。

③ 《左氏传说》卷7，《吕祖谦全集》第七册，第88页。

亡之迹，是吕祖谦的基本学术思路。

2. 吕氏的经典诠释，还特别注重本书前后联系互证

《左氏传说》的体例本身就体现出吕氏贯通全书、前后互证的思路。前引《仪顾堂续跋》卷二曰："《传说》如比事之例，先例经文之相类者数条，而后为之说。"既然以类比事，必然先梳理事件之间的关系，相类者列为一条，加以分析，已经体现出吕氏对《左传》全书的梳理排比之功。如卷六宣公十二年"晋楚战于邲晋师败绩"，吕氏比较分析邲之败与鞌之胜："以是知邲之败，其条目虽多，一言以蔽之，曰'争'而已。鞌之胜，其条日虽多，一言以蔽之，曰'和'而已。"[①] 再如卷八比较襄公十八年平阴之战与成公二年鞌之战："晋之伐齐，其大战有二。当齐顷公之时鞌之战，郤克为帅，大败齐师。齐灵公之时平阴之战，荀偃将中军，亦败齐师。此两战有难易不同。"[②] 联系前后类似事件，分析同中之异，前后互相证发。亦可谓善于梳理治乱之迹，总结历史经验教训。

吕氏主张看《左传》以察历史变迁为主，故须作前后联系，不能孤立看待，这样方能有人所不及的体会与发现。如卷一"息侯伐郑"一条，看似与楚国无关，但吕氏独具只眼，看出楚国盛衰之势。"此段须就息上看得楚之盛衰。当是时，如息、如蔡，尚与中国相通，皆会盟征伐。及楚一盛，则与中国绝矣。盖息、蔡皆近楚之国，既盛，则必有吞并之意。彼朝夕自救之不暇，何暇及其它。看此，可见是时楚未强盛也。何故？盖楚衰则边楚之国必强，楚盛则边楚之国必弱。大抵看《左传》须旁看方可，若一事只作一事看不可。"[③]

类似的思路，在《吕氏家塾读诗记》中亦可见到。吕氏对《诗经》中诗旨相近、诗句相同、事实相关的诗篇，能够详细分析其异同，探究其联系，对于诗义阐释颇多发明。

比如《小雅·出车》中，吕氏对《出车》与《草虫》以及《谷风》

---

① 《左氏传说》卷6，《吕祖谦全集》第七册，第74页。

② 《左氏传说》卷8，《吕祖谦全集》第七册，第97页。

③ 《左氏传说》卷1，《吕祖谦全集》第七册，第5页。

与《小弁》中相同的诗句进行了辨析。

> “喓喓草虫”以下六句，说者以《草虫》之诗有之，遂亦以为室家之语。观其断句曰：“赫赫南仲，薄伐西戎。”其辞奋张，岂室家思望之语乎？“毋逝我梁，毋发我笱。我躬不阅，遑恤我后。”两见于《谷风》、《小弁》之诗，其一夫妇也，其一父子也。①

虽然是同样的句式，但在各诗中的作用并不同，学者不加辨析，则不能准确理解诗意，吕氏联系比较分析，阐发甚当。

吕祖谦兼通诸经及子史之书，对经典本身的揣摩体会又极为细致。将两者结合起来，往往能有人所不能发现者。如《大雅·绵》“肆不殄厥愠，亦不陨厥问。柞棫拔矣，行道兑矣。混夷駾矣，维其喙矣”一节，吕氏分析说：“此章或以为专指大王，或以为专指文王，义皆未安。《孟子》曰：‘文王事昆夷。’文王犹事昆夷，则大王安得有‘昆夷駾矣，维其喙矣’之事乎？《皇矣》之诗曰：‘帝省其山，柞棫斯拔，松柏斯兑。帝作邦作对，自大伯、王季。然则‘柞棫拔矣，行道兑矣’，安可专指以为文王之诗乎？盖总叙周家王业积施屈伸之理，始于大王，而终于文王耳。”② 旁引《孟子》之说，联系《大雅·皇矣》，故能辨别误说歧解，有更深入准确的阐发。

第二节　吕祖谦经典诠释学代表作——《吕氏家塾读诗记》

一　《吕氏家塾读诗记》的撰述与流传

关于《读诗记》的编撰情况，可以根据吕氏本人及弟侄友人之记载略

① 《吕氏家塾读诗记》卷17，《吕祖谦全集》第四册，第341页。

② 《吕氏家塾读诗记》卷25，《吕祖谦全集》第四册，第586页。

作梳理。

据吕祖谦侄子吕乔年编定的《年谱》，淳熙元年正月，“（吕祖谦）以韩尚书元吉守婺，散迁诸生，始编《读诗记》”。淳熙三年，“七月十日，迁塾于右司宅，复编《读诗记》”。淳熙六年，“复修《读诗记》”。[①] 而根据吕氏《庚子辛丑日记》，他从淳熙七年正月四日开始记录自己“修《读诗记·唐·无衣》”，此后基本是一天修《大事记》，一天修《读诗记》，少有间断。至淳熙八年七月二十七日，吕氏去世前夕，修“《公刘》一章”而止。[②]

而据其弟吕祖俭所撰《圹记》，“公所为书，有《吕氏家塾读诗记》三十卷，参取毛、郑众氏之说，而间出己意。其后更加刊定，迄于《公刘》之首章”。[③]《丽泽论说集录》是吕祖谦论经史诸说之集录，吕乔年题记说：“伯父太史说经，唯《读诗记》为成书，后再刊定，迄于《公刘》之首章。”[④] 说明《读诗记》是先成书，再刊定。

另外，吕祖谦有与潘叔度书信曰：“某旬日以来编《诗》，少曾出户，今日已断手矣。”明确提到所编之书已经完毕，具体时间可以略作考证。吕祖谦答潘叔度书，《东莱吕太史别集》共收录三十一首，此前一首提及鹅湖之会，时间在淳熙二年五月以后，此后两首一提及“李寿翁改婺”，一提及“《实录》一两月间进书”，时间皆在淳熙四年春。而且此书信言及“侍傍小从容，甚善。到官之初，弥缝裨赞不可阙人，而久不与事物接。旁观酬酢之纷纭，亦可为观省之助也”云云，应是指淳熙三年吕氏获悉以秘书郎兼实录院检讨官与修《徽宗实录》一事，又有所谓“闻重阳后归，所怀并俟面尽”的说法。[⑤] 因此综合来看，此书信的写作时间应在吕祖谦前往临安任职修《徽宗实录》之前，大概应在淳熙三年九月左右。

① 《东莱吕太史文集》附录卷1，《吕祖谦全集》第一册，第745页。
② 《东莱吕太史文集》卷15，《吕祖谦全集》第一册，第238~276页。
③ 《东莱吕太史文集》附录卷1，《吕祖谦全集》第一册，第750页。
④ 《丽泽论说集录》附录，《吕祖谦全集》第二册，第269页。
⑤ 《东莱吕太史别集》卷14，《吕祖谦全集》第一册，第493~494页。

在《读诗记》卷二十六《公刘》首章之后，又有吕祖俭按语提及此书之编撰情况，曰："先兄己亥（淳熙六年）之秋，复修是书，至此而终。自《公刘》之次章，讫于终篇，则往岁所纂辑者，皆未及刊定。如《小序》之有所去取，诸家之未次先后，与今编条例多未合。今不敢复有所损益，姑从其旧，以补是书之阙云。"[①]

综合以上诸说，《吕氏家塾读诗记》应有前后两编本，初编本从淳熙元年始编，淳熙三年复编，至九月左右编完。但这一稿应是初稿，吕祖谦于淳熙六年开始又加修订，至淳熙八年病卒，止于《公刘》首章。有学者认为淳熙元年正月始作第一稿，淳熙三年七月十日复编第二稿，直到去世。[②] 这种看法并不够确切。因为初编本称为"编"，而修订本称为"修"，无论是《年谱》所载还是吕祖谦本人提及时都是如此，是非常明确的。而且吕祖俭也明确说"先兄己亥之秋，复修是书"，说明吕祖谦对初编本进行重新修订的时间就是淳熙六年。

从版本流传情况来看，《读诗记》在当时就很受重视，多有刊本流传。①丘宗卿刻江西漕台本。吕祖谦去世后的第二年，其弟吕祖俭将《读诗记》书稿交给吕祖谦的朋友丘宗卿（丘崈），刊刻于江西漕台。这个版本有朱熹的序和尤袤的跋，又是吕祖俭直接交付的书稿，因而成为非常重要的一个版本。此本有国家图书馆藏本，原为瞿氏铁琴铜剑楼所藏，半页九行，行十九字，后刻入《四部丛刊续编》。②建宁刻本。据尤袤为丘刻本所作跋，"今东州士子，家宝其书，而编帙既多，传写易误，建宁所刻，益又脱遗。其友丘漕宗卿惜其传之未广，始锓木于江西漕台"[③]，说明在丘宗卿刊刻之前，在福建建宁已有刻本，但有"脱遗"之处。查清代《天禄琳琅书目》卷一著录有《东莱家塾读诗记》三十二卷，二函十六册，未著

① 《吕氏家塾读诗记》卷26，《吕祖谦全集》第四册，浙江古籍出版社，2008，第642页。为行文方便，以下引自《读诗记》的文字，除特别注明，不再一一出注，仅注明卷数或篇名。

② 杜海军：《吕祖谦文学研究》，学苑出版社，2003，第185页。

③ 刘毓庆：《历代诗经著述考（先秦—元代）》，中华书局，2002，第231页。

录行款字数，为明项元汴家藏，注明属闽中旧刻，有学者认为即是建宁刻本。《天禄琳琅书目后编》卷二著录有两部宋本，皆为巾箱本，二函十六册。其中后一本每版十四行，每行十九字，《天禄琳琅书目后编》推断“或即尤《跋》所云建宁刻也”。③《天禄琳琅书目后编》卷二著录两宋本中的前一本，有朱熹序、尤袤跋，每版十二行，每行二十二字。与今日本宫内厅书陵部所藏《吕氏家塾读诗记》行款字体大致相同，应属于同一系统。[1] 与此本相似的还有今国家图书馆藏原为毛氏汲古阁、丁氏持静斋所藏的两个本子。④南宋时另有眉山贺春卿刻本，虽有魏了翁为其所作的后序流传于世，却并不见于历代著录及传本。《四库全书总目》曰：“时去祖谦没未远，而版已再新，知宋人绝重是书也。”[2] 由此可见，《读诗记》在当时确实被多次刊刻，广为流传。

《读诗记》历代著录及流传版本的卷数，皆为三十二卷。惟《圹记》中说：“公所为书，有《吕氏家塾读诗记》三十卷。”另外明代傅氏重刻《读诗记》，陆釴作序曰：“吕氏凡二十二卷，乃《公刘》以后编纂未就，其门人续成之。”[3] 两处所记卷数与所传版本不同。关于后者之说，《四库全书总目》卷十五推断说：“釴所云云，或因戴溪有《续读诗记》三卷，遂误以后十卷当之与？”其实从《四库》所收的刻本来看，是三十二卷无疑，则陆氏所云，可能是传刻之误。至于陆氏所说的“编纂未就，其门人续成之”云云，据吕祖俭在《公刘》首章后的说明，结合陈振孙《直斋书录解题》的说法，“自《公刘》以后，编纂已备，而条例未竟，学者惜之”，[4] 以及上文我们对《读诗记》编撰过程的考证，足以证明是陆氏的误读。《读诗记》固然未能最后修订完善，但有初编本在，绝非其门人续编而成。关于《圹记》中所说的“三十卷”问题，有学者认为应是《吕氏

---

① 顾永新：《〈日本宫内厅书陵部藏宋元版汉籍影印丛书〉影印说明》，《中国典籍与文化》2003 年第 1 期。

② 永瑢等：《四库全书总目》卷 15《吕氏家塾读诗记》提要，中华书局，1981。

③ 刘毓庆：《历代诗经著述考（先秦—元代）》，中华书局，2002，第 233 页。

④ 陈振孙：《直斋书录解题》卷 2，上海古籍出版社，2006。

家塾读诗记》的初编本，也即是尤袤跋所言“建宁所刻”，所以才有“脱遗”之说。[①] 我们认为相关证据不足，只是推测而已。

二　《吕氏家塾读诗记》的编撰宗旨

《读诗记》的编撰并不仅仅是纯粹的阐释经典的学术成果，而是与吕氏讲学课徒的活动有着紧密的联系。吕祖谦曾先后于朝廷官学与私学书院长期教授弟子，影响广远。官学方面，乾道五年，吕祖谦除太学博士，八月，添差严州州学教授，史载“铎音大振，士由远方负笈者日众，泮宫至不足以容之”。[②] 私学方面，乾道三年，吕祖谦在明招山建立精舍，“学子有来讲习者”，乾道四年冬，授业曹家巷，乾道六年以后，丽泽书院成为吕氏讲学的主要场所。

对于《读诗记》的考察，需要特别注意其面向课徒讲授的编撰目的。可以说，吕祖谦编撰《读诗记》的目的，即在于提供一个相对客观、全面反映《诗经》学研究成果的文本，以用于《诗经》之教育教化。从书名为“家塾读诗记”，可见端倪。吕祖谦自己也曾有过明确的说法，他在《与朱侍讲》中说：“《诗说》止为诸弟辈看，编得训诂甚详，其它多以《集传》为据，只是写出诸家姓名，令后生知出处。”又说：“如《诗》解多是因《集传》，只写出诸家姓名，纵有增补，亦只堪晓童蒙耳。”[③]

从现存的课程讲义与弟子所记来看，吕祖谦对《诗经》素有研究和讲习，在课徒教授过程中，《诗经》是其教育弟子的主要典籍。现存吕氏授徒讲学的《己丑讲义》中，主要的讲述内容就是《周易》与《诗经》；《门人周公谨所记》及《己亥秋所记》中，讲解《诗经》也是主要内容；后人汇集的《门人所记诗说拾遗》更是吕祖谦讲授《诗经》的资料汇编。与《读诗记》合观，当能见其《诗经》学教育思想与成绩。

吕祖谦对于初学者研习经典，强调从传统训诂入手，这是他一贯的看

① 《吕氏家塾读诗记》点校前言，《吕祖谦全集》第四册。

② 郑瑶、方仁荣：《景定严州续志》卷2，中华书局，1990。

③ 《东莱吕太史别集》卷8，《吕祖谦全集》第一册，第435～439页。

法。比如他曾对朱熹讲过："诸先生训释，自有先后得失之异。及汉儒训诂不可轻，此真至论。盖差排牵合，轻议下视之病，学者每每有之，诚当深戒。"[①] 他教导朱熹的儿子，也是采用这一方法，"令嗣到此半月，诸事已定叠，朝夕潘叔度相与切磨，势不容懒。某亦数数提督之，见令编书疏训诂名数。盖既治此经，须先从此经历过"。[②]

因此，《读诗记》体制上的突出特点与其观点是相适应的。比如体例完善、内容丰富，兼容并蓄、不专主一家，重读《诗》之法、引导初学，等等，不一而足。可见《读诗记》的撰述，目的在于继承传统《诗经》学的成果，总结宋代《诗经》学的成就，形成持平融通之论，矫正学风，用于教育，以期致用。

从时人及后人对《读诗记》的推崇，可以看到《读诗记》的编撰达到了其最初目的。朱熹在《答潘文叔书》中曾说："《诗》亦再看，旧说多所未安，见加删改，别作一小书，庶几简约易读，若详考即自有伯恭之书矣。"[③] 可见，朱熹认为《读诗记》的长处即在其详博，可为学者入门之参考。

如前所言，《读诗记》在吕祖俭请丘宗卿刊刻之前，坊间即已有建宁刻本，所谓"今东州士子，家宝其书"。而眉山贺春卿刻本也是"时去祖谦没未远，而版已再新"，足见《读诗记》在当时受学者士子的欢迎程度。此后学者亦多将《读诗记》视作研习《诗经》的启蒙之作，比如刘光祖"庆元中谪居房陵，与其子讲说诸经，因笔记之。以其所问于《诗》为多，遂取吕氏《读诗记》尽观之，而释以己意，附《疑问》之后"。[④] 严粲也说："二儿初为《周南》、《召南》，受东莱义。"[⑤] 刘光祖是略晚于吕祖谦的学者，"庆元中"距离吕氏去世的淳熙八年，不过十几年的时间，严粲

① 《东莱吕太史别集》卷7，《吕祖谦全集》第一册，第410页。
② 《东莱吕太史别集》卷8，《吕祖谦全集》第一册，第415页。
③ 王懋竑：《朱熹年谱》卷2，中华书局，1998，第81页。
④ 陈振孙：《直斋书录解题》卷3，上海古籍出版社，2006。
⑤ 严粲：《诗缉》序，景印文渊阁《四库全书》本，上海古籍出版社，1987。

之生活年代亦稍后于吕氏。可见成书不久，《读诗记》已经成为家塾之中士子研习《诗经》的重要入门书了。

三　《吕氏家塾读诗记》编撰的学术背景及其渊源

（一）学术背景

有学者评价《读诗记》，谓其“乃汉以来经学之正宗，唯亦正失宋学怀疑思辨之精神”。[①] 看似有道理，实则未详考吕氏此书撰述之背景及意图。

毛传、郑笺与孔颖达《毛诗正义》将汉唐章句之学发展到一个巅峰，北宋以来的学者已经很难在传统注释之学方面有大的发展。而汉唐章句之学的繁琐细碎，也不再适应宋代建立后政治、社会、文化、学术诸方面的新的需要。因而，宋初以来，沿袭汉唐训释传统的著作数量不多。宋人在《诗经》解释方面逐渐创新求变，欧阳修《诗本义》、苏辙《诗集传》等开始疑经议传，驳正毛郑，怀疑小序，建立起对《诗经》的重新阐释。新的学术方法与解释路径，逐渐体现出宋学的特点，大异于此前。

宋学疑辨之风，固然能廓清前此之因循墨守，开出学术之新境界，但疑辨过甚，亦不免有弊端显露，学者往往一出己意，轻视前人之说，对于继承和渊源的关注有所削弱。吕祖谦对这一问题早有思考：“近时多忽传注而求新说，此极害事。后生于传注中，须是字字考始得。”[②]《读诗记》正是针对这一学术风气而编撰，独特体例也是为纠正时弊而设：“今所编《诗》不去人姓名，正欲令人见元初说著。”[③]

另外，集解体的兴起也顺应了当时学术发展的需要。《诗经》集解体著作到北宋后期才出现，较早的应该是北宋末年吴纯的《三十家毛诗会解》，现已亡佚，吕氏《读诗记》也没有提及此书。在《读诗记》之前，

① 陈文采：《两宋诗经著述考》，花木兰文化出版社，2005，第9页。

② 《东莱吕太史外集》卷5“己亥秋所记”，《吕祖谦全集》第一册，第729页。

③ 《东莱吕太史外集》卷5“门人周公谨所记”，《吕祖谦全集》第一册，第721页。

比较接近集解体的就是李樗的《毛诗详解》。《读诗记》之后，受其影响，又出现了严粲《诗缉》、段昌武《毛诗集解》等著作。宋代《诗经》集解体大兴的原因之一，是随着北宋《诗经》研究的发展，学者解诗各出己见，然后知《诗》不专见于毛、郑，学者们互出新意，“同异纷纭，争立门户”，以致使“学者无所适从”。要想深入研究《诗经》，常常不得不阅读几十家注本，造成了很大的不便，于是总结前人研究成果的集解体著作便应运而生。此外，集解体的兴盛也是由宋代特殊的社会历史条件决定的。异族南侵之际，中原地区不少著名的书香门第家破人亡，这些被毁灭家族所藏有的典籍也随之散佚殆尽。南宋的一些有识之士，便希望用集解体的方式来保存中原文献。[①]

就《读诗记》来说，这两个原因我们可以做进一步的考察。一方面，吕祖谦编撰此书，主要目的之一就是要解决上述“说《诗》者愈多，同异纷纭，争立门户，无复推让祖述之意，则学者无所适从，而或反以为病”的问题，为学《诗》者提供一个反映前代、当代研究成果，相对客观、足以采信的文本。如尤袤《吕氏家塾读诗记》跋中所言：“后世求诗人之意于千百载之下，异论纷纭，莫知折衷。东莱吕伯恭病之，因取诸儒之说，择其善者，萃为一书，间或断以己意。于是学者始知所归一。”[②] 因此，使用集解体的形式就是理所应当的选择。

另一方面，吕氏家族秉承中原文献之传，吕祖谦本人有着保存文献的自觉文化意识与责任，应该是其以集解体撰著《读书记》的另一个重要原因。《读诗记》的体例是吕祖谦精心设计的，目的即是由此保存大量的前代文献。其一是广列众说，《读诗记》对各家诗说的引述数量远超同时著作，其中大多数都是北宋诸家诗说；其二是广泛搜罗三家诗说，通过对《经典释文》、前后《汉书》、《广川诗故》等的引述存留三家诗异文。

因此，《读诗记》的撰述，既与南宋学术发展的内在要求密切相关，

① 郝桂敏：《宋代诗经文献研究》，中国社会科学出版社，2006，第191页。
② 转引自刘毓庆《历代诗经著述考（先秦—元代）》，中华书局，2002，第231页。

吕氏试图通过对传统训诂的提倡，纠正当时学术过于空疏之弊，并顺应学术界对集解体撰述的需求；同时，也有汇聚文献、保存文献的自觉意识在其中。

（二）学术渊源

吕氏之学，独得中原文献之传，既包括泛观广接、博采诸家、兼存并蓄的学术精神，也包括对庆历元祐之学术的直接继承。

后人梳理两宋《诗经》学史，往往以对待《诗序》之态度划分畛域，所谓废序、尊序，称为两派，有时不免简单对立之嫌。实际上，吕祖谦虽被看作尊序派，但《吕氏家塾读诗记》对于两派学者的研究成果，都给予充分的关注，从其引述来看，涉及众家之说，均能兼容并蓄，并不以学术观点的差异而视而不见。可以说，《读诗记》是真正的兼赅众说、兼收并蓄之作，既包括其尊崇的毛、郑，也包括宋代《诗经》学的前辈与时贤，并不以学术观点的差异强分畛域。据学者统计，《读诗记》共引前人之说52家，前代文献62种，文学作品7种。[①]《读诗记》所引述各家之说以及引用书目的数量在当时同类《诗经》注疏中是非常突出的。

论及《读诗记》的具体学术渊源，可以从以下三方面分析。

1. 推崇汉唐古训

吕氏治《诗经》，特别强调汉唐古训，这是他有意识的学术追求，是对《诗经》学传统的接受，目的之一就是借以矫正宋代《诗经》学发展到南宋后过于注重义理阐发、容易陷入空谈的弊端。《读诗记》中引毛传1637条、郑笺1366条、孔颖达疏1603条，在所引诸家中位列前三，也正说明吕祖谦《读诗记》的训释基础即是汉唐古训。当然，对于三者，吕氏的态度又有不同，他首重毛传，其次郑笺，孔疏大多是起补充作用，故而全书引孔疏1603条，小注中占1140条。[②] 吕祖谦推崇《毛诗》的解释，

---

① 吴冰妮：《〈吕氏家塾读诗记〉研究》第一章，北京大学中文系博士学位论文，2010。

② 吴冰妮：《〈吕氏家塾读诗记〉研究》第一章，北京大学中文系博士学位论文，2010。

认为其大致都与古代的经传相合。《读诗记》卷一“训诂传授”引程氏曰：“西汉儒者有风度，惟董仲舒、大毛公解经虽未必皆当，然味其言，大概然尔。”附注又引述说：“汉如大毛公、董仲舒最得圣贤之意，然见道不甚分明。”在卷二《关雎》序后吕祖谦又下按语加以强调：“鲁、齐、韩、毛，师读既异，义亦不同，以鲁、齐、韩之义尚可见者较之，独《毛诗》率与经传合。《关雎》正风之首，三家者乃以为刺，余多知矣，是则《毛诗》之义，最为得其真也。”

除了毛传、郑笺、孔疏之外，《读诗记》的视野还是非常宽广的，有许多并不是《诗经》学主流的学者也得到吕祖谦的特别关注。比如卷一引《文中子》曰：“子谓薛收曰：‘昔圣人述史三焉：其述《书》也，帝王之制备矣，故索焉而皆获。其述《诗》也，兴废之由显，故究焉而皆得。其述《春秋》也，邪正之迹明，故考焉而皆当。’”并将其列为“纲领”之一，仅次于《论语》、《孟子》之后。《读诗记》正文中6次引到《文中子》，作为非《诗经》注疏类文献，地位很突出。主要原因可能就是《文中子》所说的“其述《诗》也，兴废之由显，故究焉而皆得”，与吕祖谦的思想甚为相合。吕氏曾经说过，如何看《诗》，重要的就是把《诗》当作史来看，究其兴废之由，观历史盛衰变迁。因此，吕祖谦对王通以史观《诗》的思想观念是比较接受的。

2. 继承庆历元祐之学

吕氏之家学传统，根柢在北宋庆历元祐之学。吕氏家族与庆历元祐诸子，如欧阳修、二程、司马光、张载、王安石等，无论从家族关系还是从学术联系上看，都是极为密切的。吕祖谦得中原文献之传，其中一个重要的内容就是受北宋诸子的学术影响。从《读诗记》来看，吕祖谦深受程氏、张载、欧阳修、王安石、苏辙等人的影响，也有自觉传承中原文献的学术与文化意识。

《读诗记》对于庆历元祐学者的诗说，给予充分的关注。上述各家的引用数量都在数百条以上，表明了他们在吕氏《诗经》学视野中的重要位置。庆历元祐诸家解《诗经》，皆注重义理的阐发，《读诗记》所引二程、张载、欧阳修等诗说，多为诗义、诗旨之分析阐发。

吕祖谦对《诗序》的态度，比较持平谨慎，承续程颐等北宋先贤的观点，以遵从《小序》为主，这从《读诗记》的引述可以看出。

程氏曰："学《诗》而不求《序》，犹入室而不由户也。"或问《诗》如何学？曰："只于《大序》中求。"又曰："国史得《诗》必载其事，然后其义可知，今《小序》之首是也。其下则说《诗》者之辞也。"又曰："《诗小序》要之皆得大意，只后之观《诗》者亦添入。"（《读诗记》卷一引）

吕祖谦持《小序》首句是当时国史所题，其下续申之词为后人附加的观点（如卷二《关雎》、卷三《鹊巢》所言），这是受程颐等人的影响，但吕氏也并不接受苏辙《诗集传》只留《小序》首句、删去下文的做法。"《关雎》正风之首，三家者乃以为刺，余多知矣，是则《毛诗》之义，最为得其真也。间有反复烦重，时失经旨，如《葛覃》、《卷耳》之类，苏氏以为非一人之辞盖近之，至于止存其首一言而尽去其余，则失之易矣。"可见吕祖谦对于庆历元祐诸名贤之诗说，多有承续，但又不是亦步亦趋，自有其钩沉弥合、谨慎立论之特点。

另如欧阳修解诗，"遍考《诗》、《书》"，亦"旁稽史传"①。以《尚书》、《春秋》、《左传》、《国语》、《史记》、《孟子》等经史诸子之记载与《诗经》相互参证，查考史实，以求《诗》之本义，辨正毛、郑之失，成就斐然。《读诗记》既能采择、体现其解诗成果，又能借鉴其解诗方法，所获亦多。举例来说，《周南·葛覃》首章言："葛之覃兮，施于中谷，维叶萋萋"，毛传曰："葛所以为絺绤，女功之事烦辱者"，郑笺说："葛者，妇人之所有事也，此因葛之性以兴焉。兴者，葛延蔓于谷中，喻女在父母之家，形体浸浸日长大也。"② 毛、郑所言不同，何者为是，后人有不同观点，大多是郑而非毛。欧阳修却以《葛覃》次章为内证，纠正郑笺，曰：

① 欧阳修：《诗本义》卷11，景印文渊阁《四库全书》本，上海古籍出版社，1987。

② 孔颖达：《毛诗正义》，李学勤主编《十三经注疏》（标点本），北京大学出版社，1999，第30页。

"《葛覃》之首章，毛传为得而郑笺失之。葛以为絺绤尔，据其下章可验。安有取喻女长大哉?"[1] 欧阳氏此说，今人晁福林认为"实属卓见"，并引上博简《诗论》中"夫'葛'之见歌也，则以絺绤之故也"以作证明[2]。而吕祖谦在《读诗记》中不仅不取郑笺之说，而且在毛传之外，唯独引述欧阳修此说以解释诗意，亦可见吕氏之卓识。

语词训诂与名物考订，不是庆历元祐诸家诗学的重心，但也时有令人豁然开朗的训释。《读诗记》引述各家之说，抉摘恰当，尤其是能将诸家独有发明之处摘录出来，标榜之意甚明。比如王安石《诗经新义》，在语词训释方面时有独到见解，《读诗记》对此颇为重视，多引其说。《大雅·桑柔》"靡有旅力，以念穹苍"，引王氏曰："穹苍，天也。穹言形，苍言色也。"训释颇能新人耳目。又如《鲁颂·泮水》"思乐泮水，薄采其芹"，郑笺曰："思乐僖公之修泮宫之水"，训为实词。引王氏曰："思，发语辞也。"释为发语辞，更为可取。后来朱熹《诗集传》亦曰"发语辞"，即采纳其说。

3. 援引时贤之说

吕祖谦推崇毛、郑及北宋诸子，亦不厚古薄今。《读诗记》对朱熹、张栻、李樗等同时及稍早学者的采纳也很多，体现了南宋《诗经》学的最新成果，既反映出吕祖谦善于融合、多方吸纳的学术精神，也是讲学施教的实际需要。其中引用朱熹之说最多，有1063条。从语词训诂到名物考证，以及诗旨阐发，吕氏对朱氏之说极为推崇，这是吕祖谦与朱熹两人密切而良好的学术交往的直接体现。李樗之说，《读诗记》也引用达307条，可能跟李樗与吕氏家族的学术联系有关。李樗是吕祖谦老师林之奇的外兄，与林之奇俱受业于吕本中之门，与吕氏家族的学术关系非同一般，颇有渊源。

吕祖谦不厚古薄今，对时贤之说多加引用。但也有其原则，就是力求

---

① 欧阳修：《诗本义》卷2，景印文渊阁《四库全书》本，上海古籍出版社，1987。

② 晁福林：《从上博简〈诗论〉看〈诗经·葛覃〉所反映的周代礼俗》，《学习与探索》2005年第5期。

客观持平，他并不能接受离经叛道或偏颇坚执之说。

比如对于南宋著名的废诗序派学者郑樵，《读诗记》引其说凡12条。但皆为具体语词、名物的训释，未涉及其惊世骇俗的废序之说。尤其郑樵视作淫奔之诗的《墙有茨》、《桑中》、《将仲子》、《株林》等，《读诗记》在解释时对郑氏之说没有丝毫的涉及。但在吕氏文集中有写给朱熹的一篇《诗说辨疑》，则对郑樵"放郑声"之说进行了批驳："至于'放郑声'两句，决与郑渔仲之说不可两立。""横渠谓夫子自卫反鲁，乐正，《雅》、《颂》各得其所，后伶人贱工识乐之正。及鲁下衰，三桓僭窃，自太师而下皆知，散之四方。圣人俄顷之助，功化如此。若如郑渔仲之说，是孔子反使雅、郑淆乱。然则，正乐之时，师挚之徒便合入河入海矣。可一笑也。"吕氏最后说："或喜渔仲之说方锐。乞且留此纸，数年之后，试取一观之，恐或有可采耳。"[①] 一则可见吕氏对郑樵《诗》学观点，非常熟悉，但并不完全认同；二则可见吕氏引入《读诗记》的应该都是经过一定时间检验的持平可考之论，足见吕氏之谨慎。这似乎也能解释为什么《读诗记》中未引用到范处义的《诗补传》。虽然范处义与吕祖谦同是婺州学者，且《诗经》学史上也大多将范氏和吕氏同划为尊序的阵营，但范氏过于笃信《诗序》，"必以为尼山之笔，引据《孔丛子》，既属伪书，牵合《春秋》，尤为旁义。矫枉过直，是亦一瑕"，[②] 保守拘泥远过于吕氏。因此《诗补传》成书虽稍早，但《读诗记》却无一语取于范氏之说。如果不是吕氏无缘得见范氏之书的话，那么很可能在吕祖谦看来，范氏所撰《诗补传》一以《诗序》为据，为尊《诗序》而重归前人旧路，持论不够客观公允吧。

（三）吕祖谦《读诗记》对《诗序》的态度

吕祖谦《读诗记》对《诗序》的看法，前人已有定评，即所谓"尊序"，并且将其视为尊序派的最重要代表。

---

① 《东莱吕太史别集》卷16，《吕祖谦全集》第一册，第598～599页。

② 永瑢等：《四库全书总目》卷15《吕氏家塾读诗记》提要，中华书局，1981。

我们知道，吕祖谦的学术风格是兼容并蓄，重视传统，继承大过创新，对于前贤的学术成果给予足够的尊重，完全颠覆前人不是吕氏的学术性格。但过于强调吕氏尊《诗序》，以至于与朱熹《诗集传》所代表的废序派形成两大阵营，却是可以再深入探讨的。因为吕氏对于《诗序》固然以尊信为主，但跟范处义《诗补传》这样笃信《诗序》，甚至认为《诗序》是孔子笔削的真正尊序者相比，吕氏对《诗序》的态度还是相对比较客观的。

对于《诗序》，《读诗记》在卷一“大小序”部分，引述了程颐等人的看法，从《读诗记》的体例来说，这表明吕祖谦认为他们的观点是有道理的。虽然这些人的说法不一，但吕氏兼取之，可以看成是吕祖谦的基本态度。

程氏曰：“学《诗》而不求《序》，犹入室而不由户也。”或问《诗》如何学？曰：“只于《大序》中求。”又曰：“国史得《诗》必载其事，然后其义可知，今《小序》之首是也。其下则说《诗》者之辞也。”又曰：“《诗小序》要之皆得大意，只后之观《诗》者亦添入。”

王氏曰：“世传以为言其义者子夏也。《诗》上及于文王、高宗、成汤。如《江有汜》之为美媵，《那》之为祀成汤，《殷武》之为祀高宗。方其作时，无义以示后世，则虽孔子亦不可得而知，况子夏乎哉！”

欧阳氏曰：“孟子去《诗》世近，而最善言《诗》，推其所说《诗》义，与今《序》意多同，故后儒异说为《诗》害者，常赖《序》文为证。”

程氏重视《诗序》，认为解《诗》必由《诗序》入手，大小序之中，大序最为可靠。小序之首为国史所作，其下是说《诗》者之辞，总体来说小序得《诗》之大义，但也有后人添入者。王氏否认子夏所作的说法。张氏之说与程氏有相似的地方，也相信《诗序》有后人添入者。欧阳修始创《诗经》疑辨之风，否认子夏作《诗序》，但对于《诗序》却没有简单否定，他还说过：“吾于《诗》常以《序》为证也，至其时有小失，随而正之。”[①] 说

---

① 欧阳修：《诗本义》卷14《序问》，景印文渊阁《四库全书》本，上海古籍出版社，1987。

明欧阳修对《诗序》持客观的态度，这一点吕祖谦是赞同的，故而列入《读诗记》。

另外，吕祖谦又在小注中补充了苏辙等各家之说。苏氏说："《诗序》诚出于孔氏也，则不若是详矣。孔子删诗，而取三百五篇，今其亡者六焉。亡《诗》之《序》，未尝详也。《诗》之亡者，经师不得见之矣，虽欲详之而无由。其存者，将以解之，故从而附益之，以自信其说，是以其言时有反复烦重，类非一人之辞。"苏辙认为《诗序》不出自孔子，《小序》首句之后是经师附益之说。苏辙的说法对吕祖谦颇有影响。

吕祖谦参合程氏、苏氏的说法，认为"三百篇之义，首句当时所作，或国史得诗之时，载其事以示后人。其下则说诗者之辞也。说诗者非一人，其时先后亦不同。"有在毛公之前者，因毛传对《诗序》有阐发；有在毛公之后者，因毛传与《诗序》不相关。后者可能是"后之为毛学者如卫宏之徒附益之耳"。（以上《召南·鹊巢》）但他也说，"《毛诗》之义，最为得其真也。间有反覆烦重，时失经旨，如《葛覃》、《卷耳》之类，苏氏以为非一人之辞，盖近之。至于止存其首一言，而尽去其余，则失之易矣。"（《周南·关雎》）吕祖谦并不同意苏辙删去《诗序》首句以下之文的轻率做法，但他无疑更看重首句的重要意义，这是毫无疑问的。查考吕氏《大事记》，"通释"部分引三百篇之《诗序》，皆为首句，不取其余，也可窥见吕祖谦对《诗序》的态度。

可见，对于前人之说，吕祖谦是非常谨慎的，既汲取了合理的意见，也采取了相对客观的兼收并蓄的态度。吕氏《读诗记》每首诗都收录《诗序》，表明他尊重传统的诗义解释，但并不表明他对此完全接受。其一，他认为首句是当时国史所作，以下是说诗者之辞，不接受前人视《诗序》为子夏所作的说法；其二，他认为小序所言，有后来讲师附益之说。除了提出质疑之外，吕祖谦也有删《诗序》的举动，比如《大雅·荡》之《诗序》本为"召穆公伤周室大坏也。厉王无道，天下荡荡，无纲纪文章，故作是诗也"，而《读诗记》只取首句"召穆公伤周室大坏也"，并引苏辙说："《荡》之所以为《荡》，由《诗》有'荡荡上帝'也，诗序以为

‘天下荡荡，无纲纪文章’，则非诗之意也矣。”

据研究者统计，《读诗记》中吕祖谦完全接受《诗序》，以及补充深化《诗序》所阐述诗旨的情况占305篇的绝大多数，对《诗序》有所辨析驳正的有21篇，[①] 具体有《周南》之《葛覃》、《麟之趾》，《召南·江有汜》，《邶风·北风》，《卫风》之《氓》、《伯兮》，《王风·君子于役》，《郑风》之《缁衣》、《将仲子》、《野有蔓草》，《齐风·东方未明》，《小雅》之《鱼丽》、《雨无正》、《四月》、《白华》、《绵蛮》，《大雅》之《旱麓》、《灵台》、《行苇》、《既醉》、《荡》。除此之外，还应加上《周南·卷耳》，《读诗记》所引欧阳氏曰：“妇人无外事。求贤审官，非后妃之职。”刘氏曰：“后妃本不与外事，假令思念进贤为社稷计，亦何至朝夕忧勤乎?”都不同意《诗序》之说：“（后妃）又当辅佐君子，求贤审官，知臣下之勤劳。内有进贤之志，而无险诐私谒之心，朝夕思念，至于忧勤也。”另外吕氏《关雎》篇按语曰：“《毛诗》之义，最为得其真也。间有反覆烦重，时失经旨，如《葛覃》、《卷耳》之类，苏氏以为非一人之辞，盖近之。”也明确说到《卷耳》之诗义“失经旨”。

在这22首诗中，吕氏表达了自己对《诗序》的不同看法。相对于《诗经》305篇来说，比例不高，但也足以说明吕氏对《诗序》的态度——不是盲目尊信，而是以客观求是的态度来分析辨正。

吕祖谦考察《诗序》，主要从以下几个角度入手。

一是综合考察各诗之间的联系，分析诗旨。

如《周南·葛覃》之《诗序》曰：“后妃之本也。后妃在父母家，则志在于女功之事，躬俭节用，服澣濯之衣，尊敬师傅，则可以归安父母，化天下以妇道也。”吕氏认为，《葛覃》是承《关雎》诗义而来，《关雎》言后妃之德，《葛覃》言后妃之本，因“成德者必有本”，后之讲师不明其中关键，乃为“在父母家”、志在女功之说以附益之。“殊不知是诗皆述既

① 吴冰妮：《〈吕氏家塾读诗记〉研究》第二章，北京大学中文系博士学位论文，2010。

为后妃之事，贵而勤俭，乃为可称。若在室而服女功，固其常耳，不必咏歌也。”

二是考以经文，以发现《诗序》之失。

如《王风·君子于役》，《诗序》曰：“刺平王也。君子行役无期度，大夫思其危难以风焉。”吕祖谦说：“考《经》文，不见‘思其危难以风’之意。”吕祖谦解《诗》，特别注重对本文的理解、体会，他考察《诗序》，也注重联系本文，而不是先入为主，以经文附会《诗序》。

《郑风·将仲子》，《诗序》：“刺庄公也。不胜其母以害其弟，弟叔失道而公弗制，祭仲谏而公弗听，小不忍以致大乱焉。”《读诗记》引苏氏曰：“庄公欲必致叔于死。叔之未袭郑也，有罪而未至于死，是以谏而不听。谏而不听，非爱之也，未得所以杀之也。毛氏不知其说，其叙此诗以为‘不胜其母以害其弟，弟叔失道而公弗禁，祭仲谏而公弗听，小不忍以致大乱’，庄公岂不忍者哉!”吕氏进一步细致分析：“‘将仲子兮，无逾我里，无折我树杞’，辞虽拒仲，而意则与之。如侍人僚柤告昭公以去季氏之谋，‘公执戈以惧之’之类。‘岂敢爱之，畏我父母’，则于段非有所不忍也。‘仲可怀也，父母之言，亦可畏也’，则拳拳于叔而不得已于姜氏者可见矣。‘畏我诸兄’，‘畏人之多言’，特迫于宗族国人之议论，非爱段也。具文见意，而庄公之情得矣。”

吕氏分析判断《诗序》，注重与《诗经》本文的互证，审其辞气。因后之讲师不能贯通诗意，断章取义，主观臆断，往往有穿凿附会之处。

前人已有从这一角度考察《诗序》、辨其舛误者。如《周南·麟之趾》，《诗序》曰：“《关雎》之应也。《关雎》之化行，则天下无犯非礼，虽衰世之公子，皆信厚如麟趾之时也。”《读诗记》引程氏曰：“自‘衰世公子’以下，序之误也。‘麟趾之时’，‘麟趾’不成辞，言‘之时’，谬矣。”

又比如《小雅·绵蛮》，《诗序》曰：“微臣刺乱也。大臣不用仁心，遗忘微贱，不肯饮食教载之，故作是诗也。”《读诗记》引程氏曰：“《诗序》必是同时所作，然亦有后人增加。如《绵蛮》序‘不肯饮食教载之'，但见诗中云'饮之食之，教之诲之。命彼后车，谓之载之'，即云'教载'，绝不成语也。"程氏认为，"麟趾"不成辞，"教载"亦绝不成语，《诗序》附会《诗经》本文，割裂、生造词语，势必有误。这一看法，有其道理，吕祖谦在《读诗记》中亦有借鉴。

比如《大雅·旱麓》，《诗序》曰："受祖也。周之先祖，世修后稷、公刘之业。大王、王季，申以百福干禄焉。"吕氏说："'周之先祖'以下，皆讲师所附丽。此篇师传以为文王之诗，故有'大王、王季申以百福干禄'之说，于理虽无害，然'干禄百福'之语则不辞矣。"后之讲师因《诗》句而附益之，造成《诗序》的穿凿。

如《郑风·野有蔓草》，《诗序》曰："思遇时也。君之泽不下流，民穷于兵革，男女失时，思不期而会焉。"吕氏说："'君之泽不下流'，盖讲师见'零露'之语，从而附益之。"

《齐风·东方未明》，《诗序》曰："刺无节也。朝廷兴居无节，号令不时，挈壶氏不能掌其职焉。"吕氏说："'号令不时'，此一语赘，盖见诗中有'自公令之'之文，而妄附益之尔。"后之讲师因《诗序》首句而附会。

《大雅·行苇》，《诗序》曰："忠厚也。周家忠厚，仁及草木，故能内睦九族，外尊事黄耇，养老乞言，以成其福禄焉。"吕氏曰："自'周家忠厚'以下论成周盛德至治则得之，然非此诗之义也，意者讲师见《序》有'忠厚'之语而附益之与？"

三是核之他书，以辨析《诗序》之说。

如《郑风·缁衣》之《诗序》曰："美武公也。父子并为周司徒，善于其职，国人宜之，故美其德，以明有国善善之功焉。"《读诗记》引《礼记·缁衣》："子曰：'好贤如《缁衣》。'"《孔丛子》："孔子曰：'于《缁衣》见好贤之至。'"据此，吕祖谦曰："此诗，武公入仕于周，而周人美之也。若郑人所作，何为三章皆言'适子之馆'乎？'好贤如《缁衣》'，所谓贤，即谓武公父子也。后之讲师，习其读而不知其义，误以为称武公之好贤，遂曰'明有国善善之功'，失其旨矣。"

再如《小雅·四月》,《诗序》曰:"大夫刺幽王也。在位贪残,下国构祸,怨乱并兴焉。"《读诗记》引董氏曰:"《韩诗》作'四月,叹征役也。'"以《韩诗》之说作为参考。

第三节　《吕氏家塾读诗记》的体例特点

一　《吕氏家塾读诗记》的基本体例

集解一体,出于魏晋,渊源既久,何晏《论语集解》而后,代有杰作。按其体例,何晏述之甚详:"集诸家之善,记其姓名,有不安者则加改易。"(《论语集解叙》)后人评其因荟萃诸家言于一编,故特重体例严谨,条目清晰。

延及宋代,学术变革之风盛,注疏之学亦有变化。北宋以来,既有墨守前代的《论语》、《孟子》之疏,亦有成就突过前人的新注出现。这类新注,或者突破体例局限,以旧瓶装新酒,沿用旧称而有所突破;或者在严守前代注释体例前提下,而体现新的注释思路,显现新注价值。前者如苏辙《诗集传》、朱熹《诗集传》,虽仍标称集传,但对诸家之说只是偶有兼录,已失集解体之本质,李樗《毛诗详解》,更注重疏解诗义,辨析异同。《吕氏家塾读诗记》则严守集解体之传统体例,并有所创新,成为宋代经典注释中集解体的典范之作,影响亦直接而深远。

《读诗记》卷一有"条例",吕祖谦明确揭示本书撰述之体例:

> 诸家解定从一说。辨析名物,敷绎文义,可以足成前说者,注其下。说虽不同,当兼存者,亦附注焉。
>
> 诸家解文句小未安者,用啖、赵《集传》例,颇为删削。陆淳曰:"啖、赵所取《三传》之文,皆委曲剪裁,去其妨碍,故行有刊句,句有刊字。"实惧曾学《三传》之人不达斯意,以为文句脱漏,

随即注之。此则《集传》之蠹也。阅此记者亦然。

诸家先后，以经文为序。或一章首用甲说，次用乙说。末复用甲说，则再出甲姓氏。

经子史传引诗文句与毛氏不同者，各见章末。

诸家或未备，颇以己说足之，录于每条之后，比诸家解低一字写。

从《读诗记》最终呈现的面貌来看，这一条例是得到严格遵循的。

我们试以《大雅·绵》之“捄之陾陾，度之薨薨。筑之登登，削屡冯冯。百堵皆兴，鼛鼓弗胜”一章为例来看：

毛氏曰：“捄，虆也。《释文》曰：“刘熙云：‘虆，盛土笼也。’”《说文》曰：“捄，乘土于器也。”**陾陾，众也。度，居也。”**郑氏曰：“度，犹投也。”孔氏曰：“郑以度犹投，语异意同。”《释文》曰：“度，《韩诗》云：‘填也。’”张氏曰：“度，读如法度之度。言运土以进也。”王氏曰：“度，传土也。”**苏氏曰：“薨薨，声也。”**董氏曰：“薨薨，如虫之声，则其声之众也。”**董氏曰：“登登，则其声之应也。”苏氏曰：“削屡，重复削治也。”张氏曰：“冯冯，削土声。”郑氏曰：“五板为堵。**李氏曰：“《公羊传》：‘五版为堵，五堵为雉。’何休以为堵四十丈。许慎《五经异义》、《戴礼》及《韩诗说》八尺为版，五版为堵，版广二尺，积高五板为一丈。其说异同，姑两存之。”**兴，起也。”毛氏曰：“鼛，大鼓也，长一丈二尺。”**孔氏曰：“《韗人》云：‘为皋鼓，长寻有四尺。’八尺曰寻，是一丈二尺。《鼓人》云：‘以鼛鼓役事。’”**李氏曰：“凡此皆是形容筑墙之意。”孔氏曰：“掘土实之于虆，谓之捄。捄之者众多陾陾然。既取得土，送至墙上，墙上之人受取而居于版中，居之亟疾，其声薨薨然。”李氏曰：“既投之于版中，则筑之登登。”苏氏曰：“既成而削之，其声冯冯然坚也。”**长乐刘氏曰：“‘削屡冯冯’者，谓墙成脱板，削其坚凸，以就平直。”**王氏曰：“既作庙矣，于是营宫室。‘百堵皆兴’，则营宫室**

> **也。'鼛鼓弗胜'，则人自劝功，鼛鼓之节，反弗胜也。"** 毛氏曰："言劝事乐功也。"

黑体大字为《读诗记》中"定从一说"者，字词、名物之训诂解释取毛、郑、苏、董、张诸家，附注《释文》、《说文》、郑氏、孔氏、张氏、王氏、李氏等诸家，且以《释文》引韩诗之说。各家代表性意见，罗列较为齐备。

总体来看，《读诗记》采择诸家之说，以毛、郑为主。孔颖达疏多为小注，因其辨析名物，敷绎文义，资料丰富，往往辅毛、郑之说而行。毛、郑有所未足，择取他家之说以做补充。

如"度之薨薨"之"度"，《读诗记》训释曰：

> **毛氏曰："度，居也。"** 郑氏曰："度，犹投也。"孔氏曰："郑以度犹投，语异意同。"《释文》曰："度，《韩诗》云：'填也。'"张氏曰："度，读如法度之度。言运土以进也。"王氏曰："度，传土也。"

《读诗记》以毛传"定从一说"，首列于上；郑氏解释不同，附注于下，孔氏牵合毛、郑，《释文》引《韩诗》之说，《读诗记》皆小字列之以作参考；宋儒取张载、王安石之说，补充发明。罗列有序，抉摘适当。

毛传未释者则取郑笺，如"百堵皆兴"，毛传未解"堵"、"兴"之义，《读诗记》取**郑氏曰："五板为堵。兴，起也。"**

郑笺亦未释者，《读诗记》另择取他家之说。如"薨薨"，毛传、郑笺皆未释，《读诗记》取**苏氏曰："薨薨，声也。"** 又引董氏曰："薨薨，如虫之声，则其声之众也。"申述苏辙之说。亦可见吕祖谦在引述各家之说时，注意呈现各家之说的继承关系。

注音则兼用反切法与直音法，方便切当。《李黄毛诗集解》、段昌武《毛诗集解》等的注音都是取自《读诗记》，可见吕氏音注之成就。

诗旨方面，《读诗记》引孔氏、李氏、苏氏、王氏之说，稍加剪裁，通贯而成，如成于一人之手，故引述虽多但不显繁杂不通，这是《读诗记》特别令人称道的地方，可见吕祖谦的独具匠心与融会剪裁功力。《直斋书录解题》评曰："剪裁贯穿，如出一手。"后人皆以为切当。

至于"经子史传引诗文句与毛氏不同者，各见章末"，以及"诸家或未备，颇以己说足之，录于每条之后，比诸家解低一字写"两条，并非各诗皆有。

我们另举《召南·江有汜》为例：

> 江有汜，之子归，不我以。不我以，其后也悔。
>
> 江有渚，之子归，不我与。不我与，其后也处。
>
> 江有沱，之子归，不我过。不我过，其啸也歌。

首章末《读诗记》引董氏曰："'汜'，石经作'洍'。《说文》引《诗》作'洍'。盖古为'洍'，后世讹也。"其后有吕氏按语："以，如'不使大臣怨乎不以'之'以'。与，如'暴虎冯河，吾不与也'之'与'。过，如'过从'之'过'。不我过，言不我顾也。一章曰'其后也悔'，二章曰'其后也处'，三章曰'其啸也歌'，始则悔寤，中则相安，终则相欢，言之序也。"此即所谓诸家或有未备，自出己意。一则语词训诂，一则章句诗旨，吕氏自出己意，补充前人训释之未备。

可见，《读诗记》的体例确实全面完备而又富于特色。无怪乎后人无论是否接受其解诗观点，但对其体例往往称道不已。陈振孙说："博采诸家，存其名氏，先列训诂，后陈文义，剪裁贯穿，如出一手，己意有所发明则别出之，诗学之详正未有逾于此书者也。"①

朱熹《〈吕氏家塾读诗记〉序》说："兼总众说，巨细不遗，挈领提纲，首尾该贯，既足以息夫同异之争，而其述作之体，则虽融会通彻，浑然若出于一家之言，而一字之训，一事之义，亦未尝不谨其说之所自，及其断以己意，虽或超然出于前人意虑之表，而谦让退托，未尝敢有轻议前

① 陈振孙：《直斋书录解题》卷2，上海古籍出版社，2006。

人之心也。”[1]

即使是林希逸这样的批评者，虽然指摘其“疏缺涣散，要未为全书”，也不能忽视其“始集百家所长，极意条理，颇见诗人趣味”的优长之处。[2]

二　《吕氏家塾读诗记》的体例特点

对撰述体例的注重，与吕祖谦的学术关注点有关。吕氏有意识通过撰述体例、著作形式体现为学之道，所以其撰述体例，往往有创新，其中以文献编纂之学表现得最为明显，下章我们有详细的分析。其经典注释之学也是如此。就《吕氏家塾读诗记》来说，在撰述体例上，基于传统的集解体而又有所创新。

（一）遵循集解体的要求与传统惯例，集各家之说，精于选择，慎于去取

集解体的撰述要求，一是搜集资料要全。要全面地网罗众说，不遗漏任何有价值的说法。搜集资料时涉猎面要广，不仅有关的注释材料要搜集，而且其他的各类书籍也要广泛地阅览搜集。二是选择资料要精，是指资料本身的价值而言。[3]

《读诗记》在这两方面都严格遵循集解体的规范与要求。其搜罗资料之广，我们可以从所引各家与书目的数量可以看出，资料来源遍及经、史、子、集四部，这一点在宋代以前的集解体《诗经》注释中还是少见的。

《读诗记》对于各家之说，皆标明注者姓氏，体现学者观点创见，不掠美，有出处，也为当时其他解《诗》著述所不及。相对而言，朱熹《诗集传》为保持行文简洁，往往不著姓氏，唯大段引述注明姓氏。不能说有

---

① 《吕氏家塾读诗记》卷首序，《吕祖谦全集》第四册。

② 林希逸：《〈诗缉〉序》，明嘉靖味经堂刊本。

③ 董洪利：《古籍的阐释》，辽宁教育出版社，1993，第237～238页。

掠美之嫌，但是会造成后人引述错误，间接造成原注者湮没无闻的结果。比如对于齐风，苏辙《诗集传》曰："太公，姜姓，本四岳之后。既封于齐，通工商之业，便鱼盐之利，民多归之，故齐为大国。"《读诗记》与《诗集传》皆引述之，但《诗集传》未标"苏氏"之名，以致后人有误以为朱氏所言者。

至于选择资料之精当，择取之谨慎，可以举例来看。

如《魏风·陟岵》曰："上慎旃哉！犹来无止。""上"字，毛传无训释。郑笺云："上者，谓在军事作部列时。"孔疏："上言行役，是在道之辞也。此变言上，又云可来乃来，明在军上为部分行列时也。"[①] 郑、孔曲为解释，《读诗记》不取，引苏氏曰："上，犹尚也。"并引朱氏曰："尚庶几慎之哉，犹可以来归，无止于彼而不来也。"说明朱熹也接受苏辙的看法，今本《诗集传》即训为"上犹尚也"。后人亦接受此说，比如马瑞辰《毛诗传笺通释》认为"上者，尚之假借"。并曰："《汉石经》、《鲁诗》作尚，是本字。"然马氏不察，径谓朱子《诗集传》："上，犹尚也。"[②]

再如《郑风·野有蔓草》有"邂逅相遇，适我愿兮"句，《唐风·绸缪》有"今夕何夕，见此邂逅？"句。两处"邂逅"，毛传的训释不同，前者训为"不期而会"，后者训为"解说之貌"。其实二者并无区别，都是不期而会之意。《读诗记》明辨训诂，于《绸缪》不取毛传，而引王氏曰："'今夕何夕，见此邂逅'，以失时也，故思不期而会也。"吕氏采择精当，后马瑞辰《毛诗传笺通释》卷八即曰："此诗邂逅亦为遇合。"至于胡承珙《毛诗后笺》以为"邂逅，会合之意。……传云'解悦之貌'，即因会合而心解意悦耳"[③]，则多有弥合之意。

---

① 以下本章所引毛传、郑笺、孔疏，除《吕氏家塾读诗记》所引外，余皆出自《十三经注疏》本《毛诗正义》，中华书局，1980。不再一一出注。

② 马瑞辰：《毛诗传笺通释》，中华书局，1992，第 326 页。以下引自此书，除特别注明，只标书名简称《通释》及卷数，不再单独出注。

③ 胡承珙：《毛诗后笺》卷七，黄山书社，1999，第 431 页。以下引自此书，除特别注明，只标书名及卷数，不再单独出注。

（二）对集解体的撰述体例有完善发展之功

《读诗记》与此前的集解体《诗经》注疏相比较，体现出独有的特点。

其一，注释正文与小注的结合，使训释更为全面、严密，形成对诗旨、语词、名物制度等的全面理解，反映出吕氏的客观、谨慎、包容等学术精神。

正文采择诸家解说，定从一说。小注起到补充作用。一类是辨析名物，敷绎文义，可以足成前说者。一类是说虽不同，当兼存者。相比于其他的注疏体例，以及其他的集解体注释来说，能够提供更多的意见，便于处理不同观点。

比如《葛覃》："葛之覃兮，施于中谷，维叶萋萋。黄鸟于飞，集于灌木，其鸣喈喈。"对于"中谷"一词，吕氏先引毛氏曰："中谷，谷中也。"又以小注引孔氏说："中谷，谷中。倒其言者，古之人语皆然，诗文多类此。"毛传训释准确，故吕氏以毛传所释为主。孔氏由此引申，说明这是古人常用之语，做一普遍性解释，也有助于后人理解《诗经》中此类现象。故《读诗记》亦采入小注，补充申说，使之完备。

其二，《读诗记》正文前有总论一卷，包括纲领、诗乐、删次、大小序、六义、风雅颂、章句音韵、卷帙、训诂传授、条例，概括来说即有关诗之内容、诗之功用、诗之解释、诗与史、读诗之法等内容，皆初学者学诗之基础和根本，故吕氏以发其端，在《诗经》集解体中可谓创设。引导士子入门，先要有总体的把握，这是吕氏一贯的思路和做法，如《大事记》有"通释"，《左氏传说》有"看左氏规模"，《左氏传续说》、《左传类编》有"纲领"，皆以纲领性文字冠诸卷首，用意都是如此。

这一做法为后人接受，如段昌武《毛诗集解》卷首专门列出"读诗之法"、"论诗之法"，内容也以《读诗记》卷一内容为基础，梳理扩充而成。

其三，诸家解文句小未安者，用啖（助）、赵（匡）《集传》例，颇为删削。贯通各家之说，不是简单的罗列排比，而是通为一体，如出一手。吕祖谦融会贯通、剪裁组织的能力体现无遗。

如《邶风·击鼓》："于嗟阔兮，不我活兮。于嗟洵兮，不我信兮。"毛传曰："不与我生活也。"郑笺："军士弃其约，离散相远，故于嗟叹之。"《读诗记》引作郑氏曰："于嗟，叹也。"毛氏曰："活，生活也。"都是吕氏就前人之说剪裁提炼而成，非原文如此。

另如《邶风·柏舟》"日居月诸"，此处毛传无训。《读诗记》引孔疏曰："居、诸者，语助也。《檀弓》云：'何居？'注云：'居，语助也。'"查孔疏原文："居、诸者，语助也。故《日月》传曰：'日乎月乎'，不言居、诸也。《檀弓》云：'何居？我未之前闻也？'注云：'居，语助也。'"原文繁复，《读诗记》引用时剪裁而成。

吴冰妮梳理《读诗记》对诸家之说的引述，认为大多为剪裁而成，多有不同原意者。我们认为，这实际体现吕祖谦有意剪裁以就己意，是其独具匠心之处。并且吕氏明确说明，这是"用啖、赵《集传》例"，亦有成例在先。因为集解体引述众说，各家之说自有扞格不通、互有抵牾之处，但《读诗记》必须要综合众说，形成简洁准确的表述，对于各家之说相矛盾的要加以避免，上下意思不能贯通者亦须剪裁。体现的正是吕祖谦自己的判断和看法，这是值得注意的。

第四节　《吕氏家塾读诗记》的解《诗》特点

一　注重对学《诗》之法的总结与表述

吕祖谦是一个注重方法的学者，无论是从课徒讲授还是从学问研习方面来讲，他都非常注重总结方法与条例。因此在《读诗记》中，吕祖谦着意总结归纳对于《诗经》的学习研习之法并以之解诗。

第一，学《诗》应切于实用。

吕祖谦治学，宗经重史，讲究致用。论其学术渊源，受二程影响尤大。《论语》曰："诵《诗》三百，授之以政，不达；使于四方，不能专对，虽多，亦奚以为？”程氏发挥说：“穷经，将以致用也，如诵《诗》三百，……今世之号为穷经者，果能达于政事专对之间乎？则其所谓穷经者，章句之末耳，此学者之大患也。”[①] 吕祖谦也曾说过：“世之儒者，亦尝以《六经》之学而窃见之于用，如以《禹贡》行河，如以《春秋》断狱，如以《三百五篇》谏。噫！《六经》之用果止于是欤？《六经》之用果止于是，则儒者之责何其易塞也！《六经》所载者，尧、舜、禹、汤、文、武未备之法，用《六经》者，当有尧、舜、禹、汤、文、武未用之效。彼章句小生，斐然狂简者，曾何足为《六经》轻重耶！”[②] 可见，在吕氏看来，六经之学可以经世致用，故《读诗记》多有以古鉴今、贴近现实的致用之论。如《小雅·斯干》，吕氏按语曰：“以《斯干》、《无羊》卒章观之，所愿乎上者子孙昌盛，所愿乎下者，岁熟民滋，皆不愿乎其外也。彼秦汉好大喜功之主，皆以是为可愿哉！”

又如《小雅·黍苗》，吕氏曰：“天子，子万姓者也。大臣，虑四方者也。方伯，分一面者也。申伯之体势不重，则无以镇定南服。召穆公身为卿士，岂得辞其忧责哉！宣王虽深居九重，宵旰之虑固未尝一日忘之也。必待召公告厥成功，而王心始宁焉，此真知职分者也。彼忧幽王近不能察犬戎之祸，以复宗周，何暇经略江、淮之间乎！此诗人所以思古也。”

诸如此类的议论颇多，虽就史事立论阐述，但都有自觉的现实指向，是吕氏经世致用情怀的体现。

第二，读《诗》要观其大体，不可泥于文字，不可以文害辞、以辞害志。

《孟子》有言：“说《诗》者，不以文害辞，不以辞害志。以意逆志，是为得之。”宋儒对此颇为赞同，多有阐发。比如张载就说：“知《诗》莫如孟子，‘以意逆志’，读《诗》之法也。”他没有做具体的解释，但基本思路是不泥于文字，要善观《诗》之大体。也就是“凡观书，不可以类而

---

① 《二程遗书》卷 4，上海古籍出版社，2000，第 122 页。

② 《东莱吕太史外集》卷 2，《吕祖谦全集》第一册，第 634 页。

泥文。不尔则字字相梗。当观其文势上下意”。他还举例阐说：“求《诗》贵平易，不要崎岖求合。又患泥文，如‘烝然来思’、‘湛湛露斯’，思、斯何必泥字？‘遐不作人’、‘德音不瑕’之类，不可以辞害。‘君子至止’、‘乐只君子’，只、止何必拘？”[①] 都说明理解诗意不能过分拘泥于文字本身，以免对全诗的解释造成妨碍。所谓“平易”，可以理解为要理解《诗》之宏观大旨，不可屑屑追求一字一词的训解。对于张载的看法，吕祖谦是比较赞同的，从《读诗记》卷一的反复引述可以看出，他本人在平常的讲学中也多次发表类似看法。比如《门人所记诗说拾遗》中记载吕氏诗说：“凡观《诗》，须先识圣贤所说大条例。如孟子言‘不以文害辞，不以辞害意’，又《大序》言‘言之不足，故嗟叹之’，又横渠言‘置心平易始知诗’之类皆是。”《拾遗》“杂说”讲到“《诗》要先看大义，又要研穷。如不以文害辞，不以辞害意，是看大义。研究时却须仔细看”。[②] 这些都明确说到读《诗》须先识“大条例”，“先看大义”，从孟子之言到张载之说，传承的脉络非常清晰。

另外，《读诗记》卷一引程氏曰：“凡看书各有门庭，《诗》、《易》、《春秋》不可逐句看，《尚书》、《论语》可以逐句看。”意思也是说不能执着一字一句之义，而应融会贯通，观其大体，才能真正得其旨意。吕氏说：“今之言《诗》者，字为之训，句为之释，少有全得一篇之意者。”与程氏看法是一脉相承的。今观《读诗记》，吕氏以训诂传注为基础，但不拘泥于训诂传注，特别重视章旨分析的疏通与诗义阐释的融洽。因此，虽然是集解之作，广引诸家，但《读诗记》却不同于那些繁琐考证、纠缠细节的经师之作，而是以简洁清楚、条畅融通为其基本面目。

第三，读《诗》要体贴诗人之情，细心体会，涵咏得之。

吕祖谦说：“《诗》三百篇，大要近人情而已。”因此读《诗》要体贴诗人之情，“诗者，人之性情而已，必先得诗人之心，然后玩之易入”。而

---

① 以上皆见《吕氏家塾读诗记》卷1，《吕祖谦全集》第四册，第3～5页。

② 以上《东莱吕太史外集》卷5，《吕祖谦全集》第一册，第721页。

体贴诗人之情，须通过涵咏吟诵来实现，即所谓“看《诗》且须咏讽，此最治心之法”。在解《诗》过程中，吕祖谦即是遵循这一方法，如《螽斯》篇，吕氏说：“大抵人看《诗》，不比诸经，须是讽咏诗人之言，观其气象。凡不妒忌，则自有和平乐易气象；才说妒忌，无非乖争陵犯。试以妒忌者看，则见不妒忌者尽在和气中。如观唐武后、汉赵昭仪传，见其戕贼子孙，尽是妒忌两字，则知此三章如在唐、虞之上。”又如《灵台》篇，吕氏说：“深味一篇之旨，而想夫文王在灵台之时，俯仰万物之动，殆无一不在泰和之中。如‘维枞’、‘维镛’之类，是乐之有声者；‘攸伏’、‘鹤鹤’之类，乃乐之无声者，皆为天地和气所动而不能自已。然此诗之气象，非胸中广大而无所偏累者，未易观此。”都特别强调学《诗》者对诗人情性、《诗》之气象的涵咏体会。①

而在《读诗记》中，吕氏也注重对《诗》的涵咏体会，如《郑风·清人》，吕氏曰：“师久不归，无所聊赖，姑游戏以自乐也。投石超距，胜之兆也。左旋右抽，溃之兆也。不言已溃，而言将溃，其辞深，其情危矣。”将诗中的细微之处抉发出来，体会甚为细腻。再如《唐风·绸缪》，吕祖谦曰：“三星见（现）则非昏（婚）姻之时，在天、在隅、在户，随所见而互言之，不必以为时之先后。方束薪而见三星，慨然有感于男女失时，而其不期而见，又似于男女适然相遇也。故叹息而言曰：‘是夕也，男女倘相见，其乐当如何?’曰‘良人’，曰‘粲者’，盖互为男女之辞，以极其思望之情耳。”从人情出发，分析男女极其思望之情，可见体味之深。

吕祖谦的这一基本观点，也是从北宋以来理学家所提倡的读《诗》之法相承而来的。《读诗记》中引到张载、杨时和谢良佐的说法，其基本内涵是差不多的。

卷一引张载曰：“《诗》，全是人之情性，须先得诗人之心，然后观玩易入。凡书皆然。大抵圣人语言，尽由德性中出，故须先得其心，则咏其

① 以上皆见《丽泽论说集录》卷3《门人所记诗说拾遗》，《吕祖谦全集》第二册。

言易以入也。”这应该是吕祖谦上述说法的直接来源。

谢良佐是二程的弟子，念念不忘老师程颢的读《诗》之法，卷一引他的说法：“《诗》须讽味以得之。古诗即今之歌曲，今之歌曲往往能使人感动，至学《诗》却无感动兴起处，只为泥章句故也。明道先生善言《诗》，未尝章解句释，但优游玩味，吟哦上下，使人有得处。‘瞻彼日月，悠悠我思。道之云远，曷云能来。’思之切矣。‘百尔君子，不知德行。不忮不求，何用不臧。’归于正也。”吕祖谦对谢良佐提到的程颢咏《诗》之法颇以为然，也转而向自己的学生宣扬：“上蔡曰：‘善乎明道之言诗也！未尝章解而句释也，优游吟讽，抑扬舒疾之间，而听者已焕然心得矣。’”[①]

二程的另一弟子杨时也说：“《诗》全要体会。何谓体会？且如《关雎》之诗，诗人以兴后妃之德盖如此也，须当想象雎鸠为何物。知雎鸠为挚而有别之禽，则又想像关关为何声。知关关之声为和，则又想像在河之洲是何所在。知河之洲为幽闲远人之地，则知如是之禽，其鸣声如是，而又居幽闲远人之地，则后妃之德可以意晓矣。是之谓体会。”（《读诗记》卷二《周南·关雎》篇引）杨时所说的“体会”即是“涵咏”、“讽味”之意。

细绎以上说法，言语虽有不同，但基本思路是相同的，说明这是北宋以来理学家领会《诗》旨的基本方法。甚至朱熹也认为，“读《诗》正在于吟咏讽诵，观其委曲折旋之意，如吾自作此诗，自然足以感发善心”，“读《诗》之法，只是熟读涵味，自然和气从胸中流出，其妙处不可得而言”。只不过他走得要更远一些，甚至主张要“须先去了《小序》，只将本文熟读玩味”。[②] 因此，《读诗记》固然重视汉唐古训，同时又推崇接受《诗序》，但是其理解《诗经》的基本方法以及对诗义的理解却与北宋以来的理学家相近，其中以二程、张载等学者为主要渊源，也有朱熹这样的同道。

二　精心采择辨析前人训诂成果

《读诗记》撰述的目的就是为学者提供一个可靠的经典解释文本，以

---

① 《丽泽论说集录》卷3《门人所记诗说拾遗》，《吕祖谦全集》第二册。

② 黎靖德编《朱子语类》卷80，岳麓书社，1997。

纠正当时轻训诂、重论说的弊端。因此《读诗记》特别注重文字训诂，主要体现在精心选择前人训诂成果，以毛传、郑笺为主，以及与毛郑一脉相承的孔疏，补以《尔雅》、《说文解字》、《经典释文》等前代训诂成果，特别注重宋人训诂成果。

《读诗记》有尊崇毛、郑的倾向。基本的字句训诂，如果毛传、郑笺合理，《读诗记》先取毛、郑。

毛传为解《诗》之最早最完整之说，郑笺立意尊毛，兼用三家诗，综合立说而行于世，唐初孔颖达成《五经正义》，专主毛、郑。《读诗记》尊崇毛、郑，是对《诗经》学传统的接受与尊重。

但吕祖谦此书的基本撰述宗旨是综合众说，吕氏本人也是以兼收并蓄为主要的学术风格。因此，《读诗记》并不是完全遵从毛、郑，毛、郑训释有不切当者，吕氏也不择取。这一点与孔颖达疏是有着根本的不同的。孔疏本着“疏不破注”的原则，对毛、郑往往曲意回护，即使毛、郑之间产生歧异，孔疏也是尽量加以牵合。而《读诗记》却非如此，对于毛、郑的矛盾歧异之处，吕氏会加以判断，做出选择，作为自己认可的训释。比如《大雅・既醉》“永锡尔类”句，毛氏曰：“类，善也。”郑笺曰：“族类。”《读诗记》取毛氏之说。有些不能决断，两者皆有道理，吕氏两存之，并加以解释。如《召南・羔羊》“退食自公，委蛇委蛇”，毛传：“委蛇，行可从迹也。”郑氏笺：“委蛇，委曲自得之貌。”《读诗记》并引之，按曰：“惟其出入皆可从迹，则仰不愧，俯不怍，而从容自得。毛、郑盖一说也。”申述毛、郑之说。两者都未切当者，吕氏采择他说。“明宋濂评论吕氏之学‘尊古传而不轻易变易’。不轻易改变，不是绝对不变，而是取慎重的态度，当证明毛、郑及各家确有不当，亦以己说正之；若有可疑，则引据加以解说，而且不作阙疑，一一训义。”[①] 实际情况也确实如此。

因为体例的原因，吕氏对于毛、郑错误、不当训释，往往直接摒弃不用，除少数情况外，一般并不加指正。因此，看起来《读诗记》对毛传、

① 夏传才、董治安主编《诗经要籍提要》，学苑出版社，2003，第88页。

郑笺都以接受、采信为主，但实际上《读诗记》对毛、郑的态度并非如此。我们梳理一下吕氏不取毛、郑的情况，将有助于了解《读诗记》在文字训释方面的特点与成绩。

1. 毛传、郑笺训释无根据，《读诗记》不取

《周南·葛覃》："言告师氏，言告言归。"此"言"字，毛传曰："言，我也。"未详所据。《读诗记》取苏辙之说："言，辞也。《春秋传》曰：'言归于好。'"小注列张氏（载）曰："言告、言归，犹曰告、曰归也。"补充苏说。《读诗记》仅于小注中引毛传，即附以异说之意。清陈奂《诗毛氏传疏》曰："言归，曰归也。此篇及《黄鸟》、《我行其野》、《有駜》皆作言归，齐《南山》、《东山》、《采薇》皆作曰归，《黍苗》作云归。言、曰、云三字同义。"[①] 后出转精，训释更为透辟。

《卫风·有狐》："有狐绥绥，在彼淇梁。"毛传："绥绥，匹行貌。"郑笺无训释。孔疏："有狐绥绥然匹行，而得其所。以兴今卫之男女皆丧妃耦，不得匹行，乃狐之不如。"《读诗记》引朱氏曰："绥绥，独行求匹之貌。"范氏曰："孤独行于水之梁，失其所也。"朱氏训释与毛传、孔疏正相反。马瑞辰《通释》卷六引《齐风》"雄狐绥绥"，《吴越春秋》引《涂山歌》"绥绥白狐"，皆指一狐言，不得谓绥绥为匹行貌。毛传之说无据。但马氏认为"舒行貌"，亦备一说。

《王风·丘中有麻》："丘中有麦，彼留子国。"毛传："子国，子嗟父。"郑笺："言子国使丘中有麦，著其世贤。"孔疏曰："毛时书籍犹多，或有所据，未详毛氏何以知之。"郑笺接受毛传的说法，孔疏有所怀疑，但本着"疏不破注"的原则，相信毛传一定有所据。《读诗记》不取此说，引朱氏曰："子国，亦字也。"而以毛传为小注，存疑。

《唐风·鸨羽》："肃肃鸨行。"毛传："行，翮也。"孔疏解释说："以上言羽翼，明行亦羽翼，以鸟翮之毛有行列，故称行也。"马瑞辰《通释》卷十一说："行之训翮，经传无征。……鸨行训作行列为是。"《读诗记》

---

① 陈奂：《诗毛氏传疏》卷1，商务印书馆，1934。

不取毛传，引苏氏曰："行，列也。"

《小雅·北山》："旅力方刚，经营四方。"毛传："旅，众也。"郑笺云："王谓此事众之气力方盛乎？"同毛传。《读诗记》不取，引朱氏曰："旅与膂同。"后戴震《方言疏证》曰："膂通作旅，《诗》'旅力方刚'是也。"王念孙《广雅疏证》也说："（旅）义并与膂同。"马瑞辰《通释》卷二十一认同此说，认为"《传》训为众，失之"。

2. 毛传、郑笺穿凿附会，曲为解释。《读诗记》不取

《召南·何彼襛矣》："何彼襛矣？唐棣之华。曷不肃雝？王姬之车。"郑氏笺："之，往也。……王姬往乘车也。"此训释与前句"唐棣之华"颇为不类，穿凿附会，《读诗记》不取。

《邶风·静女》："静女其姝，俟我于城隅。"毛传："城隅，以言高而不可逾。"郑笺云："自防如城隅。"穿凿不通，吕氏不取。《读诗记》引张载诗及吕大临之说，释为后宫幽闲之地，胜于毛传、郑笺。

《邶风·日月》："逝不古处"。毛传："逝，逮。古，故也。"郑笺："其所以接及我者，不以故处，甚违其初时。"郑笺同意毛传的训解，但此解穿凿不通。《读诗记》不取，引朱氏曰："逝，发语之辞。"合乎诗意。

《唐风·葛生》："予美亡此，谁与独旦！"毛氏无传，郑笺云："旦，明也。我君子无于此，吾谁与齐乎？独自洁明。"此说颇为穿凿。《读诗记》引程氏曰："独旦，独处至旦也。"又引朱氏曰："自夜至旦也。"同此意。今本《诗集传》改为"独处至旦也"[①]，可见朱熹也同意此说。后来严粲《诗缉》曰："独旦，独宿至旦也。"[②] 惟不标程氏之名，故后人不察，有误以严说为首创者。

《桧风·匪风》："顾瞻周道，中心怛兮！"毛传："下国之乱，周道灭也。"郑笺云："周道，周之政令也。"《读诗记》不取，引朱氏曰："周

---

① 本文所引《诗集传》出自朱杰人、严佐之、刘永翔主编《朱子全书》本，上海古籍出版社、安徽教育出版社，2002。为行文方便，除特别标明外，下文只注明篇章，不一一出注。

② 严粲：《诗缉》卷11，景印文渊阁《四库全书》本，上海古籍出版社，1987。

道，适周之路也。”训道为道路之道。结合《诗经》中所出现的“周道”、“周行”，朱熹说法更有道理。

3. 毛传、郑笺拘于字之本义或字书之义，不合诗义。《读诗记》不取

《周南·螽斯》：“宜尔子孙，绳绳兮。”毛传：“绳绳，戒慎也。”马瑞辰《通释》卷一说，《传》本《尔雅》“绳绳，戒也”为训。但以诗义求之，亦为众盛。马氏引《抑》诗“子孙绳绳”一句，《韩诗外传》引作“承承”，谓相继之盛也。《读诗记》不取毛传，引朱氏曰：“绳绳，不绝貌。”马氏之说可证朱熹训释准确。

《召南·甘棠》：“蔽芾甘棠”。毛传：“蔽芾，小貌。”毛传的训释可能来自《说文解字》：“蔽蔽，小草也。”《尔雅》：“芾，小也。”训诂上渊源有自。但从诗义来看，甘棠是召伯所舍之处，似乎不能训为“小”。《读诗记》引范氏曰：“蔽芾，盛也。”《诗集传》朱熹也训释为“盛貌”。欧阳修《诗本义》分析详实，曰：“蔽芾，乃大树之茂盛者也。”范、朱所训之源可能即在欧阳修。毛诗之说恐非诗义，故《读诗记》不取。

《卫风·考槃》：“考槃在陆，硕人之轴。”对于“轴”字，毛传：“轴，进也。”郑笺曰：“轴，病也。”马瑞辰《通释》卷六认为：“轴通作逐。《尔雅》：‘竞、逐，强也。’以上两章推之，轴当为强壮貌。传训为进义，与强近。至笺训轴为病，亦以轴为《尔雅》‘逐，病’之逐，然非诗义，以与宽、薖不相类也。”《读诗记》引苏氏曰：“轴，盘桓不行，从容自广之谓也。”吕祖谦说：“‘考槃在涧，硕人之宽’，非所谓山泽之儒，形容甚癯者也。轴之义未详，以上两章观之，苏氏说差近，但未见训诂所出耳。”他认为从全诗来看，此硕人应是程氏所言“德体宽裕”之人，而非“形容甚癯”者，所以“轴”字的训释，他比较认可苏辙的看法。朱熹《诗集传》亦曰：“轴，盘桓不行之意。”后来方玉润《诗经原始》中引张彩曰：“言其旋转而不穷，犹所谓‘游于环中’者也。”[①] 与之相近。

《陈风·墓门》：“知而不已，谁昔然矣。”毛传：“昔，久也。”郑笺：

---

① 方玉润：《诗经原始》卷4，中华书局，2006，第175页。

"谁昔，昔也。"用的是《尔雅》的训释："谁昔，昔也"。但都没有解释清楚。《读诗记》不取，引程氏曰："'谁昔然矣'，犹云'从来谁如是乎？'"苏氏曰："知而不之去，昔谁为此乎？"说明"谁昔"乃"昔谁"之倒文，解释清楚明白，有涣然冰释之感。

4. **毛传、郑笺增字为训。《读诗记》不取**

吕氏解诗，客观持平，尊毛但不佞毛。对于毛传的说法，吕氏能够客观对待，指出问题。对于毛传增字为训之说，亦做指正。

比如《小雅·无羊》："牧人乃梦，众维鱼矣，旐维旟矣。"毛传曰："阴阳和则鱼众多矣。""阴阳和"即毛氏增字为训，诗中并无此意。吕祖谦注意到这一点，《读诗记》于此取欧阳修之说："'众维鱼矣'，但言鱼之多也。"而以毛诗之说为小注，仅作参考。

如《周颂·维天之命》最后两句"骏惠我文王，曾孙笃之"，吕氏曰："说诗者非惟有凿说之害，亦有衍说之害。如此诗'曾孙笃之'，毛氏谓能厚行之，于文义未有害也，然诗人之意本勉后人笃厚之而不忘，所谓行者固亦在其中矣。但曰'曾孙笃之'，则意味深长，衍一行字，意味即短。至王氏遂云'笃力行而有所至'，说益详而无复余味矣。凡诸说皆当以此例之。"毛氏解说增字为训，使诗意几无余味，吕氏不取。

5. **毛传、郑笺或拘泥诗句，不察通例，或拘于通例，不察分别。《读诗记》不取**

前者如《周南·桃夭》："之子于归，宜其室家。"毛传："之子，嫁子也。"吕氏认为此处毛传就本诗训释，似无问题，但未虑及他诗通例。故《读诗记》又引《尔雅》曰："之子者，是子也。"并引孔氏疏曰："之为语助。《桃夭》为嫁者之子，《汉广》则贞洁者之子，《东山》言其妻，《白华》斥幽王，各随事而名之。"孔氏联系其他诗句，总结通例，解释更清楚切当，为吕氏所采纳。

《卫风·伯兮》："其雨其雨，杲杲日出。""其雨"，毛传无训释。郑笺曰："人言其雨其雨，而杲杲然日复出。犹我言伯且来伯且来，则复不来。"《读诗记》引朱氏曰："其者，冀其将然之辞。"训释"其"作为推测语气的一般用法，更为准确。

后者如《周南·螽斯》："宜尔子孙，振振兮。"与《麟之趾》、《殷其雷》中之"振振公子"、"振振君子"，毛传同训"振振"为仁厚也。《读诗记》于前一"振振"，引杜氏《左传》曰："振振，盛也。"于后两"振振"，取毛传所训，合乎诗意。后马瑞辰《通释》卷一论定此说，认为"振振"本谓众盛，又引申为仁厚，毛传不作区别，失当。

6. 毛传郑笺训释不足。《读诗记》不取

如《陈风·月出》一诗，《读诗记》仅于首章采用毛传的两处训释："皎，月光也。悄，忧也。"其余分别引述朱熹、王安石、苏辙、董逌等的训释。这在《读诗记》中是很少见的。主要是因为《月出》一诗较多保留陈国方言痕迹，大量的形容词在《诗经》中多不经见，毛传、郑笺训释不足，宋人多有探讨，故《读诗记》取之以体现宋代学者在《诗经》训诂方面的成果。

另如《魏风·葛屦》："好人提提，宛然左辟，佩其象揥。"毛传："象揥，所以为饰。"何为"象揥"，并没有明确的训释。孔疏曰："又佩其象骨之揥以为饰。"对关键的"揥"字也是未做解释。《读诗记》采纳朱熹的解释："揥，所以摘发，用象为之，贵者之饰也。"比毛传、孔疏更为明确。

《鄘风·干旄》："孑孑干旄"。毛传："孑孑，干旄之貌。"《读诗记》引朱氏曰："孑孑，特出之貌。"《卫风·氓》："桑之未落，其叶沃若。"毛传："沃若，犹沃沃然。"《读诗记》引朱氏曰："沃若，润泽貌。"此两例毛传训释未达。朱熹的训释比之毛传，更为明确。

7. 毛传、郑笺训释本有依据，或毛传、郑笺所训本不误。《读诗记》因各种原因亦不取

这一情形需要具体分析。比如《周南·卷耳》："嗟我怀人，寘彼周行。"毛传："怀，思。寘，置。行，列也。思君子官贤人，置周之列位。"郑笺："周之列位，谓朝廷臣也。"孔颖达疏引经据传，以证其说，然并无多少道理。《读诗记》引吕大临曰："周行，周道也。"又引朱氏曰：

“《诗》有三‘周行’，此及《大东》者，皆道路之道，《鹿鸣》乃道义之道。”吕祖谦按曰：“毛氏以‘周行’为周之列位，自左氏以来，其传旧矣。然以经解经，则不若吕氏之说也。”此处所说“自左氏以来”云云，即孔疏所引《左传》襄公十五年曰：“《诗》曰‘嗟我怀人，寘彼周行’，能官人也。王及公、侯、伯、子、男、采卫大夫各居其列，所谓周行也。”可见吕祖谦虽然注意到毛、郑孔氏的说法于史有征，但从诗义的理解来看，他更接受宋儒的说法。另外，此处吕祖谦说“以经解经”，也说明他并不是简单执着于诗史互证，做史事与《诗》的比附，而是实事求是。

此外，因时代变化、语言变迁等原因，前人的训释可能会在后代被摒弃。

比如《小雅·天保》：“何福不除”。毛传：“除，开也。”郑笺：“何福而不开，言开出以予之。”均将“除”训为“开”。虽然马瑞辰《通释》卷十七引“王观察言，训除为开，即启也”，又说：“开犹启也，启犹起也，起犹兴也”，但他也认为“‘何福不除’训开，开亦为兴”。又曰：“传止训除为开，而笺言‘开出以予之’者，除、余古通用，……余、予古今字，余通为予我之予，即可通为赐予之予。”并曰：“旧皆以除旧生新释之，失其义矣。”但这一训释在宋代并不被大家接受，《读诗记》引程氏曰：“除，更新也，日进之义。”小注引程氏说“除，有消去之义。”朱氏说：“除，除旧而生新也。”宋人训释多类此，如李樗、黄櫄《毛诗详解》引王氏说，亦曰：“除旧置新也。”可能在宋代，除旧更新之义是被普遍接受的训释，因此《读诗记》不取毛传、郑笺，可以说是时代的选择吧。

从以上梳理《读诗记》中吕氏不取毛传、郑笺各例，可见吕氏的辨析抉摘之功，另外亦可见毛、郑以后尤其是宋代《诗经》学在语词训诂方面的发展。宋儒多注重义理阐发，但训诂之学亦有独到之处，《读诗记》多以时人训诂成果取代毛传、郑笺，可见宋儒训诂成就之突出。

三 注重解释名物典制

吕祖谦经史兼通，以史学为根基，解经时特别注重名物制度的解释与考订。这一点在《读诗记》中也表现得非常明显，通过对《周礼》、《仪礼》、《礼记》、《左传》、《史记》、《汉书》等经史典籍及历代注疏，以及《毛诗草木鸟兽虫鱼疏》等专书的梳理采择，详解《诗经》名物制度，以贯通诗义。

在《读诗记》中，吕氏主要采取两种方式。其一是综合众说，剪裁梳理，不做考辨。

比如《王风·黍离》，释黍、稷。《读诗记》先引《说文》曰："黍，禾属而黏者也。以大暑而种，故谓之黍。孔氏曰：'黍可为酒。'"接着引《尔雅》曰："粢，稷也。"引孔氏之说曰："粢者，稷也。《曲礼》曰：'稷曰明粢。'是也。郭璞云：今江东人呼粟为粢。然则粢也、稷也、粟也，止是一物也。而《本草》稷米在下品，别有粟米在中品，又似二物，故先儒共疑焉。"又引《说文》曰："稷，百谷之长。"最后引沈括曰："稷乃今之穄也。"介绍稷之今名。《读诗记》对前人之说做了较为全面的罗列，也有次序方面的简单梳理，但完全是客观呈现，并不发表自己的看法。

另如《秦风·小戎》，据《诗序》，此诗与秦襄公讨伐西戎有关，其中涉及古代的车马制度。首章写战车之制，次章写战马，三章写战车之兵器，名称繁多，制度复杂，不详释之则诗义解释就无从做起。《读诗记》广泛采录毛氏、郑氏、孔氏、苏氏、王氏、陈氏、董氏、朱氏等诸家之说，解释名物，疏通制度，材料详实，条理清楚，为诗义的阐发奠定坚实的基础。

其二是综合众说，下以己意。吕氏熟悉礼仪制度及地理之学，对于前人语焉不详或者舛误疏漏、穿凿附会之处，能够通过辨析考证得出较为可信的结论，有助于后人对《诗》的理解，这些都体现出吕氏对《诗经》名物制度的考订成果。

一种是订正前人之误说。

如《豳风·鸱鸮》，吕氏综合考证以订毛、郑训释之失：

鹲鸠，鸱鸮之别名。郭景纯、陆农师所解，皆得之。《方言》云："自关而东谓桑飞曰宁鸠。"此乃陆玑《疏》所谓"巧妇似黄雀而小"，其名偶与鸱鸮之别名同，与《尔雅》之所载，实两物也。毛、郑误指以解《诗》。欧阳氏虽知其失，乃并与《尔雅》非之，盖未考郭景纯之注耳。

又如《邶风·简兮》，吕氏辨郑玄释"万舞"之误：

万舞，二舞之总名也。干舞者，武舞之别名也。籥舞者，文舞之别名也。文舞又谓之羽舞。郑康成据《公羊传》以万舞为干舞，盖《公羊》释《经》之误也。《春秋》书"万入去籥"，言文、武二舞俱入，以仲遂之丧，于二舞之中去其有声者，故去籥焉。文舞舞羽吹籥。《公羊》乃以万舞为武舞，与籥舞对言之，失《经》意矣。若万舞止为武舞，则此诗与《商颂》何为独言万舞，而不及文舞耶？《左氏》载考仲子之宫将万焉，妇人之庙亦不应独用武舞也，然则万舞为二舞之总名明矣。

再如《桧风·素冠》，辨郑玄、王肃之误说：

郑康成、王肃皆以素冠为大祥之冠，盖引《丧服小记》"除成丧者，其祭也朝服缟冠"之文。其说误矣。唯其不能三年，是以嗟伤不见既练之冠。若除丧之缟冠，虽使短丧，其除之也，盖亦服是冠矣。至于二章之素衣，郑说犹不通。朝服缁衣素裳，初无素衣之制，遂转衣为裳，其牵合益甚矣。三章之素韠，于既练之服虽无所考，观诗者当亦得其大意，不必委曲琐细拘于礼文。况为郑说者既曰"衣者衣裳之大名"，则为毛说者亦曰"韠从裳色"。衣裳既素，则必有素韠，岂不可乎？孔氏又谓经、传未有以布为素者，殊不知经、传以色白为素，如"绘事后素"之类多矣，不必专以帛为素也。

复如《豳风·七月》，辨孔疏解说之误：

> “八月载绩，载玄载黄。我朱孔阳，为公子裳。”孔颖达谓绩麻为布，民自衣之，玄黄之色，施于祭服，朱则为公子之裳。非也。古者冕用麻而服用丝，如玄冕，岂不用玄乎？

另一种是梳理考述，足成己说。

如《小雅·出车》，吕氏考古之军旗礼制以解诗，分析深入细致。

毛氏曰：“旆旆，旒垂貌。”程氏曰：“旆旆，垂委之状。”王氏曰：“未有事，故不旆也。”董氏曰：“《礼》曰：‘德车结旌，武车绥旌。’绥谓垂舒之也。昔晋治兵，建而不旆。壬申，复旆之。诸侯畏之，则知垂旌所以为战也。”

吕氏按曰：

> 一章言车徒始集于郊牧，殷勤告语之以天子之命，使之装载，勉其体悉王事，以赴其急。二章言方欲治兵之时，众车并列于郊，此车设旐，彼车建旄，各事整饬，戎容既备，肃然无哗。为将者指其旟旐而言曰：“彼旟旐斯，胡不旆旆而飞扬也！”虽治兵之时，建而不旆，然以将士忧惧之心观之，亦若旌旗随人意而不舒也。古者出师，以丧礼处之，命下之日，士皆涕泣。夫子之言行三军，亦曰“临事而惧”，皆此意也。三章言既已治兵，大将传天子之命以令军众，于是彭彭然张其车乘，央央然旆其旂旐，威灵气焰，赫然动人。兵事以哀敬为本，而所尚则威。二章之戒惧，三章之奋扬，并行而不相悖也。

吕氏又进一步梳理曰：

> 军礼虽无所考，以《左传》、《聘礼》考之，则治兵之时，建而不旆，受命则张而旆之。在道之时，则歙而不旆，将战之时，则张而旆之。《左传》：“平丘之会，晋治兵于邾南，革车四千乘，建而不旆。壬申，复旆之，诸侯畏之。”杜预曰：“军将战则旆，故曳旆以恐之。”此治兵不旆，将战张旆之验也。《聘礼》：“使者载旜，帅上介众介以受命于朝。遂行，敛旜。”及所聘之竟，张旜而誓。使之旜，犹军之

旂旐也。使听命于朝，犹军听命于野也。使载旜而受命，犹军张旆而听命也。使既行而敛道，犹军在道而敛旆也。使及所聘之竟而张旜，犹军将战而张旆也。

类似《出车》这样的诗，与古代礼制的联系极为密切，泛泛而论，可能不得其要，仅仅从文学角度分析，会有隔靴搔痒之感。吕氏综合《左传》、《聘礼》考述古代出征之时军旗之制，与具体诗句结合起来分析，相互参证，还原当时面貌，比之毛传等偏于描述的训释，要更为准确细致。

另如《召南·野有死麕》："林有朴樕，野有死鹿。白茅纯束，有女如玉。"毛传曰："朴樕，小木也。野有死鹿，广物也。纯束，犹包之也。"此处毛氏所言"朴樕，小木也"与"野有死鹿，广物也"，本分为二意，郑笺牵合为一，云："朴樕之中及野有死鹿，皆可以白茅包裹束以为礼，广可用之物，非独麕也。"孔疏申之曰："贞女又欲男子于林中有朴樕小木之处，及野之中有群田所分死鹿之肉，以白茅纯束而裹之，以为礼而来也。"但郑笺、孔疏之说拘泥不通，李樗对诸家之说有过梳理，他说："欧阳氏以林有朴樕之木，犹可用以为薪。王氏则以为林之有朴樕，虽小而可免于陵践。"欧阳氏、王氏皆认为"白茅纯束"上连"林有朴樕"，不只连"野有死鹿"之文，但未有明确解释。李樗认为苏辙的理解是有道理的，"将取朴樕、死鹿以为用，犹知以白茅纯束而取之"，"然不知当时白茅之束朴樕当何用"。①

对于这一问题，《读诗记》中吕祖谦按曰："以朴樕为礼，意其若致薪刍之馈之类。"按语简洁，语含揣测之意，但已点出此处以白茅捆束朴樕，应是当时婚礼中馈赠薪木之礼的体现。在《车舝》诗中，吕氏亦引陈氏曰："析薪者，以兴昏姻。"《绸缪》中，吕氏按曰："三星见，则非昏姻之时。在天、在隅、在户，随所见而互言之，不必以为时之先后。方束薪而见三星，慨然有感于男女失时。"可见在吕祖谦看来，《诗经》时代析

① 李樗、黄櫄：《毛诗集解》卷三，景印文渊阁《四库全书》本，上海古籍出版社，1987。

薪、束薪应是婚礼中必有的礼仪习俗，是以在《读诗记》中特别揭明并反复强调这一点。清人胡承珙认为前人于此两句“林有朴樕，野有死鹿”解释多牵强，而吕祖谦的说法则有道理：“惟《吕记》云：‘以朴樕为礼，意其若致薪刍之馈之类。’”并引申考述之曰：“今考《诗》言昏姻之事，往往及于薪木。如《汉广》有‘刈薪’之言，《南山》有‘析薪’之句，《豳风》之‘伐柯’与‘娶妻’同喻，《小雅》之‘觏尔’以‘析柞’为辞。此虽似以析薪者离同为异、娶妻者联异为同起兴，然窃意古者于昏礼或本有薪刍之馈。”（《毛诗后笺》卷二）后来马瑞辰《通释》即在胡氏考述基础上成说。今人闻一多进一步分析，认为《南山》篇“析薪如之何？匪斧不克。取妻如之何？匪媒不得”以析薪喻娶妻，最为显白。《车舝》篇为新婚之诗，“陟彼高冈，析其柞薪。析其柞薪，其叶湑兮”，以析柞薪比婚姻。此外《绸缪》篇“绸缪束薪”，毛传曰：“男女待礼而成，若薪刍待人事而后束也”，说虽穿凿，但“以束薪喻婚姻，则自不误”。闻一多认为“析薪束薪盖上世婚礼中实有之仪式，非泛泛举譬也”。[①] 闻氏广征博引，结论确当，今人多接受这一说法。

值得注意的是，吕祖谦虽然特别注重名物制度的训释考订，但并不是将《诗经》完全视为史书，他能正视《诗经》的特殊表达方式，见识通脱，并不拘泥。

比如《魏风·十亩之间》，《读诗记》引张载之说解释场圃之制。吕氏按曰：“横渠指桑地为场圃，合于古制。但又谓魏地侵削，外无井受之田，徒有近郭园廛而已，则似不然。果如是，民将何所食乎？政使周制果家赋园廛十亩，魏既削小，岂容尚守古法？容或数家共之也。况诗所谓十亩者，特甚言之尔，未可以为定数也。”吕氏认为，虽然张载指桑地为场圃，合于古制，但此处“十亩”，亦有可能是《诗》甚言之辞，未必是确数。《诗经》中泛泛、甚言之数较多，不能过分拘泥。

另如《小雅·采芑》首章有“其师三千”一句，《读诗记》引朱氏

---

① 闻一多：《诗经研究》，巴蜀书社，2002 年，第 224 ~228 页。

曰："其车三千，孔氏以为兼起乡遂公邑之兵，王氏谓会诸侯之师。此皆以文害辞、辞害意之过。诗人但极其盛而称之耳，岂必实有此数哉！"吕氏与朱氏持同样的看法，并不是简单附会制度名数。

四　综考全书，前后互证

《读诗记》解诗，注意前后相互参证，分析各诗间的联系。吕祖谦反复讲"研究"，即是要求反复研读，仔细体会，其中当然包括全面把握《诗经》，不能孤立地拘泥一字一词的训诂，也不能就诗论诗，而应该前后勾连，综合贯通，做深入分析，广泛联系，以求相互参证，触类旁通。

《诗经》中有些篇章，或内容类似，或史事相继，本身就有比较紧密的联系。要准确透彻地理解诗旨，阐发诗义，必须联系各篇加以分析。

比如《大雅·云汉》，吕祖谦曰："宣王之《小雅》始于《六月》，言其功也。其《大雅》始于《云汉》，言其心也。无是心，安得有是功哉！"《六月》是所谓"变小雅"的第一篇，《云汉》是"宣王变大雅"的第一篇，吕氏相信两诗应有一定的联系，他说："二诗相表里。想《云汉》在前，《六月》在后。"（《门人周公谨所记》）他认为《云汉》的《诗序》所说的"宣王承厉王之烈，内有拨乱之志，遇灾而惧，侧身修行，欲销去之"，是体现宣王励精图治之心志，而《六月》则是颂扬宣王北伐之功。按时间来说，《云汉》在前，《六月》在后，立其志在先，成其功在后，无是心则无是功。这一分析是有道理的。

再比如《召南》中《采蘋》与《采蘩》二诗，古来皆以为叙及夫人奉祭祀之事。《采蘩》所言简洁，《采蘋》叙述细致，故吕祖谦分析说："《采蘩》以职言，举其纲也；《采蘋》以法度言，详其目也，尊卑之辨也。"具体的阐发也围绕这一基本认识展开，即注意到二诗之间的联系，也考虑到两者的区别，所以能够各得其要。

吕氏认同《诗序》，故往往从历史角度解诗，这样对前后诗的联系考察就比较多，对于诗义诗旨也有所发明。

如《邶风·日月》，《诗序》说："卫庄姜伤己也。遭州吁之难，伤己不见答于先君，以至困穷之诗也。”“乃如之人兮，逝不古处”二句，毛传训“古”为故，郑笺曰：“之人，是人也，谓庄公也。其所以接及我者，不以故处，甚违其初时。”吕氏《读诗记》不取毛传、郑笺，而取范氏之说：“言庄公不以古之道处我，故至此困穷也。”范氏训“逝不古处”为“不以古之道处我”，吕氏进一步分析说：“观《硕人》之诗，则庄姜初来即不见答，非始有恩意而后忘之也。古不当训故。”吕氏认为，《卫风·硕人》也是写庄姜之诗，可以与《日月》相互参证，从《硕人》一诗来看，庄公惑于嬖妾，庄姜贤而不答，国人闵之。是以庄姜初到卫国，即不见答，并不存在始有恩意后“违其初时”之事，因此，“古”不应该训为“故”。

《诗经》中多有相同句式，但其诗不同，诗旨自然不同。前人多有不加辨析，笼统视之者。《读诗记》注意前后联系，贯通理解，对此往往有较为细致的分析，明辨其异同之处。

比如《鄘风·蝃蝀》，吕祖谦分析“女子有行，远父母兄弟”一句，说：“此诗及《泉水》、《竹竿》辞同而意不同。此诗盖国人疾淫奔者。言女子终当适人，非久在家者，何为而犯礼也？《泉水》、《竹竿》盖卫女思家，言女子分当适人，虽欲常在父母兄弟之侧，有所不可得也。一则欲常居家而不可得，一则欲亟去家而不能得，其善恶可见矣。”考“女子有行，远父母兄弟”，《诗》中凡三见，钱澄之《田间诗学》说：“似是当时陈语，故多引用之。”虽然是常用的俗语，但明显《蝃蝀》中的用法含有讽刺的意味，《泉水》、《竹竿》中的用法则不同。吕祖谦对此两句在不同诗中的用法体会细致，分析是很有道理的，可谓善于辨析异同。

另如《小雅·采薇》中有名句“昔我往矣，杨柳依依。今我来思，雨雪霏霏”四句，《出车》中也有“昔我往矣，黍稷方华。今我来思，雨雪载涂”四句。两组句子从景物描写到句式特点，非常相似，解诗者多习以为常，不加辨析。吕祖谦注意到二者的细微差异，他分析说：“《采薇》之所谓往，遣戍时也。此诗（《出车》）之所谓往，在道时也。《采薇》之所谓来，戍毕时也。此诗之所谓来，归而在道时也。”吕氏结合《诗经》本文，分析《采薇》和《出车》中的这两组句子：《采薇》是着重写出征之时与还师之时，出征时杨柳依依，以乐景写哀，还师时雨雪霏霏，以哀景写乐；而《出车》则无论往来，皆是征途之上、路途之中。因此两组景物描写对于气氛的烘托和诗意的表达是有不同作用的。吕氏的细致辨析，朱熹也深以为是，明确采纳到《诗集传》中。后来严粲《诗缉》中说："《采薇》言往，自周北戍之时也，此诗言往，自朔方西伐之时也；《采薇》言来，初期归时也，此诗言来，自西戎归而在道之时也。"[①] 方玉润《诗经原始》卷九于《出车》此章之下亦注曰："征夫途中往来景象。"[②] 虽未明言出自吕祖谦之说，但与吕氏《读诗记》的阐发应该不无关系。

再如《出车》五章曰："喓喓草虫，趯趯阜螽。未见君子，忧心忡忡。既见君子，我心则降。赫赫南仲，薄伐西戎。"吕祖谦分析说："'喓喓草虫'以下六句，说者以《草虫》之诗有之，遂亦以为室家之语。观其断句曰：'赫赫南仲，薄伐西戎。'其辞奋张，岂室家思望之语乎?"考《草虫》首章，"喓喓草虫，趯趯阜螽。未见君子，忧心忡忡。亦既见止，亦既觏止，我心则降。"与此章基本相同。但《草虫》一诗，《读诗记》引朱氏之说"召南之大夫行役在外，其妻独居"云云，既是感念君子行役之诗，则此章兴起室家之思，表达妻子对在外服役的丈夫的思念之情，应无异议。而《出车》一诗，则是颂扬南仲征伐之事，虽是类似的句子，吕祖谦却认为表达的诗意不同，因其最后两句"其辞奋张"，故前六句不应为"室家思望之语"，所以他采纳程氏之说："（《出车》）此章复言兵出而众和，为一方所傒望。南仲之功，于此尤盛。草虫、阜螽，其类相应。民心之望王师，犹是也。"小注又引郑玄曰："近西戎之国，闻南仲既征猃狁，将伐西戎，则跳跃而乡望之，如阜螽之闻草虫鸣焉。"与朱熹等人说法不同，可能更贴合本诗颂扬南仲功业的本旨。

《诗经》中多有重章叠句者，有些体现诗意的递进与加深，有些只是反复咏唱，以增强表达效果。学者对此体会不同，对《诗经》中相关诗篇

① 严粲：《诗缉》卷17，景印文渊阁《四库全书》本，上海古籍出版社，1987。

② 方玉润：《诗经原始》卷9，中华书局，2006，第343页。

的理解亦有不同。比如《鄘风·干旄》：

> 孑孑干旄，在浚之郊。通帛为旃。素丝纰之，良马四之。
> 孑孑干旟，在浚之都。鸟隼曰旟。素丝组之，良马五之。
> 孑孑干旌，在浚之城。析羽为旌。素丝祝之，良马六之。

《读诗记》引程氏曰：“马四至于五、六，马之益多，见其礼之益加也。郊、都、城，好贤益笃，则贤者益至。不好贤，则士益远遁也。”又小注引朱氏曰：“五之、六之者，取协韵而极言其盛。凡《诗》之言，类此者多矣。”吕祖谦取程氏之说，又补充朱说。

《召南·摽有梅》，《读诗记》引苏氏曰：“凡诗每章有先后浅深之异。如此诗之类，固自有说。若《樛木》、《螽斯》之类，皆意不尽，申殷勤而已。欲强求而说，则迂杂而不当矣。”

《小雅·皇皇者华》后四章有“周爰咨诹”、“周爰咨谋”、“周爰咨度”、“周爰咨询”，《读诗记》吕氏引欧阳修曰：“诹、谋、度、询，但变文以叶韵尔，诗家若此之类甚多。”说明对此类词句的训释不能拘泥于训诂。他又引陈氏之说进一步强调，“穆叔言咨事为诹，咨难为谋，咨礼为度，咨亲为询。彼盖敷衍文词，经旨不在是也”。

从《读诗记》来看，吕祖谦对《诗经》中的这一类表达方式，通过总结前人的看法，综合考察《诗经》中的应用，逐渐形成自己成熟的看法，总结出通例。他说：“《诗》亦有初浅后深、初缓后急者，然大率后章多是协韵。”如《豳风·九罭》，吕氏按曰：“凡诗之体，初言者本意也，再言者协韵也。‘于女信处’，本意也，‘于女信宿’，协韵也。”洪湛侯对此评价很高，说：“为了合乐的需要，《诗经》中不少诗篇，复沓的现象很普遍，吕氏归纳出‘初言者本意也，再言者协韵也’这一通例，使后代学者不再在复沓的辞句上做文章，这样就可以减少曲解和衍说，读者根据诗篇的第一章，即可探索诗人的本意。”[①]

① 洪湛侯：《诗经学史》（上），中华书局，2004，第 356 页。

吕氏将这一通例推广开来，应用到对其他相似篇章的分析中，多有发明。

比如《周南·桃夭》，吕氏曰：“‘桃之夭夭，灼灼其华’，因时物以发兴，且以比其华色也。既咏其华，又咏其实，又咏其叶，非有他义，盖余兴未已，而反复歌咏之尔。”

又《周南·兔罝》，吕氏分析三章层次说：“曰‘干城’，曰‘好仇’，曰‘腹心’，其辞浸重，亦叹美无已之意尔。”

这些都准确地揭示出《诗经》中通过重章叠句、章节重复来强调诗意的形式特点。

五　注重诗史互证

吕氏《读诗记》广引史书、史实，与《诗经》本文互证，是其突出特点，也是吕祖谦《诗经》之学的重要成绩。

吕祖谦以史学为其学问的根基，他明确说过，“看《诗》即是史”，《诗》、《书》等经典皆可视之为史，“如看卫文公之诗须知卫之兴；读《王·黍离》之诗须知周之亡，其气象可知”。[①] 故而其解《诗》首先有一个历史的观念，体现其从史学角度观照《诗经》的思路。

（1）注重《诗经》内容与史实的互相证发。以《左传》、《史记》等史书之记载证《诗经》之内容，以《诗经》证史实，根本在于求其是。

其一，索隐史实，求证于史。

如《邶风·日月》。《诗序》曰：“卫庄姜伤己也。遭州吁之难，伤己不见答于先君，以至困穷之诗也。”吕氏以《左传》文公十四年史事“子叔姬妃齐昭公，生舍。叔姬无宠，舍无威”证之，并由此阐发曰：

> 夫人见薄，则冢嗣之位望亦轻，此国本所以倾摇也。庄姜既不见答，则桓公之位何能有定乎？反复言之，盖推原祸乱之由，而非为己私也。“俾也可忘”，谓若思庄公恩义之薄，嫡庶不定之祸，诚使我可

① 《东莱吕太史外集》卷5，《吕祖谦全集》第一册，第729页。

> 忘，而我自不忍忘之也。末章不欲咎庄公，徒自伤父母养我不终而已。“报我不述”，言庄公之所以报我不欲称述之矣，亦不欲咎庄公也。

再如《小雅·宾之初筵》：“既立之监，或佐之史。”《读诗记》引毛氏曰：“立酒之监，佐酒之史。”郑氏曰：“立监使视之，又助以史，使督酒，欲令皆醉也。”并引董氏曰：“立之监以监之，佐之史以书之，古之慎礼如此。”朱氏曰：“监、史，司正之属。燕礼、乡射恐有解倦失礼者，立司正以监之，察仪法也。”诸家训释酒监、酒史，吕祖谦引史书证之，曰：“淳于髡说齐威王曰：‘赐酒大王之前，执法在傍，御史在后。’秦王、赵王会渑池，秦王请赵王鼓瑟，秦御史前书曰：‘某年某月日，秦王与赵王会饮，赵王鼓瑟。’蔺相如请秦王击缻，顾召赵御史书之曰：‘某年某月日，秦王为赵王击缻。’此古人君燕饮之制，犹存于战国者也。‘既立之监’，即执法也，《乡射》注所谓‘立司正以监察仪法’者也。‘或佐之史’，即御史也，董氏所谓‘佐之史以书之’者也。”前者引自《战国策》，后者引自《史记》，是吕氏注意以史书所载史事以证《诗》。后来马瑞辰《毛诗传笺通释》卷二十二解释此章，亦引淳于髡一事以证明之。

其二，以史实类比诗中所言，证发诗义，阐明诗旨。

通过与历代史实相比较，拓展对诗旨诗义的阐发，表达自己对于历史盛衰变迁的看法，这一点是吕祖谦《读诗记》中特别值得注意的地方。

如《小雅·彤弓》，《诗序》曰：“天子赐有功诸侯也。”郑氏曰：“凡诸侯赐弓矢，然后专征伐。”吕氏按曰：“所谓专征伐者，如四夷入边，臣子篡逆，不容待报者。其他则九伐之法，乃大司马所职，非诸侯所专也。与后世强臣拜表之行者异矣。”又曰：

> “彤弓弨兮，受言藏之”，言其重也。受弓人所献，藏之王府，以待有功，不敢轻予人，如《说命》“惟衣裳在笥”之意也。“我有嘉宾，中心贶之”，言其诚也。中心实欲贶之，非由外也。“钟鼓既设，一朝飨之”，言其速也。以王府宝藏之弓，一朝举以畀之，未尝有迟

> 留顾惜之意也。后世视府藏为己私分，至有以武库兵赐弄臣者，则与“受言藏之”者异矣。赏赐非出于利诱，则迫于事势，至有朝赐铁券而暮屠戮者，则与“中心贶之”者异矣。屯膏吝赏，功臣解体，至有印刓而不忍予者，则与“一朝飨之”者异矣。

前一部分，吕氏由具体行动分析赏赐者由衷的悦然欣喜以赐彤弓的心理，细致入微。后一部分，以后世“视府藏为己私分”、“赏赐出于利诱、迫于事势”以及“屯膏吝赏”等行为与之对比，以见《诗》中“天子锡有功诸侯”之气象与后世斤斤计较之宵小，相差何止以道里计。

以后事例前事，此东莱说经史惯例。因为吕氏淹通经史，相似史事往往信手拈来。

如《召南·樛木》，吕氏解读首章曰：“后妃如此，乐哉君子，可谓福履绥之矣。汉之二赵，隋之独孤，唐之武后，其祸至于亡国。则《樛木》之后妃，诗人安得不深嘉而屡叹之乎？”

《唐风·山有枢》，吕氏曰：“诗人岂真欲昭公驰驱引乐者哉！盖曰是物也，行且为他人所有，曾不若及今为乐之为愈。其激发感切之者深矣！非劝其为乐也。吕禄弃军，其姑吕媭悉出珠玉宝器散堂下曰：‘毋为他人守也。’乃此诗之意也。末章尤可见。”

《小雅·小弁》，吕氏曰：“唐德宗将废太子，李泌谏之，且曰：‘愿陛下还宫，勿露此意。左右闻之，将树功于舒王，太子危矣。’‘君子无易由言，耳属于垣’之谓也。《小弁》之作，太子既废矣，而犹云尔者，盖推本乱之所由生，言以为阶也。”

以上都是以后世之史事证发诗义，进而阐明诗旨。

（2）以史书所载之语词训诂、名物考证，作为解释《诗经》的重要资料来源。

如《小雅·六月》：“侵镐及方，至于泾阳。”对于此“镐”为何地，说法不一。郑玄笺曰：“镐也、方也，皆北方地名。”王肃以为镐京。孔氏引王基之说驳正之。《读诗记》引《汉书》中刘向疏：“吉甫之归，周厚赐之。其《诗》曰：‘来归自镐，我行永久。’千里之镐，犹以为远。”颜师古注曰：“镐非丰、镐之镐。”进一步考证此“镐”非“镐京”之“镐”。又引《后汉书》中马援疏“居前不能令人轾，居后不能令人轩”，注曰：“言为人无所轻重也”，来解释“戎车既安，如轾如轩”之意。

又如《小雅·十月之交》，于“烨烨震电，不宁不令”两句，《读诗记》引《汉书·李寻传》注“雷电失序，不安不善”以解释此句诗意。

《小雅·雨无正》，首章“若此无罪，沦胥以铺”二句，《读诗记》先引董氏曰：“《韩诗》作‘熏胥以痡’。《章句》曰：‘熏，帅也。胥，相也。痡，病也。’”又引《前汉·序传》云：“乌呼！史迁熏胥以刑。”注：“晋灼曰：‘《齐》、《韩》、《鲁诗》作熏。’师古曰：‘《诗·小雅·雨无正》之篇曰：“若此无罪，沦胥以铺。”《韩诗》沦字作熏。熏者，谓相熏蒸，亦渐及之义耳。’”于《汉书》注中见三家《诗》之异文。

吕祖谦将《诗经》视为史书、经史并观的观念，有其学术史意义，学者对此是推崇、称扬的，但对于《诗经》的解释来说，有时功过参半。

一方面有助于对《诗经》的全面理解与阐释。

如《唐风·无衣》一篇，吕氏按语以诗史互参，互相证发，于诗义颇多发明。

乔琳为朱泚吏部尚书，选人白前所注某官不便。琳答曰：“足下谓此选竟便乎?”朱泚虽有吏部选，而不可谓之便。晋国虽有冕服，苟无天子之命，亦不可谓之“安且吉”、“安且燠”也。琳之为泚臣，王师复振，旦夕诛灭，宜其发此言。若武公之篡，当东周之衰，虽以枝代宗，岂即有祸？是诗之作，乃其中心诚有所大不安也。玩其辞气，与刘仁恭求“长安本色”之语异矣。仲尼录之，所以见秉彝之不可殄灭，而王纲之犹可举也。以《史记》、《左传》考之，平王二十六年，晋昭侯封季弟成师于曲沃。专封而王不问，一失也。平王三十二年，潘父弑昭侯，欲纳成师，而王又不问，二失也。平王四十七年，

> 曲沃庄公弑晋孝侯，而王又不问，三失也。桓王二年，曲沃庄伯攻晋。王非特不能讨曲沃，反使尹氏、武氏助之。及曲沃叛王，王尚能命虢伐曲沃，立晋哀侯。使其初师出以正，岂止于此乎！四失也。桓王十三年，曲沃武公弑晋小子侯。王虽不能即讨，明年犹能命虢仲立晋哀侯之弟缗于晋。又明年，犹能命虢仲、芮伯、梁伯、荀侯、贾伯伐曲沃。至是，武公篡晋，僖王反受赂，命之为诸侯，五失也。以此五失观之，则礼乐征伐移于诸侯，降于大夫，窃于陪臣，其所由来者渐矣。

此诗《诗序》认为是“美晋武公”，如程氏所言：“武公始有晋国，而能请命天子，故诗人美之。”苏氏曰：“以晋之力，岂不足以为是七章之衣兮？然不如子赐我安且吉也。”他们都认为这首诗是表彰晋武公虽然始并晋国，但仍能够尊崇敬事周天子，请命于天子。吕祖谦由此引申开来，援引乔琳附逆朱泚，刘仁恭求“假长安本色”等《旧唐书》故事，类比晋武公请天子之命，以见晋武公之难得。并以《史记》、《左传》考述周平王二十六年以后晋国逐渐坐大而周天子不问，以致“礼乐征伐移于诸侯，降于大夫，窃于陪臣”的过程，总结为“五失”。由此可见吕祖谦善于梳理历史发展变迁之迹，总结历史规律的史学功底。类似这样的诗史互证，对于诗义的阐发，确实能够开拓出新的境界。

再如《鄘风·柏舟》，《诗序》曰：“共姜自誓也。卫世子共伯蚤死，其妻守义，父母欲夺而嫁之，誓而弗许，故作是诗以绝之。”《史记》载：共伯，釐侯世子。釐侯已葬，武公袭攻共伯。共伯入釐侯羡，自杀。吕氏按曰：“武公在位五十五年，《国语》又称武公年九十有五，犹箴儆于国，计其初即位，其齿盖已四十余矣。使果弑共伯而篡立，则共伯见弑之时，其齿又加长于武公，安得谓之蚤死乎？髦者，子事父母之饰，诸侯既小敛则脱之。《史记》谓釐侯已葬而共伯自杀，则是时共伯既脱髦矣，诗安得犹谓之‘髧彼两髦’乎？是共伯未尝有见弑之事，武公未尝有篡弑之恶也。”

此处吕祖谦通过诗、史互证，以《史记》、《国语》所载驳《诗序》“卫世子共伯蚤死”之失，从史实角度甚有道理。后来姚际恒《诗经通论》也持类似观点，基本沿袭吕氏之说。

但另一方面，对诗、史互证的注重也使吕氏解诗更执着于《诗序》，造成了一定的阐释困境。

因为吕氏的诗、史互证，有其基本前提，就是他相信《诗序》，以《诗经》为信史，因此两者之间的相互证发就是一个必然的逻辑，但这一前提并非绝对成立的，有时会表现出穿凿附会的缺陷。

比如对于《郑风》，吕氏既已有郑诗是郑国史实之反映的先入之见，故结合《左传》加以解读，往往陷之而不能出。《郑风》所收诗凡 21 首，按照《诗序》来说，其中《缁衣》言郑武公，《将仲子》、《遵大路》言郑庄公，《叔于田》、《大叔于田》言郑庄公与共叔段，《清人》言郑文公，《有女同车》、《山有扶苏》、《萚兮》、《狡童》、《褰裳》、《扬之水》言忽，《出其东门》言公子五争。《读诗记》对于这 13 首都是从史实入手阐释诗旨、诗义，反而局限了吕氏对郑诗的解读。如《将仲子》，吕氏曰：

> “将仲子兮，无逾我里，无折我树杞”，辞虽拒仲，而意则与之。如侍人僚相告昭公以去季氏之谋，“公执戈以惧之”之类。“岂敢爱之，畏我父母”，则于段非有所不忍也。“仲可怀也，父母之言，亦可畏也”，则拳拳于叔而不得已于姜氏者可见矣。“畏我诸兄”，“畏人之多言”，特迫于宗族国人之议论，非爱段也。具文见意，而庄公之情得矣。

分析不可谓不细致，但吕氏尊信《诗序》之说，又有以诗为史的观念在先，故而体之愈深，偏离愈远。

另如《小雅》自《六月》至《无羊》，《经典释文》曰：“从《六月》至《无羊》十四篇，是宣王之《变小雅》。”《诗序》或曰“美”，或曰“规”，或曰“刺”，皆宣王之诗。《读诗记》皆依《诗序》，结合周宣王时具体史事或背景训释阐发。《六月》、《采芑》、《车攻》、《吉日》等向无异议，而《鸿雁》、《沔水》、《祈父》、《黄鸟》、《斯干》等，朱熹《诗集传》都有不同看法。尤其《祈父》、《黄鸟》，朱氏虽皆详细引述吕祖谦《读诗记》按语，但表示“今考之诗文，未有以见其必为宣王耳”，“今按诗文，未见其为宣王之世”，云云。这既说明朱熹颇为重视吕祖谦对此类诗的历史解读，也说明朱熹对缺乏足够证据的历史解读持谨慎态度，所以一再说“考之诗文”，力求内证与外证的结合。后来朱熹废《诗序》，实际上是摆脱以史解《诗》的基本思路，更强调从文学角度解《诗》，最终根本上扭转了传统《诗》学尊信《诗序》、以史解《诗》的局面。

诗史互证，与吕祖谦的学术根基有关，也与吕氏学问的特点有关。吕祖谦学术以史学为根基，综合众说，强调传承。毛诗之学的传统与历史解读密不可分，吕祖谦对此是自觉继承的。宋人《诗经》学中，这种思路也多有体现，比如《齐风·猗嗟》一篇，李樗曰：“大宰问于子贡曰：‘夫子圣者与？何其多能也！’子闻之，曰：‘吾少也贱，故多能鄙事。君子多乎哉，不多也。’后世乃专心于此而忘其本，故庄公有威仪技艺，而不免猗嗟之刺。昭公习威仪以亟，而不能正乾侯之祸。汉成帝善修容仪，升车正立不内顾，不能制赵氏之横。虽多才多艺，而不能务本，何所补哉！”[①] 也是结合后来史实来阐发诗义。这说明吕氏这一解诗路径，有其渊源，在宋代也不乏前驱与同道。但吕祖谦《读诗记》对诗史互证的强调却是为时人所不及的。本质上还是吕祖谦意欲由此表达他对现实政治的关心，有着强烈的以古鉴今的史学意识。吕氏教授弟子、讲读经书，其关注点都是落在现实，从吕氏其他的讲学性质的撰述，都可以看得出来，《读诗记》自然也不会例外。而作为一个史学功底深厚的学者，吕祖谦的史学积累，对历史的理解，应该说还是超出一般经学家的。他对政治的介入与关注，也比较深切。所以，《读诗记》中时有令人击节的诗史互证的阐发。

---

① 李樗、黄櫄：《毛诗集解》卷11，景印文渊阁《四库全书》本，上海古籍出版社，1987。

六 重视三家诗说

后儒对各家诗说之优劣，多有论述。毛氏解《诗》，训诂凿实，应在三家诗之上。三家诗皆残篇断义，似不足为信。但客观来说，三家之诗，渊源有自，亦必有可资参考者。

洪湛侯《诗经学史》曾引述南宋王应麟《诗考·序》中的一段话，极力推崇《诗集传》之用三家诗说："诸儒说《诗》，壹以《毛传》为宗，未有参考三家者，独朱文公《集传》，闳意眇旨，卓然千载之上，言《关雎》则取匡衡；《柏舟》妇人之诗，则取刘向；笙诗有声无辞，则取《仪礼》；'上天甚神'，则取《战国策》；'何以恤我'，则取《左氏传》；《抑》，戒自儆，《昊天有成命》，道成王之德，则取《国语》；'陟降庭止'，则取《汉书注》；《宾之初筵》饮酒悔过，则取《韩诗序》；'不可休思'、'是用不就'、'彼岨者岐'，皆从《韩诗》。'禹敷下土方'，又证诸《楚辞》。一洗末师专己守残之陋，学者讽咏涵濡而自得之，跃如也。"①

实际上，吕祖谦《读诗记》在今本《诗集传》以前即已重视并兼用三家诗说了。

《读诗记》卷二《关雎》序后按语曰："鲁、齐、韩、毛，师读既异，义亦不同，以鲁、齐、韩之义尚可见者较之，独《毛诗》率与经传合。《关雎》正风之首，三家者乃以为刺，余多知矣，是则《毛诗》之义，最为得其真也。"吕氏这一段话说得很清楚，他认可并推重毛诗之义，但是也承认《诗经》学的传统是"鲁、齐、韩、毛，师读既异，义亦不同"。另外，他在撰《读诗记》时"以鲁、齐、韩之义尚可见者较之"，对三家诗说做了大量比较梳理的工作。因此，吕氏并不摒弃三家诗。《读诗记》中对于三家之说给予充分的重视，有道理者，能与毛诗之说互相发明者，多采纳之。主要通过引述《经典释文》、前后《汉书》注、董逌《广川诗故》等书，兼存三家诗说，从数量来说，比之朱熹《诗集传》，犹有过之。

---

① 转引自洪湛侯《诗经学史》（上），中华书局，2004，第368页。

其中即有王应麟《诗考·序》所提到朱熹《诗集传》用三家诗之例。如《关雎》之首，《读诗记》即引《前汉书》匡衡曰："孔子论《诗》，以《关雎》为始，言太上者民之父母，后夫人之行不侔乎天地，则无以奉神灵之统，而理万物之宜。"（匡衡学《齐诗》）另外，在《周颂·闵予小子》中亦引匡衡之说："茕茕在疚，言成王丧毕思慕，意气未能平也。盖所以就文武之业，崇大化之本也。"

论笙诗及其次第，亦引《仪礼·乡饮酒礼》之说（后苍传《齐诗》之学）。

《大雅·抑》之按语亦引《国语》，吕氏曰："《国语》亦称武公年九十五，作《懿》以自儆。韦昭谓《懿》即《抑》也。"

《小雅·宾之初筵》，《读诗记》引《后汉·孔融传》注曰："《韩诗》曰：'《宾之初筵》，卫武公饮酒悔过也。'"

《读诗记》引用三家说甚多。具体来看，有以下几种情形。

（一）有关诗义解释者

黄焯《毛诗郑笺平议》序曰："三家诗与毛异者固多，其与毛义可互证者亦多。……故凡遇毛义隐略处，往往可依三家遗说以证明之。"[①] 吕氏《读诗记》即多采三家诗义与毛诗旁参互证。

《关雎》之首，《读诗记》引欧阳氏曰："《关雎》，《齐》、《鲁》、《韩》三家皆以为康王政衰之诗。"并具体引前后《汉书》中所存三家之说证明其说，《汉书·杜钦传》曰："佩玉晏鸣，《关雎》叹之。"瓒曰："此《鲁诗》也"。《后汉书》明帝诏曰："昔应门失守，《关雎》刺世。"注引薛君《韩诗章句》曰："人君退朝，后妃御见有度，应门击柝，鼓人上堂。今内倾于色，故咏《关雎》，说淑女，以刺时。"

可见三家之说与毛诗对于《关雎》诗义的不同理解，有助于学《诗》者兼取众说。

---

① 黄焯：《毛诗郑笺平议》序，上海古籍出版社，1985。

又如《小雅·常棣》,《诗序》曰:"燕兄弟也。闵管蔡之失道,故作《常棣》焉。"《读诗记》于其下引董氏曰:"《韩诗叙》:'《夫栘》,燕兄弟也,闵管蔡之失道也。'益与毛氏合。"引韩诗之说以证毛诗义。

《小雅·四月》,《诗序》曰:"大夫刺幽王也。在位贪残,下国构祸,怨乱并兴焉。"《读诗记》引董氏曰:"《韩诗》作'《四月》,叹征役也。'"可与毛诗义相互参考。

《小雅·雨无正》,《诗序》曰:"大夫刺幽王也。雨自上下者也。众多如雨,而非所以为政也。"有关此诗篇名与题旨,说法颇多。《读诗记》引欧阳氏曰:"古之人于诗多不命题,而篇名往往无义例。其或有命名者,则必述诗之意,如《巷伯》、《常武》之类是也。今《雨无正》之名,据《序》曰'雨自上下者也',言'众多如雨'而非政也。今考诗七章都无此义,与《序》绝异,当缺其所疑。"此据毛诗。吕祖谦又引韩诗异说,以补充说明。引刘谏议曰:"尝读《韩诗》,有《雨无极》篇,《序》云:'《雨无极》,正大夫刺幽王也。'比《毛诗》篇首多'雨无其极,伤我稼穑'字。"引董氏曰:"《韩诗》作'《雨无政》,正大夫刺幽王也。'《章句》曰:'无,众也。《书》曰:"庶革繁芜。"《说文》曰:"芜,丰也。"'则雨众多者,其为政令不得一也,故为正大夫之刺。"

(二)有关三家诗异文及语词训诂者

三家诗之异文与训诂,对于辨析毛诗训诂亦有可资参考之处。马瑞辰《毛诗传笺通释》对此有深入论述,曰:"毛诗为古文,其经字类多假借;毛传释诗,有知其为某字之假借,因以所假借之正字释之者。有不以正字释之,而即以所释正字之义释之者。说诗者必先通其假借而经义始明。齐、鲁、韩用今文,其经文多用正字,经传引诗释诗,亦多有用正字者,正可藉以考证毛诗之假借。"[①] 马氏说得很清楚,三家诗之异

---

① 马瑞辰:《毛诗传笺通释》卷1《毛诗古文多假借考》,中华书局,1989,第23~25页。

文、训诂可以帮助我们去读破毛诗之假借。他举例说："毛诗《芄兰》'能不我甲'，传'甲，狎也。'据《韩诗》作'能不我狎'，知'甲'即'狎'之假借也。"《读诗记》所引三家诗异文与训诂，能够证实马瑞辰的说法。吕祖谦引《释文》曰："甲，《韩诗》作狎。"又加按语："能不我甲，言但能不我亲狎、妄自尊大而已。"正是以韩诗异文读破毛诗之假借。

《豳风·七月》，"以伐远扬，猗彼女桑。"毛传："角而束之曰猗。"郑笺曰："束而采之"，语焉不详，孔疏以"束之"为"束缚"，有望文生义之嫌。胡承珙《毛诗后笺》卷十五认为，此处毛传训"角而束之"，即"牵引使曲而采之"之意。吕氏《读诗记》引董氏曰："《齐诗》'猗彼女桑'作'掎'，盖掎而束也。《毛传》亦曰'角而束之'，则毛亦为'掎'也。"胡氏认为，"可见毛义与三家同，但其字借'猗'为之，齐诗则用其本字耳"。

《小雅·小旻》"是用不集"，《读诗记》引董氏曰："是用不集，《韩诗》作'是用不就'。"

马瑞辰《通释》引《采蘋》为例，"《采蘋》'于以湘之'。传：'湘，烹也。'据韩诗作'于以鬺之'。是知湘即鬺之假借，传正以释鬺者释湘也。"《读诗记》即引董氏曰："《韩诗》作'于以鬺之'。"颜师古注曰："鬺，烹也。"

另如《车攻》："东有甫草，驾言行狩。"毛传："甫，大也。"《读诗记》引《后汉书》注曰："《韩诗》云：'东有圃草，驾言行狩。'薛君传曰：'圃，博也。有博大之茂草也。'"

（三）有关名物制度、天文地理考证者

如《小雅·蓼萧》四章"和鸾雝雝，万福攸同"。毛传："在轼曰和，在镳曰鸾。"孔氏曰："《驷驖》笺云：'置鸾于镳，异于乘车。'是郑以乘车之鸾不当在镳也。"毛、郑意见不同。《读诗记》不取毛传，引《后汉志》注曰："干宝《周礼》注：'和鸾，皆以金为铃。'鸾者在衡，和者在

轼。”吕祖谦引三家诗说证之，先引《鲁诗》曰：“和，设轼者也。鸾，设衡者也。”又引董氏曰：“《韩诗》曰：‘在轼曰和，在轭曰鸾。’”鲁、韩诗同，可证毛氏传不确，《后汉志》注所说有道理。

《小雅·六月》：“元戎十乘，以先启行。”《读诗记》引《史记·三王世家》“虚御府之藏以赏元戎”注曰：“韩婴《章句》曰：‘元戎，大戎，谓兵车也。车有大戎十乘，谓车缦轮，马被甲，衡扼之上，尽有剑戟，名曰陷军之车，所以冒突，先启敌家之行伍也。’”用韩诗说释元戎之制。

《大雅·绵》：“自土沮、漆”，《读诗记》先引朱氏曰：“自，从也。土，地也。言周人始生在此沮、漆之地也。”又引《汉书·地理志》右扶风杜阳注：“水南入渭。”颜师古曰：“《诗》云‘自土沮、漆’，《齐诗》作‘自杜’，言公刘避狄而来，居杜与沮、漆之地。”以齐诗之说补朱氏说之未备。

《读诗记》兼采三家诗说，一方面体现了吕祖谦一贯的兼收并蓄的学术精神与倾向，另一方面也是对两宋之际《诗经》学开始重视三家诗说这一风气的重视与延续。从采择三家诗说的数量来看，《读诗记》在宋代集解体撰述中是非常突出的。

第五节 《吕氏家塾读诗记》的《诗经》学史意义

一 兼容并蓄，反映宋代《诗经》学之成就

自汉代以来，《诗》学繁荣，毛、郑为《诗经》训诂之源头，孔疏为唐代经学的代表。北宋以来，经学疑辨之风盛行，欧阳修、苏辙怀疑《诗序》，程颐、王安石推尊《诗序》。《吕氏家塾读诗记》对于诸家之说、前贤之学，能够兼收并蓄，取其所长，以成一家平正客观之说，训

诂、名物，诗义、诗旨，皆能够融合以求贯通。总体来看，仍以汉代古文经说《诗》为正宗，但不受其局限。比如《大雅·卷阿》首章“有卷者阿，飘风自南。岂弟君子，来游来歌，以矢其音”，吕祖谦《读诗记》按语曰：“此章具赋、比、兴三义。其作诗之由，当从朱氏。其因卷阿飘风而发兴，当从毛氏。以卷阿飘风而兴求贤，因以虚中屈体、化养万物为比，则当如郑氏、王氏之说也。三说相须，其义始备。”① 融合毛传、郑笺、王安石、朱熹各家之说，不偏主一家，可以说是吕氏解诗的一个典型例子。

吕祖谦家学渊源深厚，有自觉传承中原文献的学术与文化意识，《读诗记》中对于程颐、张载、欧阳修、苏辙、王安石等庆历元祐学者，甚为推重。对诸家《诗》说引用数量，王安石居第五，苏辙居第六，程颐居第七，欧阳修居第十，可见一斑。《读诗记》通过对北宋以来诸家《诗》说的采录引述，使宋代《诗经》学的成就得以体现与传承。

以王安石与欧阳修为例，两人《诗经》之学，观念不同，方法各异，吕祖谦能够兼收并蓄，各取所长。

以礼解诗，是《诗经》学的传统。陈戍国对此有详细的分析，认为《诗经》中既体现周代之礼制，解《诗》则须从礼入手。最早《左传》中记载典礼赋诗之事，实际上就是以礼解诗。孔子很早就注意到《诗》与礼的关系，《论语·八佾》中说：“三家者以《雍》彻。子曰：‘相维辟公，天子穆穆’，奚取于三家之堂？”即是以礼说诗。两汉齐、鲁、韩、毛诸家也往往以礼说《诗》，郑玄更是此中大师。②

北宋王安石解《诗》，持“《诗》、《礼》足以相解”之论，邱汉生说：“《诗》和《礼》同样产生于西周春秋时期，它们所反映的社会生活是相同的，书里的名物度数是相同的。故‘《诗》、《礼》足以相解’的论点，是符合历史实际的，抓住了解《诗》的一个关键。”③ 王安石的以《礼》

---

① 《吕氏家塾读诗记》卷26，《吕祖谦全集》第四册，第648页。

② 陈戍国：《诗经刍议》，岳麓书社，1997，第115～141页。

③ 邱汉生：《诗义钩沉》，中华书局，1982，“序”第10页。

解《诗》，其一是对《诗》所反映的思想和生活，用周礼作为道德准绳予以衡量，从而说明诗的美刺所在。其二是用见之于《礼》的名物度数来释《诗》。[①] 比如《召南·采蘋》，《诗序》曰“大夫妻能循法度”，《读诗记》卷三引王安石之说：“自所荐之物，所采之处，所用之器，所奠之地，皆有常而不敢变，此所谓‘能循法度’。”此处法度即指礼也。又如《小雅·车攻》“赤芾金舄，会同有绎”，《读诗记》卷十九引王氏曰：“诸侯人君宜朱芾，而此赤芾者，会同故也。莅其臣庶则朱芾，君道也。故方叔服其命服则朱芾，会同于王则赤芾，臣道也。故此‘会同有绎’则赤芾也。”则是用见之于《礼》的名物度数来释《诗》。

吕祖谦对王安石《诗经》学特别关注，引述颇多。吕氏精于礼制之学，以礼解诗，也是《读诗记》非常突出的特点。如《小雅·楚茨》一诗，“极言祭祀所以事神受福之节，致详致备”。[②] 对诗中涉及的礼制礼仪，吕氏综合众说加以解读，亦以其深厚的礼学功底有所辨析，纠正前人之误。如三章“执爨踖踖，为俎孔硕，或燔或炙”，郑笺云：“燔，燔肉也。炙，肝炙也。皆从献之俎也。其为之于爨，必取肉也、肝也肥硕美者。”吕氏按曰：“‘为俎孔硕’，谓荐孰也。‘或燔或炙’，谓从献也。郑氏以为一事，误矣。燔肉与肝炙，岂得谓之孔硕乎？”通过辨析古礼，纠郑氏之误，后来严粲《诗缉》卷二十二引述吕氏之说，深以为然。再如《召南·野有死麕》“吉士诱之”一句，欧阳修《诗本义》释“诱”为“挑诱”，认为此诗是“吉士遂诱而污以非礼”。[③]《读诗记》卷三吕氏按曰：“毛、郑以诱为道，《仪礼·射礼》亦先有诱射，皆谓以礼道之，古人固有此训诂也。欧阳氏误以诱为挑诱之诱，遂谓彼女怀春，吉士遂诱而污以非礼。殊不知是诗方恶无礼，岂有为挑诱之污行，而尚名之吉士者乎？”此说从古代礼制、训诂出发，维护毛传之说，可谓言之有据。后来清人胡承珙

① 见邱汉生《诗义钩沉》序，第10～11页。

② 《吕氏家塾读诗记》卷22引吕大临语，《吕祖谦全集》第四册，第485页。

③ 欧阳修：《诗本义》卷2《野有死麕》，景印文渊阁《四库全书》本，上海古籍出版社，1987。

《毛诗后笺》、马瑞辰《毛氏传笺通释》，皆以之为是，并在此基础上进一步加以考证。

欧阳修解《诗》，其一是强调“因文见义”，即从《诗经》文本出发，分析诗之结构，解读诗之内容，把握诗之本义。比如《王风》、《郑风》、《唐风》中分别有三篇《扬之水》，欧阳修细绎文本，认为这一意象在《王风》、《郑风》中皆是用来表现“激扬之水力弱，不能流移束薪”的状态，《唐风·扬之水》亦不例外，不应如毛传、郑笺所言，表现“波流湍疾、洗去垢浊”之状，这样就廓清了前人的错误认识。[①] 其二是强调以古论今，合乎人情事理。“诗文虽简易，然能曲尽人事。而古今人情一也，求诗义者以人情求之，则不远矣。然学者常至于迂远，遂失其本义。”[②]

从《读诗记》来看，吕祖谦特别强调从《诗经》文本出发，考察诗篇之间的关系，阐释发明，理解诗旨，方法上对欧阳修继承借鉴颇多。比如《读诗记》卷七《王风·君子于役》，吕氏“考经文不见‘思其危难以风’之意”，由此认为《小序》“大夫其危难以风”之说不确。“考文见义”，体现出吕氏对于《诗经》文本的重视。再如前引《小雅·出车》中“昔我往矣，黍稷方华。今我来思，雨雪载途”，与《小雅·采薇》中“昔我往矣，杨柳依依。今我来思，雨雪霏霏”颇为相似，但吕氏联系诗句具体语境，认为“《采薇》之所以往，遣戍时也。此诗之所谓往，在道时也。《采薇》之所谓来，戍毕时也。此诗之所谓来，归而在道时也”。体会不同诗篇之间的异同之处，分析细致深入。

至于欧氏“求诗义者以人情求之”之说，吕祖谦也多有类似论述：“诗者，人之性情而已，必先得诗人之心，然后玩之易入。”“《诗》三百篇，大要近人情而已。”[③] 强调体贴领会诗人之情，细致分析人情事理，是吕氏解诗的突出特点。如《唐风·绸缪》，吕氏曰：“三星见（现）则非昏（婚）姻之时，在天、在隅、在户，随所见而互言之，不必以为时之先

① 欧阳修：《诗本义》卷4《扬之水》。
② 欧阳修：《诗本义》卷6《出车》。
③ 《丽泽论说集录》卷3《门人所记诗说拾遗》，《吕祖谦全集》第二册，第112页。

后。方束薪而见三星，慨然有感于男女失时，而其不期而见，又似于男女适然相遇也。故叹息而言曰：'是夕也，男女倘相见，其乐当如何？'曰'良人'，曰'粲者'，盖互为男女之辞，以极其思望之情耳。"从人情出发，体贴诗意，深入细致。

除此以外，《读诗记》也特别注重义理阐发与伦理教化，承续并体现北宋以来《诗经》学鲜明的理学化特征。

宋人视野、思路开阔，又勇于疑古求新。北宋以来，在《诗经》研究中引入哲学思辨和伦理教化成为较为普遍的做法，将其作为一种新的解释路径，促进了对《诗经》题旨义理的阐明抉发。戴维《诗经研究史》提到，《诗经》理学化的主要表现，其一是将哲学的思辨性纳入《诗经》研究中，一反唐以前重训诂考据的研究方法，使《诗经》研究的指导思想理学化。其二是在《诗经》研究中引入诸如阴阳、理气、天理人欲、礼义廉耻之类表现宋人思想的哲学范畴，使《诗经》研究的具体方法理学化。[①]从二程等人开始，自觉将儒家伦理规范渗透到诗义、诗旨的解释阐发之中。程颐解《关雎》说："天下之治，正家为先。《二南》，正家之道也，陈后妃、夫人、大夫妻之德，推之士庶人之家，一也。故使邦国至于乡党皆用之，自朝廷至于委巷，莫不讴吟讽诵，所以风化天下。"[②] 注重伦理教化，是非常典型的理学化的诗义阐发。随着理学的繁荣发展，这种学术风气影响到此后的《诗经》之学，成为宋代《诗经》学的鲜明特点和成就。这一点在《读诗记》中亦有体现，吕氏融合众说，当然也包括义理之说。仔细考察《读诗记》所引宋人之说，多数是以诗义阐发为主，尤其二程、张载、杨时、张栻、朱熹等理学家的《诗》说，更为明显。这既反映了北宋以来《诗经》学在义理阐发方面的成果，也体现出吕氏对此的接受与看法。

因此在《读诗记》吕氏按语中，特别注重义理阐发，往往结合史事而展开。如卷六《卫风·河广》，《诗序》曰："宋襄公母归于卫，思而不

① 戴维：《诗经研究史》，湖南教育出版社，2001，第 293 页。

② 《吕氏家塾读诗记》卷 2 引，《吕祖谦全集》第四册，第 26 页。

止，故作是诗也。”吕祖谦先引北宋范祖禹之说：“夫人之不往，义也。天下岂有无母之人欤？有千乘之国，而不得养其母，则人之不幸也，为襄公者，将若之何？生则致其孝，没则尽其礼而已。卫有妇人之诗，自庄姜至于襄公之母六人焉，皆止于礼义而不敢过也。”已经体现出宋儒重伦理教化的特点。吕氏以为阐述有所不足，又引《说苑》记载与此诗史实相互参证，以作补充：“味此诗，而推其母子之心，盖不相远，所载似可信也。不曰欲见母，而曰欲见舅者，恐伤其父之意也。母之慈，子之孝，皆止于义而不敢过焉。不幸处母子之变者，可以观矣。”再三强调“止于义”，吕祖谦对伦理教化的注重可见一斑。

再如《小雅·常棣》，吕氏借此对兄弟、朋友之义进行阐发：“此诗反复言朋友之不如兄弟，盖示之以亲疏之分，使之反循其本也。本心既得，则由亲及疏，秩然有序。兄弟之亲既笃，而朋友之义亦敦矣，初非薄于朋友也。苟杂施而不孙，虽曰厚于朋友，如无源之水，朝满夕除，胡可保哉！”在人伦关系中，兄弟之爱与朋友之情是重要的两个维度，兄弟具血缘之爱，是朋友之情的根本，只有根本奠定，才可能推而及于朋友之情。因此《常棣》反复言朋友不如兄弟，宗旨在于强调循其根本，吕氏结合《常棣》一诗，申述表达这一伦理观念。对此，朱熹亦深以为是，并将其解说采入《诗集传》中。

可见，《读诗记》对于庆历以来的宋代《诗经》学有着全面的继承与体现，反映了宋代《诗经》学的发展成就。强调疑辨的欧阳修、苏辙，注重义理的程颐、张载，创新求变的王安石……百花齐放的北宋《诗》学，在《读诗记》中都得到足够的尊重与呈现，并成为吕祖谦兼容并蓄的《诗经》学的重要学术渊源。

二　体例谨严，为南宋《诗经》集解体之典范

《吕氏家塾读诗记》严守集解体之传统体例，体例谨严、持论平正，成为宋代经典注释中集解体的典范之作，对此后集解类《诗经》注释产生了较大的影响。如南宋后期《诗经》注疏之作的代表——段昌武《毛诗集

解》、严粲《诗缉》等，与《读诗记》一脉相承，沿袭模仿之迹甚为明显。段氏《毛诗集解》卷首引其侄段维清状曰：“（段昌武）以《毛诗》口讲指画，笔以成编，本之东莱《诗说》，参以晦庵《诗传》。”[①] 严氏《诗缉》书前序云：“二儿初为《周南》、《召南》，受东莱义，诵之不能习，余为缉诸家说，句析其训，章括其旨，使之了然易见。”[②] 都明确提及了《读诗记》对其《诗经》学撰述的影响。

1. **体例上的效仿**

《读诗记》中最有特点的训释体例，段氏《毛诗集解》与严氏《诗缉》都基本继承沿袭下来。《毛诗集解》的训释格局与《读诗记》相类，训释注明诸家姓氏，并直接沿袭《读诗记》正文、小注相辅相成的形式。《诗缉》论《诗》与《读诗记》大体相近，体例亦同，以采择《吕氏家塾读诗记》为主，并杂采诸家之说，有未安者断以己意。

值得注意的是，《毛诗集解》卷首有总论两篇：《学诗总说》、《论诗总说》。《学诗总说》分作诗之理、寓诗之乐、读诗之法，《论诗总说》分诗之世、诗之次、诗之序、诗之体、诗之派等相关内容，段氏综括缕述，体系条目非常清楚，对于学者了解《诗经》的基本情况，颇有助益。其体例源出《读诗记》，内容也以《读诗记》卷首为基础梳理而成，这是毫无疑问的。

2. **内容上的承袭**

我们以对《周南·葛覃》一诗的训释为例，来看段氏《毛诗集解》对《读诗记》内容上的沿袭与继承。《读诗记》训释《诗序》，先引张载诗，以下是吕祖谦个人看法。《毛诗集解》对此全部保留，其对《葛覃》首章的训诂、解释，基本上是在《读诗记》基础上的补充。《读诗记》大字引毛传、欧阳氏，小字注引孔颖达、陆玑、《尔雅》，《毛诗集解》都予以保留。当然也有补充，小字如王氏、曹氏、陈氏之说，大字如朱氏之说。但

---

① 段昌武：《毛诗集解》卷首，景印文渊阁《四库全书》本，上海古籍出版社，1987。
② 严粲：《诗缉》自序，景印文渊阁《四库全书》本，上海古籍出版社，1987。

基本内容与《读诗记》有着明显的承袭关系。注音方面，就《葛覃》一诗来说，段氏《毛诗集解》之注音基本同于《读诗记》，仅“是刈是濩”之“刈”字未出注音。[①]

严粲《诗缉》沿袭吕祖谦之处亦较多，除了前人训释之外，对于吕氏《读诗记》独有发明的观点，《诗缉》也特别加以引述。比如《王风·黍离》一章言“彼稷之苗”，二章言“彼稷之穗”，三章言“彼稷之实”，严粲认为“苗、穗、实，取协韵耳”[②]。此处协韵之说，实有得于吕祖谦《读诗记》。另如《小雅·蓼莪》二章“蓼蓼者莪，匪莪伊蔚”，严粲说：“诗人取义多在首章，至次章则变韵以成歌。此举蔚以言蒿之粗大耳。犹《王风·扬之水》一章言戍申，二章、三章言戍甫、戍许，借甫、许以言申，止是戍申，不戍甫、许也。”[③]《诗缉》的解《诗》思路与言辞逻辑，跟《读诗记》是一脉相承的。另如对《诗序》的看法，《诗缉》条例说：“题下一句国史所题为首序，其下说诗者之辞为后序。”[④] 严氏认为“后序”往往不得诗旨，故而对《诗序》首句以下续申之词，多不采纳。对于《葛覃》一诗，严氏曰：“本者，务本也，国史所称此一语而已，其下则说诗者之辞，如言‘在父母家则志在女功之事’，非诗意也。”[⑤] 此与《读诗记》观点基本相同，小注又引吕氏说以申述之，从中我们都可以看到吕祖谦的直接影响。

南宋中期以后，《吕氏家塾读诗记》成为与朱熹《诗集传》并立的两部《诗经》注释之作，并以其鲜明特点与成就，影响了后来的《诗经》学研究。在《诗集传》逐渐主导南宋《诗经》学的背景下，《读诗记》延续了注重传注训诂、客观对待《诗序》等学术传统，对于保持宋代《诗经》学的多样性与丰富性，具有极为深远的意义。

---

① 段昌武：《毛诗集解》卷1，景印文渊阁《四库全书》本，上海古籍出版社，1987。
② 严粲：《诗缉》卷7，景印文渊阁《四库全书》本，上海古籍出版社，1987。
③ 严粲：《诗缉》卷22。
④ 严粲：《诗缉》卷首。
⑤ 严粲：《诗缉》卷1。

三　存亡继绝，保存宋代《诗经》学研究文献

《吕氏家塾读诗记》附录有引用诸家姓氏，自汉代毛氏到宋人朱熹共43家（《四库全书》本为44家），其中宋人以前有毛苌、郑玄、孔安国、陆玑、何休、杜预、郭璞、韦昭、韩愈共9家，宋人自程颢以下共34家。据所附“引用书目”，征引他书41种，实际不止此数。据吴冰妮统计，《读诗记》共引前人之说52家，前代文献62种，文学作品7种。[①]《读诗记》兼赅众说、兼收并蓄，所引述汉唐以来尤其是宋代各家之说以及引用书目的数量，在当时同类注疏中是非常突出的。吕祖谦精心设计《读诗记》的训释体例，目的之一即是使其能够保存大量的前代与当朝《诗经》研究文献：“今所编《诗》不去人姓名，正欲令人见元初说著。”[②] 可以说，宋代集解体《诗经》学著作中，《读诗记》在文献的保存方面价值是极高的。

《读诗记》所引前贤时人著作，许多已经散佚无存，赖《读诗记》所引见其面目，以资考证。如王安石《诗经新义》、董逌《广川诗故》等。有些则是在《诗经》研究史上影响较大，或者是颇有特点的著作，《读诗记》所引材料能够体现原书的部分内容、特点及价值，甚至能见其发展变化之痕迹，如《读诗记》所引朱熹前期《诗》说。

据吴国武《董逌〈广川诗故〉辑考》，“《广川诗故》存世佚文238条，涉及120首诗”。[③] 吴冰妮统计，《吕氏家塾读诗记》中即采录225条之多。《广川诗故》原有四十卷，吴国武认为当成于南渡以前，或即靖康间，南宋以来《直斋书录解题》、《中兴四朝国史艺文志》、《文献通考·经籍考》、《宋史·艺文志》、《说郛》皆有著录，此后不见于著录，“或佚

① 吴冰妮：《〈吕氏家塾读诗记〉研究》第一章第三节“《读诗记》引文分析”，北京大学中文系博士学位论文，2010。

② 《东莱吕太史外集》卷5“门人周公谨所记”，《吕祖谦全集》第一册，第721页。

③ 吴国武：《董逌〈广川诗故〉辑考》，《北京大学中国古文献研究中心集刊》（第七辑），北京大学出版社，2008，第152页。

于宋末元初”。此书多引三家诗说、石经、《说文解字》及诸儒之说，尤以三家诗说及《诗经》异文价值较大。清代学者辑佚三家诗说，进一步疏通毛氏诗说，对其尤为重视。后人征引此书，大多出自《读诗记》，吕氏对保存董逌《诗经》学成果居功至伟。

熙宁年间，王安石领撰《诗经新义》，在当时影响很大。变法失败后，此书逐渐散佚。今人邱汉生辑佚王安石《诗经新义》，成《诗义钩沉》一书。据邱氏序，共辑佚两千余条，其中辑自《吕氏家塾读诗记》的有 490 多条，是各书中最多的。而其他辑自段昌武《毛诗集解》的有 320 多条，辑自严粲《诗缉》的有 150 多条。[①] 由于《毛诗集解》、《诗缉》与《读诗记》有直接的承续关系，不少佚文都同于《读诗记》，因此实际上体现了《读诗记》对王安石诗说的推崇重视，以及保存王氏《诗经新义》散佚诗说的价值。

在宋代学者中，《读诗记》引朱熹之说数量最多。据朱熹所作《读诗记》序，吕氏所引为其早年所作，即《诗集解》。后来朱熹对《诗经》序的看法改变，诗说也有大的修正，今本《诗集传》是其最后的《诗经》定说。但是《读诗记》所引用的原本《诗集解》的说法，可以帮助我们了解朱熹早期诗说，朱氏训诂、考证、解诗的成绩赖《读诗记》所引而可见一斑，也可以从中看出朱熹前后期《诗经》之学的一些差异。

从《读诗记》所引朱熹诗说来看，以字词训释与诗旨分析、诗意阐述为多，亦有名物考证之说。

字词训释方面，《读诗记》引朱熹之说，往往是补正毛传、郑笺、孔疏之不足，可见朱熹在《诗经》训诂方面的成绩。

对照今本《诗集传》来看，朱熹对于《诗经》的字词训释基本上没有太大改变。少数不切当之处朱熹《诗集传》中有所修订。如《小雅·南有嘉鱼》：“翩翩者鵻，烝然来思。君子有酒，嘉宾式燕又思。”《读诗记》卷十八引孔氏曰：“思，皆为辞。嘉宾既来，用此酒与之燕又燕也。频与

① 邱汉生：《诗义钩沉》序，第 27 页。

之燕，言亲之甚也。”小注又引朱氏：“来思之思，语辞也。又思，既燕而又思之，以见其至诚有加而无已也。凡思字为语助者，上字协韵。为思虑之思者，本字协韵。此章则来字与末句思字协韵也。”可见吕祖谦取孔氏所说，但以朱氏之异说不可偏废，并存之。到今本《诗集传》，朱熹本人作了修正，接受孔疏的训释，曰：“思，语辞也。又，既燕而又燕，以见其至诚有加而无已也。”[①] 而将自己早期的看法列为“或曰”以存之。又如《周颂·维天之命》中“假以溢我，我其收之”，《读诗记》卷二十八引朱熹说：“溢，盈而被于物也。收，受也。言文王之德大而被及于我，我既受之矣。”而在今本《诗集传》中，朱熹据《左传·襄公二十七年》“何以恤我，我其收之”，修正自己的看法，改释曰：“何之为假，声之转也；恤之为溢，字之讹也。”其意为“言文王之神，将何以恤我乎？”[②]

也有一些训释，朱熹出于各种考虑，在今本《诗集传》中删去。如《鄘风·柏舟》“髧彼两髦，实维我特”之“特”，《读诗记》卷五引朱氏曰：“特有孤特之义，而以为匹者，古人用字多如此，犹治之谓乱也。”朱熹的这一解释，很有道理，清人马瑞辰《通释》中的相关训释，与朱子解释基本一致，可见这一分析为后人所接受，但今本《诗集传》却未保留这一看法，不知何故。

在诗旨分析和诗意阐发方面，《读诗记》所引朱氏之说与今本《诗集传》颇有差异之处，亦可窥见朱熹《诗经》学观点的转变与修正。

最初朱熹接受《诗序》，解诗多基于《诗序》分析论述，后期因对《诗序》的看法改变，导致《诗集传》中对诗旨的分析与此前不同，这从吕氏《读诗记》所引朱熹诗说可以明显看出。其一体现了朱熹淫诗说的观念转向。如《郑风·风雨》“既见君子，云胡不夷”句，《读诗记》卷八引朱氏曰：“我得见此人，则我心之所思，岂不坦然而平哉！”今本《诗集

① 朱熹：《诗集传》卷9，《朱子全书》本，第559～560页。
② 朱熹：《诗集传》卷19，《朱子全书》本，第723页。

传》不取此说，而视之为淫奔之诗，释曰："淫奔之女，言当此之时，见其所期之人而心悦也。"[①] 又如《郑风·遵大路》，《诗序》曰："思君子也。庄公失道，君子去之，国人思望焉。"《读诗记》卷八引朱氏曰："君子去其国，国人思而望之，于其循大路而去也，揽持其袪以留之曰：'子无恶我而不留，故旧不可以遽绝也。'"明显是就《诗序》申说，以阐发诗义。但在今本《诗集传》中，朱熹视《遵大路》为淫诗，此段修正为："淫妇为人所弃，故于其去也，揽其袪而留之曰：'子无恶我而不留，故旧不可以遽绝也。'"[②] 从以上诸例，可见朱熹"淫诗说"观念的形成及其对诗义解释的变化。

其二体现了朱熹对诗史关系认识之变化。如《唐风·羔裘》，《读诗记》引朱氏之说："在位者不恤其民，故在下者谓之曰：'彼服是羔裘豹袪之人。'"乃就《诗序》"晋人刺其在位不恤其民也"分析立说。今本《诗集传》中，朱熹认为"此诗不知所谓，不敢强解"。[③] 故对诗意未作解释，并删去此说。再如《唐风·采苓》，《读诗记》卷十一于《诗序》下引朱氏曰："献公好听谗，观骊姬谮杀太子及逐群公子之事可见也。"今本《诗集传》朱熹仍然视之为"刺听馋之诗"[④]，但并不认可《诗序》所说的"刺晋献公"，因此亦删去此条。另如《终南》、《墓门》等，亦将原来补充说明《诗序》的史实删去。可见朱熹《诗集传》解诗，从初稿到定本，于诗史之关系，持愈为谨慎之态度。

综上所述，《吕氏家塾读诗记》对诸家之说兼收并蓄，在纠正当时学术风气，承续宋代《诗经》学传统，保存《诗经》学文献方面，有其独特之价值。

---

① 朱熹：《诗集传》卷4，《朱子全书》本，第478页。
② 朱熹：《诗集传》卷4，《朱子全书》本，第473页。
③ 朱熹：《诗集传》卷6，《朱子全书》本，第502页。
④ 朱熹：《诗集传》卷6，《朱子全书》本，第505页。

吕祖谦文献编纂学研究

——以《大事记》为例

编纂是古代文献形成的重要方式，也是古人重要的撰述方式。从数量上看，编纂之作是古代文献的主体，编纂之学也是古典文献学的重要内容。《古典文献学基础》一书综合众家之说，提出古典文献学知识架构的核心层面，即校雠与目录学、版本学、校勘学、古籍编纂学、辨伪与辑佚学、经典诠释学。[①] 文献编纂即是其中的核心内容之一。

张舜徽先生《中国文献学》在讲到古代文献的形成方式时，认为“综合我国古代文献，从其内容的来源方面进行分析，不外三大类”，即“著作”、“编述”、“钞纂”。[②] 杜泽逊《文献学概要》则归纳为“著”、“述”、“编”、“译”，认为“编”的重要特点是“原始条文都是其他文献的原文，不加改窜。一般要求注明出处，当然也有不注出处的”。[③] 从历史的角度来看，都有道理。但是古代文献的形成非常复杂，古人对著述编纂的体例也未有明晰的辨正，有编撰、编次、纂次、纂述、编辑、纂辑、编集、纂录、钞纂等多种名称说法，又加上古人崇圣尊贤的传统，不以“著”、“作”轻许于人，有些概念的定义、范围、内容在今天已发生变化。因此，今天看待文献编纂，既可以从体例、方法着眼，务求其严，建立文献编纂之学；也可以不拘泥于过去的标准，放宽视野，从更广的范围加以考察。

为了研究的方便，我们将前人所谓的“编述”和“钞纂”合称为编纂，

---

① 董洪利：《古典文献学基础》，北京大学出版社，2008，第8页。

② 张舜徽：《中国文献学》，中州书画社，1982，第32页。

③ 杜泽逊：《文献学概要》，中华书局，2001，第40页。

指采择已有文献材料，秉承一定的编纂原则与体例，编辑为新的作品。本章研究的是吕祖谦经典注释（如经注、史书文集注释）与独立成说之作（如《东莱博议》、《左氏传说》及《续说》等）以外的文献编纂类作品，以见其文献编纂学的成就。

第一节　吕祖谦文献编纂概述

吕祖谦一生撰述宏富，在两宋可能唯有朱熹能与之相比。具体撰述数量，因年代久远，流传散佚，已不可准确考知。刘昭仁《吕东莱之文学与史学》专辟一章，梳理考证，区为经史子集四部，总计 56 种。其中经部 18 种，7 种已佚或仅见著录，1 种存疑；史部 15 种，8 种已佚或仅见著录；子部 12 种，6 种已佚或仅见著录；集部 11 种，2 种已佚。[①] 黄灵庚、吴战垒主编的《吕祖谦全集》前言部分统计吕氏撰述经史子集共 56 种，其中经部 21 种，4 种已佚，3 种未见，1 种存疑；史部 16 种，10 种已佚；子部 10 种，2 种已佚；集部 9 种，2 种已佚。

两书统计分类略有差异，但基本可见吕祖谦一生撰述之概貌。我们主要根据两书的统计，结合杜海军《吕祖谦文学研究》、姚红《宋代东莱吕氏家族及其文献考论》，以及冯春生《吕祖谦经学著述目录版本考述》、《吕祖谦丁部文献目录版本考述》两文的考订，对吕祖谦的生平撰述略作梳理如下：

经　部

	刘昭仁《吕东莱之文学与史学》	黄灵庚、吴战垒《吕祖谦全集》
1	《古周易》一卷	《古周易》一卷
2	《古易音训》二卷	《古易音训》二卷
3	《东莱易说》二卷	《周易系辞精义》二卷

① 刘昭仁：《吕东莱之文学与史学》第二章“吕东莱著述考”，文史哲出版社，1981。

续表

	刘昭仁《吕东莱之文学与史学》	黄灵庚、吴战垒《吕祖谦全集》
4	《周易系辞精义》二卷	《易说》二卷
5	《读易纪闻》一卷（仅见《经义考》著录）	《周易古经象》（已佚）
6	《程朱易传》十卷（仅见《万卷堂藏艺文目》著录）	《东莱先生书说》十六卷
7	《东莱书说》十卷（《增修东莱书说》三十五卷）	《增修东莱书说》三十五卷，首一卷
8	《吕氏家塾读诗记》三十二卷	《吕氏家塾读诗记》三十二卷
9	《左传类编》六卷	《李迂仲黄实夫毛诗集解》四十二卷（吕祖谦释音）
10	《东莱左氏博议》二十五卷	《礼记详节》四本（已佚）
11	《左氏说》二十卷	《春秋集解》三十卷
12	《左氏传续说》十二卷	《左氏传说》二十卷
13	《春秋集解》三十卷（存疑）	《春秋左氏传续说》十二卷、《纲领》一卷
14	《春秋讲义》一卷（仅见著录）	《左传类编》不分卷
15	《左氏手记》一卷（已佚）	《左氏博议》二十五卷
16	《春秋集传微旨》一册（已佚）	《左氏统纪》三十卷（已佚）
17	《四传大全》三十八卷（仅见著录）	《左氏手记》一卷（未见）
18	《礼记详节》四册（已佚）	《春秋讲义》一卷（未见）
19		《春秋左传微旨》一册（已佚）
20		《四传大全》三十八卷（存疑）
21		《左氏纲目》三十卷（未见）

按：刘氏统计多出 2 种：

《读易纪闻》一卷

《程朱易传》十卷（按：疑此书即《周易程朱传义音训》十卷，宋程颐、朱熹撰，吕祖谦音训。国家图书馆藏有元至正六年虞氏务本堂刻本，周叔弢旧藏。此书取吕祖谦音训，即《古易音训》，故不应单列为一种。）

《吕祖谦全集》统计多出 4 种：

《周易古经象》

《李迂仲黄实夫毛诗集解》四十二卷（按：此书题吕祖谦释音，所用音注基本上是《吕氏家塾读诗记》中的注音，故亦不应单列为一种。）

《左氏统纪》三十卷

《左氏纲目》三十卷

此外，《东莱书说》与《左传类编》，两个统计著录卷数不同。《春秋集解》，刘氏存疑，认为作者是吕本中。《全集》认为是吕祖谦。

经部去除重复与误收，共计21种。

史 部

	刘昭仁《吕东莱之文学与史学》	黄灵庚、吴战垒《吕祖谦全集》
1	《大事记》十二卷、《通释》三卷、《解题》十二卷	《大事记》十二卷、《通释》三卷、《解题》十二卷
2	《历代奏议》十卷	《左氏国语类编》二卷（已佚）
3	《国朝名臣奏议》十卷	《历代奏议》十卷（已佚）
4	《欧公本末》四卷	《国朝名臣奏议》十卷（已佚）
5	《西汉精华》十四卷、《东汉精华》十四卷	《欧公本末》四卷
6	《十七史详节》二百七十三卷	《东莱吕氏西汉精华》十四卷、《东汉精华》十四卷
7	《新唐书略》三十五卷	《十七史详节》二百七十三卷
8	《通鉴详节》一百卷	《新唐书略》三十五卷（已佚）
9	《吕氏家塾通鉴节要》二十四卷、《宋通鉴节》五卷	《资治通鉴详节》一百卷（已佚）
10	《东莱先生两汉财论》十卷	《吕氏家塾通鉴节要》二十四卷（已佚）
11	《音注唐鉴》二十四卷	《宋通鉴节》五卷（已佚）
12	《历代制度详说》十五卷	《诸史类编》六卷
13	《史说》十卷	《东莱先生音注唐鉴》二十四卷
14	《议史摘要》四卷	《史说》十卷（已佚）
15	《左氏国语类编》二卷	《东莱先生两汉财论》十卷（已佚）
16		《议史摘要》四卷（已佚）

按：刘氏统计多出1种：

《历代制度详说》十五卷（《全集》列入子部，似应列入史部。）

《吕祖谦全集》统计多出1种：

《诸史类编》六卷。疑有误。《直斋书录解题》等诸家著录皆为《观史类编》（按：刘氏及《直斋书录解题》皆入子部，从内容看，可归入子部）。

史部去除重复与误收，共计16种。

子 部

	刘昭仁《吕东莱之文学与史学》	黄灵庚、吴战垒《吕祖谦全集》
1	《卧游录》一卷	《近思录》十四卷
2	《近思录》十四卷	《丽泽论说集录》十卷

续表

	刘昭仁《吕东莱之文学与史学》	黄灵庚、吴战垒《吕祖谦全集》
3	《少仪外传》二卷	《吕氏读书记》七卷（已佚）
4	《吕氏读书记》七卷（已佚）	《阃范》十卷（已佚）
5	《阃范》十卷（已佚）	《少仪外传》二卷
6	《轩渠录》（已佚）	《历代制度详说》十五卷（从《四库》列入子部）
7	《观史类编》六卷（已佚）	《诗律武库》十五卷、《后集》十五卷
8	《丽泽论说集录》十卷	《紫微语录》一卷（已佚）
9	《官箴》	《卧游录》一卷
10	《金华吕东莱先生正学编》一卷	《音注河上公老子道德经》二卷
11	《东莱师友问答》一卷（仅见著录）	
12	《东莱要语》四卷（仅见著录）	

按：刘氏统计多出 6 种：
《轩渠录》
《观史类编》六卷
《官箴》
《金华吕东莱先生正学编》一卷
《东莱师友问答》一卷
《东莱要语》四卷
《吕祖谦全集》统计多出 3 种：
《音注河上公老子道德经》二卷
《诗律武库》十五卷、《后集》十五卷（按：刘氏列入集部。从内容看，可归入集部。）
《紫微语录》一卷

子部去除重复与误收，共计 14 种。

集　部

	刘昭仁《吕东莱之文学与史学》	黄灵庚、吴战垒《吕祖谦全集》
1	《离骚章句》一卷	《离骚章句》一卷
2	《东莱先生文集》二十卷	《杜工部三大礼赋注》十卷（已佚）
3	《东莱吕太史文集》十五卷、《别集》十六卷、《外集》五卷、《附录》三卷	《东莱标注三苏文集》五十九卷
4	《东莱集注观澜文集》六十三卷	《东莱集》四十卷
5	《丽泽集诗》三十五卷、《丽泽集文》十卷	《东莱集注观澜文集》七十卷
6	《东莱集诗》二卷（已佚）	《丽泽集诗》三十五卷、《丽泽集文》十卷
7	《宋文鉴》一百五十卷	《东莱集诗》二卷（已佚）

续表

	刘昭仁《吕东莱之文学与史学》	黄灵庚、吴战垒《吕祖谦全集》
8	《古文关键》二卷	《古文关键》二卷
9	《诗律武库前集》十五卷、《后集》十五卷	《皇朝文鉴》一百五十卷，目录三卷
10	《三大礼赋注》一卷	

按：刘氏统计多出2种：

《诗律武库前集》十五卷、《后集》十五卷（《全集》列入子部，应归入集部。）

《东莱先生文集》二十卷

《吕祖谦全集》统计多出1种：

《东莱标注三苏文集》五十九卷

另按：《吕祖谦全集》著录《杜工部三大礼赋注》十卷，疑有误。因吕氏仅注杜甫《三大礼赋》，不当有十卷之多。钱曾《读书敏求记》卷四："牧翁全录入《杜诗笺注》中。"十卷全录入亦不合情理。今《钱注杜诗》卷十九中《三大礼赋》共采吕祖谦注六十三条，十卷云云，似不可信。

集部去除重复与误收，共计11种。

经、史、子、集四部典籍总计62种。

此外，根据杜海军《吕祖谦文学研究》，补充《增节标目音注精议资治通鉴》一百二十卷、《新刊音点性理群书句解》后集二十三卷、《新增丽泽编次扬子事实品题》不明卷数等几种。[①] 根据姚红《宋代东莱吕氏家族及其文献考论》，补充《新集诗话》不明卷数、《左氏说》一卷、《读书杂记》四卷、《吕文成公家范》二册等几种[②]。可见吕祖谦一生撰述，将近70种之多，数量极为丰富，传世情况也极为复杂。

吕祖谦的学术撰述，大抵可分两类。其一为经典诠释，其二为文献编纂。后者数量更多，兼跨四部，对当时与后世都有深远之影响。客观来说，吕氏英年早逝，完整的学术著述不多，其学术成就很大程度上是通过文献编纂之作来体现的。主观来讲，在有宋一代，尤其是到南宋，随着书籍刻印的普及，讲学之风的盛行，思想学术的传播已经进入一个新的阶段，也必然会影响学者的讲学方式与撰述方式。吕祖谦可能是较早发现文

---

① 杜海军：《吕祖谦文学研究》，学苑出版社，2003，第93~102页。

② 姚红：《宋代东莱吕氏家族及其文献考论》，中国社会科学出版社，2010，第177~179页。

献编纂之于文化传承、文化传播的重要意义，并身体力行重视文献编纂的学者。

吕祖谦文献编纂之作，数量将近30种，除去佚失不传、编者存疑者，有14种。我们可以根据编选方式把吕祖谦的文献编纂之作做以下分类。

1. 编撰

采择他书文献资料，加以整合，并有作者观点之阐述，形成体现自己思想观念的、体例严谨结构完整的作品。如《大事记》、《历代制度详说》等。亦有未及成稿，仅具雏形者，如《两汉精华》，《四库全书总目》说："（《东汉精华》）即范氏之书摘其要语而论之，或比类以明之。于光武、明、章、和四帝《纪》尤为详悉。所略者惟《表》、《志》耳。然不具事之始末，所论每条仅一二语，略抒大意，亦不申其所以然。盖是书乃阅史之时摘录于册，以备文章议论之用。后人重祖谦之名，因而刊之。"① 但从其传本来看，虽然简略未为完书，但体例颇为精密，可归入编撰一类。

2. 编选

选取他书文献材料，重新加以编排，以体现作者的编纂目的。如《近思录》、《少仪外传》、《欧公本末》、《卧游录》等。或者选录诗文作品，以成总集或选集。如《皇朝文鉴》、《丽泽集诗》、《古文关键》等。

亦有根据编者的意图从一部或数部文献中摘录材料，按门类编纂成书者，如《左传类编》、《诗律武库》等。

3. 编抄

摘抄原书，以成叙事简洁之节本。如《十七史详节》、《资治通鉴详节》等。这类撰述体现的是吕祖谦对原始文献的综合把握能力、删繁就简的文字能力。虽然少有原创性的理论表述，但也能够体现吕氏本人的史学观念、史学才能与史学成就，对当时、后世的影响也比较大，传播范围甚

① 永瑢等：《四库全书总目》卷65《东汉精华》提要，中华书局，1981。

至比其他撰述更为广泛。

因为吕氏去世较早，其文献编纂之作，大多未及完成，后人为保存文献刊刻流传，其中不免舛误混乱，甚或有后人假吕氏之名造作冒撰者，故《四库全书总目》等书持论较为谨慎，对于有些标称吕祖谦的作品采取存疑的态度。我们考察吕氏编纂之作，也需要特别注意这一事实，主要围绕确切无疑的编纂作品进行分析。

一　吕祖谦文献编纂的受众对象

文献编纂，需要考虑到编者面向的对象。对象不同，文献编纂的目的、宗旨及内容体例即有不同，也决定了其在不同层面的影响力。

吕祖谦的文献编纂，都有明确的受众对象：以始学者、应举士子为主。也有明确的目的：有益于士人问学修养，有助于世道人心。

吕祖谦重视教化的力量，始学者闻乎知，其次者养其德，学者的知识体系、治世才干，理论修养、道德文章，皆须通过教育、教化而成。所以他再三申明教化的作用："教国子以三德三行，立其根本，固是纲举目张，然又须教以国政，使之通达治体。古之公卿，皆自幼时便教之，以为异日之用。近日之子弟，即他日之公卿，故国政之是者，则教之以为法；或失，则教之以为戒。又教之以如何整救，如何措画，使之洞晓国家之本末源委，然后他日用之，皆良公卿也。"①

吕祖谦认为当时之世风浇漓，学风不正，皆源于不教不学，尤其是不能鉴古以知今，缺乏对历史经验的继承与修习。"今之学者所以浇薄，皆缘先生长者之说不闻。"在《与学者及诸弟》中也说："尝思时事所以艰难，风俗所以浇薄，推其病原，皆由讲学不明之故。若使讲学者多，其达也，自上而下，为势固易；虽不幸皆穷，然善类既多，薰蒸上腾，亦有转移之理。"② 是以吕氏特别重视文献编纂，尤其是史部文献的编纂，希望通

① 黄宗羲、全祖望：《宋元学案》卷51《东莱学案》，中华书局，1986。
② 《东莱吕太史别集》卷10，《吕祖谦全集》第一册，第505页。

过编纂之作来训课幼学，教导士子。故其编纂多为讲学，而讲学主旨则是有心于世教。“多识前言往行，考迹以观其用，察言以求其心，而后德可蓄。”①

吕氏是学识渊博的大学者，但对于教育初学者，有着特别的关注，其存世撰述，多有针对始学者的。初学者的人生阅历、知识储备、学习规律，都有其特点。相应的，吕氏对于此类编纂也采取了独特的形式与面貌。

其一，内容浅显易通，不为高论，条理明晰，注重循序渐进。比如《少仪外传》，是吕祖谦纂集历代有助于子弟德行修养的言论事迹而成。吕祖俭在此书后序中说：“祖俭尝获侍坐，与闻所以为此编之意，盖以始学之士徒玩乎见闻，汩乎思虑，轻自大而卒无据，故指其前言往行所常知而易见者，登之于策，使之不待考索而自有得于日用之间，其于未易遽知而非可卒见，则皆略而不载。”②《四库全书总目》也说：“其书为训课幼学而设。”从内容来看，《少仪外传》所选材料与编排方式、体例特征，都符合为初学者编纂这一要求。

其二，材料的选择去取，不专为知识的扩充与积累，亦不夸多斗靡，特别注重方法的引导。比如吕氏在《大事记》之《解题》卷一开首部分明确说：“《解题》盖为始学者设，所载皆职分之所当知，非事杂博，求新奇，出于人之所不知也。”③ 书中亦再三申明此意。吕祖谦注重总结历史变迁、制度沿革之规律，阐明古史经传、历代载记之大义，其意即引导初学者进入历史，洞观历史。比如卷十汉孝文皇帝元年“修代来功，封卫将军宋昌为壮武侯”条，《解题》曰：“《史记》十表，意义弘深，始学者多不能达。今附见于此。”以下自注又曰：“略举数条，其余可自求之。”颇有度人金针、授之以渔之意。

其三，期有补于世教，重实际之践行。如《阃范》的编纂即是如此。

---

① 黄宗羲、全祖望：《宋元学案》卷51《东莱学案》，中华书局，1986。

② 《少仪外传》，《吕祖谦全集》第二册，第59页。

③ 《大事记·解题》卷1，《吕祖谦全集》第八册，浙江古籍出版社，2008，第231页。本章所引《大事记》，除特别标明者，皆出自此版本，只随文标注卷数，不再出注。

张栻《阃范序》曰："东莱吕祖谦伯恭父为严陵教官，与其友取《易》、《春秋》、《书》、《诗》、《礼》传、鲁《论》、《孟子》，圣贤所以发明人伦之道，见于父子兄弟夫妇之际者，悉笔之于编。又泛考子史诸书，上下二千余载间，凡可以示训者，皆辑之。惟其事之可法而已，载者之失实有所不计也，惟其长之可取而已。"[①] 吕祖谦给朱熹的信中说："《弟子职》、《女戒》、《温公居家仪》，甚有补于世教。往在严陵刊《阃范》，亦是此意。"[②] 意欲由此训育子弟家人，发明人伦之道而践行之。

吕祖谦所编文献中，有相当一部分是专门针对受学的士子的。

据学者研究，吕祖谦是当时影响最大的老师，教过的门生弟子数量最多，总数多至千人。[③] 有朝廷官学，也有私学书院，有乡里士子，亦有家族子弟。即使是朱熹，当时也不能与之相比。

从其教学经历来看。乾道二年，母亲去世，吕祖谦护丧归婺。乾道三年，在明招山建立精舍，教导后学，"学子有来讲习者"（吕乔年《年谱》），《宋史》本传则曰"四方之士争趋之"[④]。应以当地乡人、族人为主。乾道四年冬，"授业曹家巷，始有《规约》及《左氏博议》"。乾道五年六月，吕祖谦除太学博士。八月，添差严州州学教授，"铎音大振，士由远方负笈者日众，泮宫至不足以容之"。[⑤] "日以躬行务实之语薰灌之，不专讲程文也。"[⑥] 乾道六年，吕祖谦归婺，"会诸生于丽泽"。即后来的丽泽书院，成为吕氏讲学的主要场所。"（吕氏）入仕虽久，而在官之日仅四年，故在婺之日最多。四方学者几千云集，横经受业，皆在于此。"[⑦] 丽泽

---

① 张栻：《南轩集》卷 14《阃范序》，景印文渊阁《四库全书》本，上海古籍出版社，1987。

② 《东莱吕太史别集》卷 8《与朱侍讲》，《吕祖谦全集》第一册，第 419 页。

③ 田浩：《朱熹的思维世界》，江苏人民出版社，2011，第 129 页。杜海军：《吕祖谦文学研究》，学苑出版社，2003，第 177 页。

④ 脱脱：《宋史》卷 434《吕祖谦传》，中华书局，1976。

⑤ 郑瑶、方仁荣：《景定严州续志》卷 2，中华书局，1990。

⑥ 《东莱吕太史别集》卷 10《答潘叔度》，《吕祖谦全集》第一册，第 496 页。

⑦ 楼钥：《攻媿集》卷 55《东莱吕太史祠堂记》，景印文渊阁《四库全书》本，上海古籍出版社，1987。

书院成为士子向往之处，“一时英伟卓异之士皆归焉”。培养出巩丰、孙应时、时澜、孟行古、郑良臣等饱学之士，学有专精；以及陈孔硕、赵煜、俞厚、石宗昭、丁希亮等卓荦之材，颇有政绩。[①] 吕祖谦对丽泽诸生影响深远，学生对丽泽书院也极为推崇敬仰，所谓“丽泽之名，终天不灭”。[②]

吕祖谦在严州州学、丽泽书院等处讲学，除编写《春秋讲义》、《丽泽讲义》、《东莱书说》等外，还编辑了《古文关键》、《三苏文选》、《国朝名臣奏议》、《诗律武库》、《精骑》等文章选本、评点本，主要是为士子传授练习科举程文的途径、方法。其他的编纂前后还有很多，比如《历代制度详说》，“盖采辑事类以备答策，本家塾私课之本，其后转相传录，遂以付梓”。[③] 又比如“为诸生课试之作”的《左氏博议》。

此类撰述，多为书院讲学及面向士子举业所需所编之作，在当时及后世影响极大，甚至成为坊间刻书谋利的招牌。当然这也引起当时学者的批评与异议。如张栻评价《皇朝文鉴》：“伯恭爱弊精神于闲文字中，徒自损，何益！如编《文海》，何补于治道、于后学？”朱子也曾与吕氏书曰：“今日建阳印一小册，名《精骑》，云出于贤者之手。此书流传，恐误后生辈，读书愈不成片段。虽是文学，亦当求全篇中考其节目关键。”[④] 可能代表了当时一般学者对文献编纂的看法。

实际上，这是吕祖谦与当时学者对于如何介入社会、教化士子的不同理解所致。研究者注意到，吕祖谦与朱熹、张栻等人对待科举、对待士子应试的态度是不同的。田浩说：“吕祖谦对教导士子应试的态度比张栻、朱熹积极，认为科举的成功可以使他们从政治中心改造影响社会。这种对体制内改革的信心，无疑深受出身仕宦家庭的背景影响。”[⑤]

---

① 黄灵庚、冯春生：《吕祖谦丛论》，转引自《吕祖谦与浙东明招文化》，社会科学文献出版社，2006，第 153 页。

② 《东莱吕太史文集》附录卷 3 高元晦等祭文，《吕祖谦全集》第一册，第 788 页。

③ 永瑢等：《四库全书总目》卷 135《历代制度详说》提要，中华书局，1981。

④ 《皇朝文鉴》附录，《吕祖谦全集》第十四册，第 899 ~ 900 页。

⑤ 田浩：《朱熹的思维世界》，江苏人民出版社，2011，第 94 页。

吕祖谦不废科举，既是家族的传统，也跟他的学术兴趣与史学根柢有关，也可能与其在科举方面的成功有关系。吕祖谦早年即中进士，又举博学宏词科。博学宏词需要博学多识，范围涉及文史、典制，吕祖谦经传文史兼通、史学根基深厚，他做策论是有优势的。两宋三百年间，博学宏词科只取了34人。因此，吕祖谦在举业上是一个成功者，是朱熹、张栻等人不能比的。所以吕祖谦对科举的看法就比较特别，不是简单的批评，对于前来求学的士子，也不会先怀成见，如张栻所言“来者既为学业之故，先怀利心”，而是主动顺应调整，“欲引之以善道”。他曾对朱熹说：“科举之习，于成己成物诚无益。但往在金华，兀然独学，无与讲论切磋者。闾巷士子，舍举业则望风自绝，彼此无缘相接。故开举业一路，以致其来，却就其间择质美者告语之，近亦多向此者矣。”[①]

吕祖谦看到科举对士子的影响力，看到其选拔人才的积极一面。当然他对于科举、程文的弊端也了然于胸，他的教导从来不是以举业为中心的。吕祖谦要做的，可能就是两相兼顾，甚或是以举业之名行教化之实。正如《东莱博议》一书，虽然内中都是为科举考生准备的范文，但也可以借此教导举子道德原则与历史教训。所以吕祖谦的想法与做法是很明确的，举业有其不可废处，程文不可不通，但课试毕竟是细事末节，得失不可执着。他在给朱熹的信中说：“大抵举业，若能与流辈相追逐，则便可止。得失盖有命焉，不必数数然也。”[②]《与内兄曾提刑》曰：“科场得失，犹探筹耳，彼此俱不足言。”又说：“妨废举业乃至细至末事，须识别得轻重分明乃善。”[③] 所以他讲学的重心在训导教化，“日以躬行务实之语薰灌之，不专讲程文也”。[④]“近日士子相过，聚学者近三百人。时文十日一作，使之不废而已。”[⑤] 吕祖谦的真正目的在于鼓励士子通过科举进入仕途，影

① 《东莱吕太史别集》卷7《与朱侍讲》，《吕祖谦全集》第一册，第398页。

② 《东莱吕太史别集》卷8《与朱侍讲》，《吕祖谦全集》第一册，第416页。

③ 《东莱吕太史别集》卷9，《吕祖谦全集》第一册，第458页。

④ 《东莱吕太史别集》卷10《答潘叔度》，《吕祖谦全集》第一册，第494页。

⑤ 《东莱吕太史别集》卷9《与刘衡州》，《吕祖谦全集》第一册，第453页。

响现实政治，关心文化与道德。乾道辛卯冬，他在给弟子巩丰的书信中说：“如吾友之文，用于课试盖无余憾矣，不必更费心神。惟留意实学，持之以厚而守之以默，则所愿望。”① 教导士子修德经世，是他更根本的责任感与用意所在。

因此，吕祖谦对于自己的这些编纂类撰述，时时自省，希望能够两得其用，唯恐偏废一端，使士子耽于其中而不察。“前此谕及《博议》并奥论中鄙文，此皆少年场屋所作，往往浅狭偏暗，皆不中理。若或诵习，甚误学者。凡朋友问者，幸遍语之。”② 他也会有自我检讨的时候。比如给朱熹的信中说：“拣择时文、杂文之类，向者特为举子辈课试计耳。如去冬再择四十篇，正是见作举业者明白则少曲折，轻快则欠典重，故各举其一，使之类为耳，亦别无深意。今思稽其所弊，诚为至论。此等文字，自是以往，绝不复再拈出，非特刓其出而已也。”③ 因此，吕祖谦的文献编纂是面向社会现实的需要，有其根本的宗旨与路向，自己也尽量避免此类撰述容易显露的一些弊病。无论如何，在当时的学术界，能够既做高远的理论追寻，又切近士子现实所需的学者，还是比较少见的，其意义值得我们去做进一步的探析与揭示。

二 经世致用、关切现实的文献编纂宗旨

吕祖谦本人有强烈的用世意识。乾道六年，吕祖谦为严州州学教授，代严州守张栻作《乞免丁钱奏状》，论事细密，语言犀利，批评生子不举、婴孺夭阏、民不聊生的惨痛状况。淳熙四年轮对，吕祖谦直斥孝宗独断专行，造成“百弊俱极”的弊政，“民力殚尽而邦本未宁，法度具存而穿穴蠹蚀”，“官寺充满而偷惰苟且，无庶绩咸熙之效；降附布于郡县，而未免于疑沮；帑藏耗于军屯，而未免于怨嗟”。④

① 《东莱吕太史外集》卷5《与巩仲至》，《吕祖谦全集》第一册，第711页。

② 《东莱吕太史别集》卷10《答聂与言》，《吕祖谦全集》第一册，第498页。

③ 《东莱吕太史别集》卷8《与朱侍讲》，《吕祖谦全集》第一册，第418页。

④ 《东莱吕太史文集》卷3《淳熙四年轮对劄子》，《吕祖谦全集》第一册，第57页。

吕祖谦又重践履工夫。"学者践履，其用最切。孔子彖辞：'履虎尾不咥人，亨。'天下之至危者，莫如履虎尾。今则履虎尾而无咎噬之患，自此以往，何所不可？所谓履者，凡履践之道皆在焉。圣人系之以辞，独举最危者言之何也？大抵学者践履工夫须于至难至危之处，自试验过得此处方始无往不利。若舍至难至危，其它践履不足道也。"[①] 因此，吕祖谦学术的核心与根本在于经世致用，他不务空谈，批评当时学者读书不为有用之学，徒费精力于空虚华靡之学的弊病，提倡"学者须当为有用之学"（《左氏传说》卷五），"百工治器，必贵于有用。器而不可用，工弗为也。学而无所用，学将何为也邪？"[②]

吕氏认为，教育士子，课训幼学，固然要注重德行之培养，风俗之纯粹，所谓"昌明正学，转移风俗"，"教以三德三行以立其根本"，但更要注重学以致用，"古之公卿，皆是从幼时便教养之以为异日之用。今日之子弟，即他日之公卿。故国政之有中者，则教之以为法；不幸而国政之或失，则教之以为戒，以教之以如何整救，如何措画，使之洞晓国家之本末源委，然后用之，他日皆良公卿也。"因此对学生士子，他主张要"教以国政，使之通达治体"[③]，以期经世致用。

吕氏编纂撰述之书，当然也以之为直接而明确的编纂宗旨，皆是为现实经世的有用之学而发。比如《皇朝文鉴》、《历代制度详说》、《大事记》、《两汉精华》等等，都体现经世致用、教化世道人心的实用价值。

《皇朝文鉴》修成后，宋孝宗的评价是有益治道，故赐名曰"文鉴"，可见其经世之旨，昭然若揭。叶适评价曰："此书二千五百余篇，纲条大者十数，义类百数。其因文示义，不徒以文。余所谓必约而归于正道者千余数，盖一代之统纪略具焉。"[④] 吕乔年记朱熹"晚岁语学者，以为此书编次篇篇有意。……所载奏议，皆系一代政治大节，祖宗二百年规模与后来

① 《丽泽论说集录》卷 1，《吕祖谦全集》第二册，第 14 页。

② 《丽泽论说集录》卷 10，《吕祖谦全集》第二册，第 263 页。

③ 以上《丽泽论说集录》卷 4，《吕祖谦全集》第二册，第 141 页。

④ 叶适：《习学记言》卷 50，中华书局，1977。

中变之意尽在其间，读者着眼便见”。[①] 更有独具慧眼者如刘咸炘，将其目为史著，可以说是把握其本旨，洞悉其匠心。吕氏修《文鉴》，自然不仅仅是为了文章之流传，而是由文而史，见北宋二百年发展变迁的经验与教训，有资于治道，有现实的经世致用目的。

吕祖谦抄录史书而编成的《两汉精华》，体现出其对两汉历史经验的认识，所谓“君德之纯驳，政理之得失，人品之邪正”，“焕然有折衷焉，诚古人之断案也”。其目的与宗旨即是“史以载事，所以待博古之品题，为后人之鉴戒也”。[②]

再如《历代制度详说》一书，特别注重对历代制度沿革变化的梳理。制度之学是学者经世的知识基础，浙东学术强调经世致用，重心即在经制之学，吕祖谦梳理历代制度，其目的在于借古鉴今，造就士子的经世意识与治世才干。此书“详说”部分对宋代相关制度的深刻反思，更是有着很强的现实针对性。

凡此种种，都体现出吕祖谦经世致用、关切现实的明确思路，是其文献编纂的根本宗旨之所在。

就其文献编纂之作的实用性来说，当然也包括为士子、读书人指点门径的实用。

比如吕氏评选《古文关键》[③]，作为辅助当时读书人科举考试的入门书，即带有强烈的指点门径的实用色彩。《直斋书录解题》卷十五云：“《古文关键》二卷，吕祖谦所取韩、柳、欧、苏、曾诸家文，标抹注释以教初学。”《四库全书总目》卷一百八十七曰：“取韩愈、柳宗元、欧阳修、曾巩、苏洵、苏轼、张耒之文，凡六十馀篇，各标举其命意布局之处，示学者以门径，故谓之‘关键’。”都指明其教授初学的编选目的。

从文体来看，《古文关键》所选绝大多数是论体文，所选为论、策、

---

① 吕乔年：《太史成公编〈皇朝文鉴〉始末》，《皇朝文鉴》附录，《吕祖谦全集》第十四册。

② 《两汉精华》附录《刻〈两汉精华〉引》，《吕祖谦全集》第七册，第 281 页。

③ 前人也有认为此书是前贤所集，由吕氏批注点评，亦备一说。

书、序、传、碑、赞七种文体，实用性强。[①] 其中论策占大多数，与当时科举以策论为主有密切关系。南宋科举考试，“当时每试必有一论，较诸他文应用之处为多”[②]。确实，吕氏评选《古文关键》等书，以提高士子应试为文能力为一大目的。后人评价说“为学文者行远升高之一助”，可谓正得其意。[③]

从《古文关键》所选文章内容上也可以看出吕氏的实用目的。选文主题鲜明，符合吕氏宣扬的儒学思想，并有经世致用内涵。评点针对性强，切合当时科举时文的评判标准、创作模式，也能看出吕祖谦指导应试举子作文章，注重实用性的特点。比如，卷首吕氏所主张的“四看法”，即“第一看大概主张，第二看文势规模，第三看纲目关键，第四看警策句法”，强调“看大开合”，注重错综抑扬、起承转合，不能不说是熟谙时文评判标准后的精辟之见。吕氏还注意区别不同文体的体式类型，结合科举考试所需文章类型加以评点，比如对于韩愈的《谏臣论》，吕氏评曰：“意胜反题格。此篇是箴规攻击体，是反题难文字之祖。”[④] 就是有针对性地指导士子学作辩难文字。

这些都与吕氏曾为科举考官以及在科举考试中的成功经验密不可分。实际上，吕祖谦正是以时文考官的评判标准来详解范文，指点作法，不过他眼光极高，见识卓异，能抽绎普遍性的理论，金针度人，于他实在是信手拈来，举重若轻。比如他曾跟朱熹说：“拣择时文、杂文之类，向者特为举子辈课试计耳。如去冬再择四十篇，正是见作举业者明白则少曲折，轻快则欠典重，故各举其一，使之类为耳，亦别无深意。”[⑤]

具体技术细节上，有点、有评，有标抹，指示重点，便于初学；注重

---

① 刘长亮、闻玉坤：《论吕祖谦〈古文关键〉选文及评点的实用性》，《时代文学（下半月）》2012 年第 2 期。

② 永瑢等：《四库全书总目》卷 187《论文绳尺》提要，中华书局，1981。

③ 《古文关键》附录《古文关键旧跋》，《吕祖谦全集》第十一册，第 136 页。

④ 以上见《古文关键》卷上，《吕祖谦全集》第十一册。

⑤ 《东莱吕太史别集》卷 8《与朱侍讲》，《吕祖谦全集》第一册，第 418 页。

分析字法、句法、章法，也处处体现出吕祖谦注重实用的编纂宗旨。《四库全书总目》曰："此本为明嘉靖中所刊，前有郑凤翔序。又别一本所刻，旁有钩抹之处，而评论则同。考陈振孙谓其'标抹注释，以教初学'，则原本实有标抹，此本盖刊板之时，不知宋人读书于要处，多以笔抹，不似今人之圈点，以为无用而删之矣。"① 张云章序也说："东莱吕子《关键》一编，当时多传习之……观其标、抹、评、释，亦偶以是教学者，乃举一反三之意。且后卷论策为多，又取便于科举。"②

不仅《古文关键》，吕祖谦所编《历代奏议》、《东莱标注三苏文集》等也都是如此，以实用为宗旨，指点士子读书治学门径。《历代奏议》（《吕祖谦全集》收入《续增历代奏议丽泽集文》）选录自汉至五代历代名臣奏议，分别出自《汉书》、《后汉书》、《晋书》、《新唐书》、《新五代史》等，凡七十九篇，类目齐全，举凡经济钱粮、攻伐用兵、荐举选拔、刑法、祭祀、河道等等，皆有涉及，目的自然是为举子习文之用，最终着眼点还是经世致用，有着直接的现实应用指向。吕氏在每篇题目前都摘引史书记录，略述背景缘起，使学者能知其本末，明其源流。

《东莱标注三苏文集》多选三苏论道、论史之文，用朱色标、点出文章警策之处，以为士子体会文章、学作策论之用。每篇篇题之下，简介论述主旨，甚便初学了解其大意，领会其主题。杨士奇《书三苏文选后》曰："《三苏文选》……皆取其论治体而使于科举之用。虽不能皆纯，而读之可以启益胸次，动荡笔端，未必无助也。"③ 对其启迪士子、有助科举之用的评价可谓客观得当。

清人余起霞为吕氏所编《诗律武库》郑尚忠刻本作序曰："此书之便于后学也有二：一便于务博者，一便于守约者。盖经、史、子、集，盈箱积案，犹之珠玉锦绮，纷杂并陈，一时难以检阅，而是书则其钥也。操钥以启筐，一举手之劳耳，此务博者之便也。况卷帙不多，而条分缕析，较

① 永瑢等：《四库全书总目》卷187《古文关键》提要，中华书局，1981。

② 《古文关键》附录，《吕祖谦全集》第十一册，第133页。

③ 杨士奇：《东里集》卷10，景印文渊阁《四库全书》本，上海古籍出版社，1987。

若列眉，吟坛唱和，欲究其事物之所从出，展卷即得，不必别求异书，此守约者之便也。”[①] 其实际用处亦为后人津津乐道，所谓“吕氏家塾手校《武库》一帙，用是为诗战之具，固可以扫千军而降劲敌”。[②] 对于一部为士子提供作诗指导的入门工具书而言，无疑是极高的评价。

三　吕祖谦文献编纂的特点

一是创新体例与编排。

文献的体例是体现文献编纂思想、原则、方法的关键，体例明，则主旨见，体例不严，则杂乱无章、逻辑混乱、矛盾丛生。史家尤重文献体例，历代史家对此都极为重视。比如刘知几《史通·序例》篇说：“史之有例，犹国之有法。国无法，则上下靡定；史无例，则是非莫准。”[③] 郑樵也说：“学之不专者，为书之不明也；书之不明者，为类例之不分也。有专门之书，则有专门之学；有专门之学，则有世守之能。人守其学，学守其书，书守其类。……类例分则百家九流各有条理，虽亡而不能亡也。”这就是所谓的“类例既分，学术自明，以其先后本末具在”。[④]

吕祖谦为人宽厚、包容，但不墨守成规，他有自己的判断与坚持，也强调创制与革新。“今之为学，自初至长，多随所习熟为之，皆不出窠臼外，惟出窠臼外，然后有功。”[⑤] 就文献编纂来说，吕祖谦对于撰述体例，好像颇有尝试创新的兴趣。体例的创新，体现出撰者对历史文献资料的重新梳理与理解。《大事记》、《历代制度详说》、《左传类编》、《欧公本末》、《古文关键》、《两汉精华》，都是体例新颖之作，或者前人已有，新出转精，或者空无依傍，匠心独运。

《古文关键》是现存最早的带有评点的文章选本，首创文章评点之法，

---

① 《诗律武库》附录，《吕祖谦全集》第十六册，第344页。
② 《诗律武库》点校说明引宋版碑之文字，《吕祖谦全集》第十六册。
③ 刘知几：《史通》卷4，上海古籍出版社，2008。
④ 郑樵：《通志·校雠略》，中华书局，1995，第1804页。
⑤ 黄宗羲、全祖望：《宋元学案》卷51《东莱学案》，中华书局，1986。

评论、批点唐宋文章名作的章法结构与写作技法，并辅以标抹圈点，指导士子揣摩体会文章精义，开启后来文学评点的先河，在编纂理念与体例上的创新是毋庸置疑的。

《欧公本末》是独具特色的文人年谱之作，以欧集文章为本梳理欧阳修一生之经历、交游、功业、撰述，见其本末事迹，又补充大量时人传记，以期考察欧阳修在文坛、学界、政坛的交往情况，显现欧阳修在当时的地位与影响。这种创新体例的特点前人已经注意到，南宋陈振孙《直斋书录解题》卷七曰："盖因观《欧阳公集》，考其历仕岁月，同官同朝之人，略著其事迹，而集中诗文亦随事附见。非独欧公本末，而时事时贤之本末，亦大略可观矣。"

《历代制度详说》则扩大了我们对类书的认识。有学者述及宋代类书在体制方面的特点之一是"编撰者加入议论"，所举例证就是吕祖谦《历代制度详说》："此书凡分十三门，分别是：科目、学校、考课之事、赋役、漕运、盐法、酒禁、钱币、荒政、田制、屯田、兵制、马政。皆前列制度，叙述简赅；后为详说，议论明切。"① 历来类书，都是采择资料，分门别类，加以编排，编纂者不加议论，《历代制度详说》的创新显而易见。

吕氏文献编纂体例，多有深意，有些难以为后人所理解。如《东汉精华》一书，《四库全书总目》卷六十五认为"乃阅史之时摘录于册，以备文章议论之用"，"非有意著书者也"。此书确实不是首尾完备、体例完善之作，但不能武断目为"非有意著书者"。从目前的规模、格局来看，吕祖谦的编著思路还是比较清楚的，将君、臣分别考察，但也做适当归并，以见一时形势，以对君王功业的评价总结为主，臣子为辅。评价君王，有一套比较严整全面的评价体系，所谓地位资质、治效、难易、规模、治道粹驳、措置、任用，既考察其禀赋能力、时势地位，也考察其统治之道、用人之术，更要考察其统治效果、成败得失。又有事意本末、情理血脉、

① 丁原基：《宋代类书的文献价值》，《应用语文学报》第四号，台北市立师范学院应用语言文学研究所印行，2002，第29～56页。

事情同异、古人深意、史法褒贬等条目，总结历史之本末因果，人情事理，史书褒贬，微言大义。

可以说，言简意赅地总结出两汉历史之精华，实即王朝功业之精华。《两汉精华》是吕祖谦对两汉历史深入理解之后的凝练总结，不可以简单粗疏的摘录之作来看待，所谓“语大纲而知始终之成怀，拟条目而知彼此之优劣，求至于精神心迹之极，匪吕东莱括伦鉴之要，深坟素之情，不如是也”。[①]

二是独具眼光的文献材料选择。

吕祖谦谙熟经子，贯通文史，又擅辞章，在文献编纂中独具眼光。

比如《古文关键》，前人评价说：“其手眼，实出诸家之上。西山、叠山、迂斋皆似得此意而通者。”[②] 研究者认为，“从选本学的角度来看，《古文关键》所选多为艺术精品，为后来选家与读者所广泛接受，对于唐宋古文经典的形成产生了巨大的影响，仍是一部非常有价值的选本”。吕祖谦“特别垂意于唐宋之文，固然与选本的诵读对象有关，但也反映了他对唐宋古文的价值与特点的独到见解。从这个角度来看，他又似乎已经开了明代唐宋派的先声。”《古文关键》的选文“其实已经初具明人所谓的‘唐宋八大家’的雏形了”。[③]

《皇朝文鉴》的选文也体现出其独到眼光。吕氏家族，文章亦其家学，吕祖谦在南宋理学家中，文章独擅，他对于文章自然也有着独到的眼光。吕氏《皇朝文鉴》选北宋文章，有其选录宗旨与标准。据朱熹说：“有止编其文理佳者，有其文且如此而众人以为佳者，有其文虽不甚佳而其人贤名微，恐其泯没，亦编其一二篇者，有文虽不佳而理可取者，凡五例，已忘其一。”朱熹对此有不同意见，曾批评说：“伯恭去取之文，如某平时不熟者，也不敢断他，有数般，皆某熟看底。今拣得无把鼻，如诗好底都不

① 《两汉精华》附录《刻〈两汉精华〉引》，《吕祖谦全集》第七册，第281页。

② 《古文关键》附录，《吕祖谦全集》第十一册，第133页。

③ 吴承学：《现存评点第一书——论〈古文关键〉的编选、评点及其影响》，《文学遗产》2003年第4期。

在上面，却载那衰飒底，把作好句法又无，把作好意思又无，把作好劝戒亦无，康节诗如‘天向一中分造化，人从心上起经纶’，却不编入。”[①] 选文评诗，向来是各花入各眼，标准难言统一，尤其是像朱熹这样自我意识强烈的学者，自然会有不同意见。但从更长远的时间去看，吕祖谦的选择确实是有独到的地方，既重经世致用，又不偏离文学标准，因此能够基本客观反映北宋一代之文的成就。

后人对吕祖谦的选择，有颇为认同者。宋人吴子良说：“刘原父（敞）文醇雅，有西汉风，与欧公同时，为欧公盛名所掩，而欧公、苏、王亦不甚称其文。刘尝叹：‘百年后当有知我者。’至东莱编《文鉴》，多取原父之文，几与欧、曾、王、苏并，而水心亦极称之，于是方论定。”[②] 明人宋濂说：“昔吕成公编《文鉴》，其用意浸精密，而张庭坚所著《尚书》二篇，特载入之，与《龙图序》诸文并传，四海之中但识字者，皆知诵之，苟谓其不能行远，可乎?”[③] 虽然都是以个别例子推崇吕氏选择之精审，但管窥蠡测，也说明《皇朝文鉴》的选文确实有其独到的地方。

另外，吕氏《东莱标注三苏文集》，对于三苏之文，编选亦有侧重，尤其推重苏洵之文，所选基本囊括其存世之作，而对于苏轼、苏辙，分别仅选其四分之一、三分之一。他对于苏洵之文评价很高，认为其“意多而不杂”，“义理的当，抑扬反覆及警策处多”（《古文关键》卷下）。而对于苏轼、苏辙之文，多少有些微词，比如他说苏轼文章“当戒他不纯处”，说苏辙文章“太拘执”，与时人多重大苏文章的看法也并不相同，都体现出他的独特眼光与看法。

三是讲究源流与统纪。

吕氏注重梳理源流变化、发展脉络的理念，在其经、史、子、集各类

① 以上皆引自《皇朝文鉴》附录，《吕祖谦全集》第十四册。

② 吴子良：《荆溪林下偶谈》卷3，景印文渊阁《四库全书》本，上海古籍出版社，2003。

③ 宋濂：《宋文宪公全集》之《芝园后集》卷26《题东阳二何君〈周礼义〉后》，《四部备要》本。

撰述中是一以贯之的。《大事记》、《历代制度详说》如此，《皇朝文鉴》、《近思录》也是如此。彭飞《历代制度详说》序曰："于古今沿革之制，世道通变之宜，贯穿折衷，首尾备见，凿凿如桑麻谷粟，切于民生实用，有不容阙者焉。""书肆板而行之，使读者知穷经以立其本，涉史以通其变，研究事理以观其会通，然后见天下果无道外之事、事外之道，而古人穷理经世之学盖如此，岂徒以资时文之楦具也哉！"[①] 该书"制度"部分引录历代文献中的史料记载，来说明科目、学校、赋役等制度的渊源与流变，"详说"部分则是吕祖谦对这些制度及其沿革变迁的分析评论。比如卷六"酒禁"，吕氏首先引《孟子·离娄》、《通鉴外纪》、《尚书·酒诰》、《周礼》、《史记》、《唐书》及宋代诏令等经史文献，罗列历代酒禁之做法与制度，做历史的呈现。接着吕祖谦在"详说"部分分析历代禁酒原因，总结规律，所谓"酒之为禁，自古至今，大略有三变"，最初夏、周禁酒，是"恐人沈湎浸渍，伤德败性"。汉初文帝、景帝禁酒，是"恐有用为无用之物，耗米谷，民食不足"。到汉武帝时桑弘羊建"榷酒之利"，"榷其利佐武帝用兵，兴宫室之侈靡意不在于防民之德，实多设利网为罔利之具"，延及隋唐皆如此，最终形成"私家不得擅利，公家却自专其利"的局面。最后述及本朝酒禁罚则，澄清时人以为太祖酒禁严酷之误。[②] 吕氏认为应参以前代本末，方能知前后变化之处，"此又论治体之所当知也"。条分缕析，原原本本，不仅裨益当时参加科举考试的考生，也有助于后代研究古代经济、文化的学者取资参考。

《四库全书总目》评章如愚《山堂考索》曰："宋自南渡以后，通儒尊性命而薄事功，文士尚议论而鲜考证，如愚是编独以考索为名，言必有征，事必有据，博采诸家而折衷以己意，不但淹通掌故，亦颇以经世为心，在讲学之家尚有实际。"[③] 实际上《历代制度详说》也当得起这一评价。吕氏梳理各种制度沿革变化，分析其优劣利弊，其判断"多基于现实

---

① 《历代制度详说》附录，《吕祖谦全集》第九册，第 169 ~ 170 页。

② 《历代制度详说》卷 6，《吕祖谦全集》第九册，第 79 ~ 80 页。

③ 永瑢等：《四库全书总目》卷 135《山堂考索》提要，中华书局，1981。

条件而非空泛的理论”。[①] 因此他固然批评甚至惋惜井田制之废止，但对于“今世学者坐而言田制”，意欲恢复井田制度，亦视作不切实际的梦想空谈而已。

吕祖谦所撰史部诸书，注重梳理源流始末，以建立对史事、制度的总体认识。吕祖谦这种自觉的史学观念渗透于其各类文献编纂之作中。比如《左传类编》，类分《左传》事实、制度、论议而成，组织剪裁，梳理各大国史事本末、重要制度之源流沿革。又如《大事记》之《解题》，也特别注重制度沿革、史事始末、风俗变迁的梳理。

吕祖谦强调源流，关注统纪，还体现在集部文献的编纂之中。比如《皇朝文鉴》一书，吕乔年《太史成公编〈皇朝文鉴〉始末》一文提到，朱熹曾认为此书之编次篇篇有意，每卷卷首，必取一大文字压卷。又曾言《文鉴》所载之奏议，皆一代政治之大节，祖宗二百年来规模与后来中变之意，尽在其间。叶适《习学记言》也极力称赞，谓其“欲约一代治体以归之于道，纲条大者十数，义类百数，其因文示义、不徒以文者千余数，盖一代之统纪略具焉”。[②] 无怪乎近人刘咸炘称之为史作，《史学述林》中说：“欲观伯恭之史学，不可徒于其议论，彼于史固有成书，《大事记》、《宋文鉴》是也。审此二书，而其史学之得失具见矣。……若《皇朝文鉴》则一代辅史之作，所谓读实录、看纲目者，于此可证明。”认为“萧统、姚铉无其旨义，苏天爵逊其条理，诚集部之宏裁，史林之要典，前后所未有也”。[③] 诸家皆推崇其通过选录文章极力呈现王朝正统纲纪以及历史盛衰变迁的卓荦不凡的史家意识。

至于《近思录》之编纂，朱熹有序曰：“淳熙乙未之夏，东莱吕伯恭来自东阳，过予寒泉精舍。留止旬日，相与读周子、程子、张子之书，叹其广大闳博，若无津涯，而惧夫初学者不知所入也。因共掇取其关于大体而切于日用者，以为此编。总六百二十二条，分十四卷。盖凡学者所以求

① 田浩：《朱熹的思维世界》，江苏人民出版社，2011，第 95 页。

② 以上皆引自《皇朝文鉴》附录，《吕祖谦全集》第十四册。

③ 黄曙辉编校《刘咸炘学术论集》（史学编），广西师范大学出版社，2007，第 512 页。

端用力、处己治人之要，与夫辨异端、观圣贤之大略，皆粗见其梗概。以为穷乡晚进有志于学，而无明师良友以先后之者，诚得此而玩心焉，亦足以得其门而入矣。如此，然后求诸四君子之全书，沈潜反复，优柔厌饫，以致其博而反诸约焉。则其宗庙之美，百官之富，庶乎其有以尽得之。若惮烦劳，安简便，以为取足于此而可，则非今日所以纂集此书之意也。"

吕祖谦亦序之曰："《近思录》既成，或疑首卷阴阳变化性命之说，大抵非始学者之事。祖谦窃尝与闻次缉之意：后出晚进于义理之本原，虽未容骤语，苟茫然不识其梗概，则亦何所底止？列之篇端，特使之知其名义，有所向望而已。至于余卷所载讲学之方、日用躬行之实，具有科级。循是而进，自卑升高，自近及远，庶几不失纂集之指。若乃厌卑近而骛高远，躐等凌节，流于空虚，迄无所依据，则岂所谓'近思'者耶？览者宜详之。"①

《近思录》虽是朱熹、吕祖谦两人同编，但吕祖谦在其中起了非常重要的作用。从朱、吕二序来看，观其大略，著其纲纪，切于日用，强调为学的步骤与次序，梳理理学思想的发展源流、理论脉络，与吕祖谦文献编纂的一贯宗旨是若合符契的。

四是严谨的编纂态度。

吕祖谦所编，多为面向初学者和一般士子的普及之作，但吕氏并不因此降低学术水准。基于现实，切于实用，并不意味着放低身段、降低要求，相反，在实用的基础上尽量提升其学术含量。吕氏的文献编纂，无论是编撰、编选、编抄之作，其学术水准都是不可忽视的。在许多方面上，都为后人树立了一个典范。这也是为何当时科举用书泛滥之下唯独吕氏书为人所推崇的主要原因。

吕祖谦学识渊博，博览群书，编纂之作，及于四部。编纂上务求广征博引，以《大事记》为例，所引材料近八十种。吕祖谦强调文献材料的可靠性，注明材料的来源出处，对此《四库全书总目》评价说："（吕祖谦）

① 以上引自《近思录》卷首，《吕祖谦全集》第二册。

所学终有根柢，此书亦具有体例，即如每条下各注从某书修云云，一一具载出典，固非臆为笔削者可及也。”[①] 既便于使用者，又倡导一种谨严的学术态度，应是吕氏编纂文献典籍的一贯原则。其他如《历代制度详说》、《少仪外传》、《欧公本末》等，都是如此。

吕祖谦对文献材料的精心选择，严谨考订，使其所编纂书籍具有特别的文献价值。比如《大事记》考订史事（后文详论），《历代制度详说》梳理制度源流，《两汉精华》总结两汉统体纲纪，都是成绩斐然。再如《皇朝文鉴》搜罗颇广，在保存北宋文献方面体现出特别的价值，许多北宋文人的文集已经佚失，仅靠《皇朝文鉴》的选录而得以留存一二。另外吕氏《三苏文选》所据版本精良，抄录严谨，也有助于三苏文献之考订。[②]

下面具体以《欧公本末》为例，对其在保存文献及版本方面的价值略加分析。

《欧公本末》所录欧阳修同时之人物传记，是吕祖谦为说明欧阳修与时人交游而抄录的，其多录自碑传墓表文字，或来源于较早的史传，因而具有较高的文献史料价值，有助于后人全面了解欧阳修生平本末以及当时之文坛、政坛。元袁桷《修辽金宋史搜访遗书条列事状》说：“纂修史传，必当先以实录小传附入九朝史传，仍附行状、墓志、神道碑以备去取。”[③] 并将《欧公本末》列入其中，已经充分认识到其史料文献价值。

我们将《欧公本末》与《宋史》等史部文献略作对勘，可见《欧公本末》所采与《宋史》文字往往大略相同，体现在文句、结构基本一致，但详略互见。可能二书资料来源相同或相近，采择不同而已，大多是《宋史》记载较详而《欧公本末》较略。比如卷一列盛度传，于“举进士第”后直接简略记载“为开封府判官，坐决狱失实，降监洪州税”。查《宋史》本传，盛度举进士第后，“补济阴尉。选为封丘主簿，改府仓曹参军，为光禄寺丞、御史台推勘官，改秘书省秘书郎。试学士院，为直史馆、三司

① 永瑢等：《四库全书总目》卷47《大事记》提要，中华书局，1981。

② 《东莱标注三苏文集》点校前言，《吕祖谦全集》第十一册。

③ 袁桷：《清容居士集》卷41，景印文渊阁《四库全书》本，上海古籍出版社，1987。

户部判官，累迁尚书屯田员外郎。契丹寇边，从幸大名，数上疏论边事。奉使陕西，因览疆域，参质汉、唐故地，绘为《西域图》以献。改开封府判官，坐决狱失实，降监洪州税。”（《宋史》卷二百九十二）记载极为详实。又比如卷二贾昌朝传，于贾所上备边尤切者六事，《宋史》本传详述内容，《欧公本末》则只录条目。可见《欧公本末》的资料采择主要是得其大略，以备查考，初无修史之意，但也有一定的史料比勘的价值。

《欧公本末》记载有详于《宋史》之处，则是对正史记载的有益补充。比如《欧公本末》卷一李淑传，所载能补《宋史》卷二百九十一本传之阙。真宗命李淑赋诗，赐童子出身，不记所赋诗题，《欧公本末》则记录曰《朝谒太清宫诗》。后迁尚书礼部员外郎，上《时政十议》，详录其四议大臣、五议择官、六议贡举之内容，皆为《宋史》本传所无，对于全面认识李淑的生平行事，有一定价值。亦有学者注意到，《欧公本末》中有些传主在《宋史》中记载阙如，更能够体现史料补阙的价值。[①]

此外，从编撰时间来看，《欧公本末》早于《宋史》，虽然不能说《宋史》一定对《欧公本末》有所参考，但有如此多的材料相似、相近，足以说明在文献来源上，二者关系紧密。《欧公本末》的材料能够对《宋史》的材料起到必要的辨正作用，可辅助考订《宋史》记载有疑之处。比如，《宋史·夏竦传》曰：“后二年，徙邓州，又徙襄州。属岁饥，大发公廪，不足，竦又劝率州大姓，使出粟，得二万斛，用全活者四十余万人。”（《宋史》卷二百八十三）《华阳集》卷三十五《夏文庄公竦神道碑》记载不同，作“公既发公廪，又募富人出粟十余万斛以赈救之”。[②] 二者未详孰是，查《欧公本末》，作“十一万斛”，证明《宋史》中记载可能是错误的。又比如《宋史·李迪传》曰：“代归，会唃厮啰叛，帝忧关中，召对长春殿，进右谏议大夫、集贤院学士、知永兴军。”（《宋史》卷三百一十）唃厮啰叛乱在知永兴军之前，而据《续资治通鉴长编》卷八十五“真

① 杜海军：《〈欧公本末〉的发现及其文献与学术价值》，《浙江师范大学学报（社会科学版）》2011年第4期。

② 王珪：《华阳集》卷47，《丛书集成初编》本，商务印书馆，1935。

宗大中祥符八年七月庚午”条，李迪知永兴军在大中祥符八年，据《宋史》卷八《真宗纪》，唃厮啰叛乱在大中祥符九年，与《宋史·李迪传》记载不合。查《欧公本末》所引此事，“知永兴军”后载“唃厮啰果犯边”，亦可为《宋史·李迪传》记载疏误之一佐证。

除了时贤小传之外，吕祖谦整理欧阳修主要人生阶段的仕履情况，列为年表，并略考其在馆阁、台谏等任职时同僚，系以任职年月，也能够补正史书记载的不足。如卷一记李若谷景祐元年九月自集贤院学士除龙图阁直学士、知河南府，即可补《续资治通鉴长编》、《宋史》记载之阙。如此等等，不胜枚举。可见《欧公本末》在文献史料方面具有较高的价值，值得我们去与传世宋代史部文献做进一步对勘研究，以深入考察其史料价值。

欧阳修文集之流传，自北宋以来历代不绝，然传承系统不一，版本讹脱之处颇多。因为吕祖谦所处时代距欧集形成时代较近，吕氏有机会接触大量的文献资料，因此吕祖谦有条件选取较好的欧集版本，《欧公本末》所录欧公文章有一定的校勘价值。

洪本健《欧阳修诗文集校笺》用日本天理大学附属天理图书馆所藏南宋本欧阳修集为主要参校本，前言列举了天理本的许多优长之处。比如卷四十《岘山亭记》，天理本云：“元凯铭功于二石：一置兹山之上，一投汉水之渊。”丛刊本“二石”作“一石”，明显是错误的。卷四十七《答吴充秀才书》，丛刊本云：“夫学者未始不为道，而至者鲜为。”“鲜为”费解，天理本作“鲜焉”则通矣。我们查检《欧公本末》所录《岘山亭记》，此处正作“二石”。所录《答吴充秀才书》，也正作“鲜焉”。与天理本正相吻合。[①]

另外，《正统论序论》中“今又司天所用崇天历承后唐书天祐至十九年，而尽黜梁所建号”，其中“今又”，周必大本原校说一作“又今”。《欧公本末》所录正作“又今”。《正统论上》中“盖其于可疑之际，又挟自私之心，而溺于非圣之学也”，“其于”，周必大本原校说一作“于其”，

① 洪本健：《欧阳修诗文集校笺》前言，上海古籍出版社，2009。

《欧公本末》所录正作“于其”。这证明周必大本所校必有所本，且《欧公本末》中的文字似乎也更合乎文意。

以上例子说明吕祖谦编纂《欧公本末》时所据欧集是一个相对精良、可靠的版本，从时间上看，应该是周必大校勘之前的一个本子，在版本方面有着可资校勘的价值。

四　广泛而深远的文化影响

吕祖谦以文献编纂来训导士子，教化民众。所编文献甫一成书，即传之广远，既得到当时士子趋之若鹜的追捧，又为后世所推崇，流传不绝。陆游于乾道六年七月赴夔州通判任上给曾逢的书函中即提到：“舟中日听小儿辈诵《左氏博议》，殊叹仰也。”由此可见一斑。以至于当时书坊多有假冒其名编纂印行书籍者，朱熹提及坊间假吕氏之名刻印《精骑》之事即是例证，后世依托假冒者更是比比皆是。吕祖谦的撰述，著录不明、归属争议的情况颇多，部分原因亦在于此。比如《三苏文选》，即有学者怀疑是后人冒名假托之作。也有如《李黄毛诗集解》这样的著作，注音部分题吕祖谦之名，据学者考证，应该也是出于假托。

吕氏代表性编著的编纂体例与编选之法，也成为后人效法的典范。比如《古文关键》的典范意义，就影响到宋代以后的文章选本，楼昉《崇古文诀》、谢枋得《文章轨范》、真德秀《文章正宗》等，都是在《古文关键》的影响下出现的文章评点。宋代魏天应编、林子长注《论学绳尺》的评注之中，有二十七条涉及吕祖谦之论。如卷二吴君擢《唐虞三代纯懿如何》，考官欧阳起鸣批云：“文字出入东莱，议论法度严密，意味深长，说得圣人本心出，深得论体，可敬可服。”[①] 可见《论学绳尺》也明显受到《古文关键》的影响。

吕祖谦于《皇朝文鉴》的编选颇为用心，陈振孙《直斋书录解题》卷

① 魏天应编，林子长注《论学绳尺》卷二，景印文渊阁《四库全书》本，上海古籍出版社，1987。

十五记朱熹之语："此书编次，篇篇有意。"后来黄宗羲"辑《续宋文鉴》、《元文钞》，以补吕、苏二家之阙"[①]，清庄仲方修《南宋文范》，上继《皇朝文鉴》，分类与编排次第，大体都与之相同。其他如《元文类》、《明文衡》选文范围皆因循《皇朝文鉴》，借鉴之意甚明。另外《皇朝文鉴》第一次将诗体细分为四言古诗、五言古诗、七言古诗、五言律诗、七言律诗、五言绝句、七言绝句、杂体等，也影响到后来分体编选的诗集。

再如《卧游录》一书，是吕祖谦"晚岁病发卧家，取史传所载古今人境胜处录之，而以宗少文'卧游'之语置诸卷首"。[②] 卷首记宗少文"以疾还江陵，叹曰：'老病俱至，名山恐难遍睹，唯澄怀观道，卧以游之。'"即是其书编纂与命名之由。后来周密《澄怀录》之编纂，与吕氏此书实有直接关系。周密序曰："澄怀观道，卧以游之，宗少文语也。东莱翁用以名书，盖取会心以济胜，非直事游观也。……因拾古今高胜，翁所未录者附卷末，名之曰《澄怀》，亦高山景行之意也。"[③]《四库全书总目》卷一百三十一曰："是书采唐宋诸人所纪登涉之胜与旷达之语，汇为一编。皆节载原文，而注书名其下，亦《世说新语》之流别，而稍变其体例者也。明人喜摘录清谈，目为小品，滥觞所自，盖在此书矣。"[④] 实则滥觞、源头皆在吕祖谦《卧游录》，四库馆臣盖失察欤？

以上数例，略可见吕祖谦文献编纂之学对当时及后世深远的文化影响。

第二节　《大事记》——吕祖谦史部文献编纂的代表作

在古代学术史上，较早对战国史事进行系统整理、考订编年的是北宋

---

① 全祖望：《鲒埼亭集》卷第11《梨洲先生神道碑文》，《全祖望集汇校集注》，上海古籍出版社，2000。

② 陈振孙：《直斋书录解题》卷7，上海古籍出版社，2006。

③ 周密：《浩然斋雅谈、志雅堂杂钞、云烟过眼录、澄怀录》，辽宁教育出版社，2000。

④ 永瑢等：《四库全书总目》卷131《澄怀录》提要，中华书局，1981。

司马光的《资治通鉴》前七卷以及《稽古录》，此后便是吕祖谦的《大事记》。记载始自周敬王三十九年，因体衰多病猝然去世，终于汉孝武皇帝征和三年，基本上以梳理考证战国史事为主体的。

《大事记》纪年始于孔子获麟，当然是有深意的。在此以前，由于《春秋》、《左传》等的存在，史事的大致时间脉络是清晰的。但以后的史事纪年却颇为淆乱，这跟当时的典籍散乱有关系，后世可见的文献典籍，如《战国策》记录各国史实，但是不著史事具体发生年代。司马迁《史记》于此一段纪年，也颇感困扰，《史记·六国年表序》曰："独有《秦记》，又不载月日，其文略不具。"[①] 清人顾炎武说："一百三十三年（从周贞王二年到周显王三十五年），史文阙轶，考古者为之茫昧。"[②]《大事记》参考《史记》、《资治通鉴》等史籍，对这一时代的历史作了较为清楚的梳理、考订，在战国文献史料的整理方面有重要的贡献。

一 《大事记》的内容、体例

从文献编纂的要求来看，其体例要与其目标对象相适应。吕氏明确此书的目标对象是"始学者"，虽是谦虚的说法，但首先不是针对专门学者，这是肯定的。所以此书的体例特点，要着重从这一角度去分析。

朱熹对吕祖谦过于注重史学多有批评，"平日每讥其学之稍杂"，但对于《大事记》一书却独许之，"称誉不置，尝谓其精密古今未有"（《答詹帅书》）。其精密之处体现在何处？吕祖谦自己讲得很清楚，即是"大事记"、"通释"与"解题"三部分的完美结合。《大事记》序曰："司马子长《年表·大事记》，盖古策书遗法。获麟以上既见于《春秋经》，周敬王三十九年以下，今采《左氏传》、历代史、邵康节先生《皇极经世》、司马文正公《稽古录》、《资治通鉴目录》、《举要历》辑而广之，意所未安，参稽百代，颇为增损。书法视太史公，所录不尽用策书凡例云。起《春

① 司马迁：《史记》，中华书局，2013，第830页。

② 顾炎武撰、陈垣校注《日知录校注》卷13，安徽大学出版社，2007，第715页。

秋》后，迄于五代，分为若干卷，《通释》若干卷，《题解》若干卷，合若干卷。”①

“大事记”部分，从周敬王三十九年开始编年记事。纪年上接续《春秋》，形式上也是模仿《春秋》。“大事记”之编撰，吕氏都有所据，每条后注“以某书修”，据以修撰的资料来源极为丰富，遍及经史诸子。除了他在序中所说的“《左氏传》、历代史、邵康节先生《皇极经世》、司马文正公《稽古录》、《资治通鉴目录》、《举要历》”之外，还有《鲁史》、《论语》、《通鉴外纪》、杜预《释例》、《水经注》、《孟子》、《列子》、《韩非子》、《吕氏春秋》、《战国策》、《国语》、苏辙《古史》、《说苑》、《汉书》、《汉纪》、《通典》、《通鉴纲目》等历代文献，可见吕氏严谨的学术态度，扎实的文献学根基，以及融通的史学观念。

“解题”部分，是针对“大事记”具体事目，详细考证纪年、地理、制度、风俗等，亦有略述本末、表达观点之内容。“《解题》盖为始学者设，所载皆职分之所当知，非事杂博，求新语，出于人之所不知也。至于畜德致用，浅深大小，则存乎其人焉。次辑之际，有所感发，或并录之。此特一时意之所及，览者不可以是为限断也。……凡所记大事，无待笺注者，更不解题。”（《解题》卷一开首）可见“大事记”事目与“解题”之间是纲目与考述的对应关系，《四库全书总目》将之视作经与传的关系，是非常恰当的。有“解题”的说明、考辨，“大事记”的书法义例、宗旨内涵才能得以呈现与阐发。

“通释”部分，吕氏先后引《易大传》、《书》序、《诗》序、《论语》、《孟子》、刘向《战国策》序、《太史公自序》、太史公《读秦楚之际》、《程氏遗书》、五峰胡氏《假陆贾对》、董仲舒《贤良策》等经典论述，来表达吕祖谦本人的历史观，同时也是对其历史观念合理性的证明。正如陈振孙《直斋书录解题》卷四所说：“《通释》者，经典纲要，孔孟格言，以及历代名儒大议论。”②

① 《吕祖谦全集》第八册《大事记》，浙江古籍出版社，2008，卷首第3页。本章所引《大事记》皆出自此版本，为行文方便，不一一出注，只在文中说明。

② 陈振孙：《直斋书录解题》卷4，上海古籍出版社，2006。

对于《大事记》一书三部分之间的关系及体例之精善，后人多有评价与阐述。嘉定壬申本《大事记》李大有跋曰：“《大事记》者，史迁表汉事之目也，以事系年，而列将相名臣于其下，盖不但存古策书之法而已。特其体统未备，犹有遗憾。班固表公卿百官，详于拜罢，而置大事弗录，失迁意远甚。太史先生是书，名袭迁《史》，体备编年，包举广而兴寄深，虽不幸绝笔于征和，而书法可概见。其文则史，其义则窃取之矣。《通释》，是书之总也。《解题》，是书之传也。学者考《通释》之纲，玩《解题》之旨，斯得先生次辑之意云。”（《大事记》之《解题》卷十二后附）

《四库全书总目》卷四十七也说：“《通释》三卷，如说经家之有纲领，皆录经典中要义格言。《解题》十二卷则如经之有传，略具本末而附以己见。凡《史》、《汉》同异及《通鉴》得失，皆缕析而详辨之。又于名物象数旁见侧出者，并推阐贯通，夹注句下。”①

具体来说，“大事记”、“通释”、“解题”② 三部分配合精妙，互相补充，形成比较完美的编纂体例，体现了吕祖谦通史观念与细节考辨的统一。“大事记”是本，“通释”是纲，“解题”是基础。既能做到纪年准确、纲纪明晰，理清历史发展脉络，又能考订补充史料史实，廓清历代史籍舛误之处，同时又能以通达的历史观念一以贯之，确实有助于“始学者”细致深入地理解历史。

“大事记”部分，采取编年之体。编年体有两方面的长处：一则便于考见一时代之大势，一则可将重复之文尽行删去，其体简洁。吕祖谦发挥《春秋》编年之体与《史记》年表编年的优长之处，以“大事记”见时代更迭、历史变迁，事目简明，叙述简洁。虽然吕氏说“《大事记》者，列其事之目而已，无所褒贬抑扬也”（《解题》卷一开首），但我们具体考察可见，“大事记”罗列事目，编排纪年，固然有前人撰述作为依据，但吕

① 永瑢等：《四库全书总目》卷 47《大事记》提要，中华书局，1981。

② 《大事记》一书分“大事记”、“通释”、“解题”三部分，其中“大事记”与书名一致，为行文方便，除特别强调外，以下引用时写作“大事记”，其他两部分分别写作《通释》、《解题》。

氏不是简单地抄撮，而是精心考订，细心比勘，综合众说，形成最后的表述。朱熹曾高度评价说："人多云其解题煞有工夫。其实他当初作题目，却煞有工夫，只一句要包括一段意。"① 因此，"大事记"的内容，虽然叙事简单，却可以见出吕祖谦的匠心独具与严谨，当然文字之褒贬也寓于其中，充分体现其卓越的史才。

编年体的短处在于"委曲琐细，不能备详；朝章国典，无所依附"。因此吕祖谦另立"解题"部分，在考证辨析史事之外，也正补编年所短，使史事之始末，典制之详略，于兹阐发。

吕祖谦对史体之别有清晰的认识，他曾述及"大抵史有二体，编年之体始于左氏，纪传之体始于司马迁，其后班、范、陈寿之徒纪传之体常不绝，至于编年之体则未有续之者。温公作《通鉴》，正欲续左氏。……然编年与纪传互有得失，论一时之事，纪传不如编年；论一人之得失，编年不如纪传。要之，二者皆不可废。"②《大事记》的"大事记"和"解题"的对应关系，兼顾了编年与纪传的长处，使史实叙述完整。同时，"解题"的考述辨正，又能够解决传统史学撰述中不便于考辨史实的问题。

史书必然体现撰者的历史观念。就吕祖谦来说，作为以史学名家的学者，对于历史自有一个全面的认识。《大事记》虽然不是一部首尾完善、贯通古今的史书，但是《通释》部分却通过经典纲要、孔孟格言以及历代名儒大议论，通过对经典论述的选择剪裁，表达撰者对历史的理解，揭示其阐述历史发展规律的深远旨意，建立起吕氏的历史观。吕祖谦学问广博深厚，但为人谦退，立论谨慎，孔子"述而不作"的思想对他影响还是比较大的。所以此类做法在他的撰述中并非仅见。《左传类编》书首亦有"纲领"二十二则，采择《尚书》、《周礼》、《礼记》、《论语》、《孟子》、《战国策》、《汉书》、杜预、吕希哲、谢良佐说，为一书之纲领。这些做法体现出吕祖谦的经史观，也体现出吕祖谦重统纪源流的历史观念。《解题》

---

① 黎靖德编《朱子语类》卷122，岳麓书社，1997。

② 《丽泽论说集录》卷8，《吕祖谦全集》第二册，第218页。

卷一开首说到“熟复乎《通释》之所载，则其统纪可考矣”。吕祖谦亦曾说过：“观史先自《书》始，然后次及《左氏》、《通鉴》，欲其体统源流相接。”[①] 此处强调的体统源流，其意与统纪近似，是吕祖谦一贯的思想。从经史关系上来讲，吕氏认为，经是史之纲、之本。所以他说：“静多于动，践履多于发用，涵养多于讲说，读经多于读史，工夫如此，然后能可久可大。”[②] 所以他引证的前人纲领性表述，以经为主，以史附之，说明吕祖谦固然特别推崇史学，并以史学张大其名，但经学却是其学问的根柢。

《通释》部分，后人固然多有发明，颇为推崇，但目前所存的《通释》部分可能是不完整的，也可能作者另有深意，导致其文旨意往往不能联系贯通，给后人的解读阐释带来了一定的困难。内藤湖南说：“《通释》是与本文分离开的，汇集了反映古今沿革微妙原因的事例和史料。但是由于写作方法混杂而难以读懂，其中似乎有着作者的某些考虑。”[③] 还是有一定道理的。

二 《大事记》的学术渊源

吕氏此书，虽然体例独特，但并非空无依傍，从编纂体例、编纂思想到考辨内容，吕氏都有所本。

1.《大事记》纪年拟《春秋》之意甚明

从《大事记》的纪年来看，因“获麟以上既见于《春秋经》”，所以《大事记》的纪年从周敬王三十九年以下直至五代（因吕氏去世而未毕）。说明吕氏此书与《春秋》关系之密切，也可见出吕氏续经、拟经的抱负。此前邵雍《皇极经世》，司马光《稽古录》、《资治通鉴》，刘恕《通鉴外纪》等有关上古编年史的著作，并没有这种明确的意识。

从纪年体例来看，《大事记》以年统四时，以四时统月份，无月可纪时，以事系于年下，可谓对《春秋经》纪年体例的延续。

---

① 黄宗羲、全祖望：《宋元学案》卷51《东莱学案》，中华书局，1986。

② 《东莱吕太史外集》卷5《与叶侍郎》，《吕祖谦全集》第一册，第710页。

③ 内藤湖南：《中国史学史》，上海古籍出版社，2008，第170页。

《大事记》事目第一条就是："春，鲁人获麟，孔子作《春秋》。"《解题》此条下引程氏《春秋传序》，曰："夫子当周之末，以圣人不复作也，顺天应时之治不复有也，于是作《春秋》为百王不易之大法。"实际也是明确表达自己对于《春秋》的敬仰与推重。

前人对吕祖谦此书拟续《春秋》的用意多有阐明，前面所引《四库全书总目》的表述中，《大事记》与《解题》即被视作经与传的关系。吕氏《解题》卷一开首曰："此卷本末已见《左传》者，亦不重出。"可看出他有以《解题》拟《左传》的意思。"大事记"部分列以事目，文笔简洁，而《解题》则述及撰述旨意，并往往补充史实，似乎也是借鉴《左传》解《春秋》经的成例，而有自为经传之意。

吕祖谦明确说此书对前人多所借鉴，并详列参考书目，似是综括编纂之作，但在其疾病缠身之晚年，按照《庚子辛丑日记跋》的说法，是以"翻阅论著，固不以一日懈"的精神来编撰《大事记》的，其承接经典、绍续圣人之意甚明，而"述而不作"之意昭昭然也。

刘昭仁说："该书之作，有师法《春秋》经之意，惟用心不在褒贬，而在制度及史料之考订。……东莱不敢任作书之意，故《左传》、《通鉴》已载者不复载，其载者皆《左传》、《通鉴》所无者耳。"① 其评价是突出吕祖谦史学名家的身份，实际上《大事记》作为吕祖谦倾力编纂的一部史书，在制度、史料的辨正考论之外，还需特别注意其绍圣、拟经之旨，亦不无褒贬之用心。

2.《大事记》以《史记》为效法的对象

吕祖谦对司马迁及《史记》非常推崇，《大事记》即是规摹《史记》而作，原序中说得很明白，"书法视太史公"。《史记》年表的基本体例，是分国编年记事，吕祖谦认为这是所谓"古策书遗法"，他对此是沿袭遵从的。吕氏"大事记"卷一首年标"庚申周敬王三十九年"，其下小字列鲁、齐、晋、秦、楚、宋、卫、陈、蔡、郑、燕、吴十二诸侯，与《史

① 刘昭仁：《吕东莱之文学与史学》，文史哲出版社，1981，第49页。

记》之《年表》本年保持一致。此外,《解题》卷一也明确说:"《史记·十二诸侯年表》首年标岁名,其后唯以六甲纪之,简而易见,今从之。"

《大事记》纪年的依据,也基本来自《史记》之《年表》。当然吕祖谦并非亦步亦趋,一意沿袭,而是在其基础上,综罗众说,细致考辨,对于《史记》记载失实、讹谬之处,多所纠正。

这种推尊效法,在《大事记》行文中也处处表露,尤其于《史》、《汉》对比之中,更看出吕祖谦对司马迁《史记》的笔法、体例、褒贬,都非常推崇,认为其得史家之旨。

比如卷二周安王二十三年"齐康公薨于海上,田氏遂灭齐"条。吕氏《解题》曰:"自田和迁康公于海上,既篡齐而有之矣,《史记·年表》每岁仍系于齐康公之年,至于今年康公卒,始书田氏遂并齐而有之。盖康公虽为田氏所篡,仅食一城,然未尝为天子所绝,其位号犹在,故齐太公卒系之于康公二十四年,书曰田和卒,田齐伐燕取桑丘,系之于康公二十五年,不别其为田齐。"吕氏感叹:"《史记》书法可谓正矣。"

又如卷三周显王十二年"赵成侯朝齐"条,《解题》曰:"《年表》书'赵孟如齐'。此当时国人所记,而《年表》袭用其语也。赵自烈侯篡晋受封,至成侯四世矣,国人记事,尚仍前日大夫之称,文、武之泽在人者深矣!威烈王之命三晋,其可罪也哉!"对于《年表》保持前人记载以体现褒贬的意图表示赞同。

《史记》年表特别注明史事之初,以通古今之变,如秦灵公八年,书初以君主妻河,为后世教邪之始;秦惠文王书初更元年,为后世改元之始;秦始皇四年,书纳粟拜爵,为后世鬻爵之始。这些做法,也都为吕祖谦《大事记》所继承并发扬光大。

3.《资治通鉴》及《考异》是《大事记》之"模板"

吕祖谦对司马光的推崇与借鉴学习,在其学术实践中体现得非常清楚。从学术渊源来看,学者多重视吕氏家族与北宋理学家以及欧阳修等人之间的关系,实际上吕氏家族与司马光的关系也值得注意。神宗熙宁年间,吕公著与富弼、司马光等退居洛中,时与邵雍相从游。哲宗初年,吕公著又与司马光一起推荐程颐为西京国子监教授。元祐七年，范祖禹《荐讲读官札子》推荐程颐时说到“司马光、吕公著与颐相知二十余年”。司马光对吕公著也颇为认同，曾说：“每闻晦叔讲，便觉已语为烦。”可见吕公著与司马光无论从个人交谊还是政治倾向，关系是很紧密的。这种家族交谊对于吕祖谦而言有着深远的影响，司马光的史学更是直接影响到吕祖谦。吕祖谦对司马光史学撰述的体会、发明，自有其会心之处，其《读书记》说：“独《资治通鉴》用编年法，其志一人一事之本末虽不若纪传之详，而国家之大体，天下之常势，首尾贯穿，兴废存亡之迹可以坐照。此观史之咽会也。余尝考《通鉴》效《左传》，而目录仿《春秋》，此司马公不言之意也，余固发之。”[①] 又说：“战国，今人皆不识自春秋以来亦是一节。《通鉴》自此入，亦有意。”[②] 对《资治通鉴》的理解有他人不能道者。另外，据记载，吕祖谦曾撰有《资治通鉴详节》一百卷，也可见出他对于《资治通鉴》的熟悉与推崇。

《资治通鉴》在吕祖谦史学的学术谱系中，居于相当重要的地位，他说：“观史先自《书》始，然后次及《左氏》、《通鉴》，欲其体统源流相承接耳。”[③] 因此，《资治通鉴》在他的史学训练中，分量很重，可以说颇有心得，须臾不能离弃。如《答潘叔度》曰：“《通鉴》课不欲久辍，见所抹者，并以后两三册，或令叔昌携来为佳。”“阅《通鉴》颇有绪，遂兀坐不复出户也。”[④] 吕祖谦与师友间多有讨论《资治通鉴》之事。其师汪应辰于《资治通鉴》颇有研究，吕氏对此始终有热忱的关注，比如《与汪端明》曰：“《通鉴编类》，异时或可检寻，亦望付下。”（甲午六月）又曰：“《通鉴编类》倘已检出，望蚤示下。”[⑤] 拳拳之心，溢于言表。他与朱熹也时常讨论《通鉴》之学，两人各有赓续《通鉴》之作，吕氏对朱熹的

① 《五百家播芳大全文粹》卷106，景印文渊阁《四库全书》本，上海古籍出版社，1987。
② 《东莱吕太史外集》卷5“己亥秋所记”，《吕祖谦全集》第一册，第730页。
③ 《东莱吕太史别集》卷7《与张荆州》，《吕祖谦全集》第一册，第395页。
④ 《东莱吕太史别集》卷10，《吕祖谦全集》第一册，第492～493页。
⑤ 《东莱吕太史别集》卷7，《吕祖谦全集》第一册，第392页。

《通鉴纲目》再三表达欲先睹为快之意，"《通鉴纲目》且录两汉以上送示，只要大字，字数亦不多也"，又曰："《通鉴》闻尝有所是正，亦既锓板果否？恨未得一见也。"[①] 可见，《资治通鉴》是吕祖谦与师友之间重要的学术话题，其与司马光及其史学之间有着不可忽视的深厚渊源。

就《大事记》一书的编纂来说，这种渊源关系体现得更为明显。《解题》卷二周威烈王二十三年"魏斯、赵籍、韩虔为诸侯"条，吕氏自注曰："自此卷以后，凡事之本末，当求之《通鉴》。训释名义，参考同异，搜补缺遗，当求之《解题》。本末全在《通鉴》者，《解题》更不重出。《通鉴》虽已载，《解题》间有训释参考，或《通鉴》未备，《解题》间有增补者，本末皆书。余见《通鉴》。所记大事不在《通鉴》者，各标所出书。"可谓吕氏的夫子自道，是《大事记》与《资治通鉴》之间关系的明确表述。

司马光《资治通鉴》的编撰宗旨是"有资于治道"，其进书表曰："举撮机要，专取关国家盛衰，系生民休戚，善可为法，恶可为戒者，为编年一书，使先后有伦，精粗不杂。"[②] 吕祖谦撰《大事记》"解题"之目的则是"畜德致用"，与《资治通鉴》颇为一致。

司马光为了"使读者晓然于记载之得失是非，而不复有所歧惑"，"参考群书，评其同异"而撰写成《资治通鉴考异》，对《资治通鉴》材料取舍理由作出说明，对存疑的史料进行考证。吕氏《解题》的考订辨正，有些是直接沿袭或延续《资治通鉴考异》的。比如卷二周安王二十五年"鲁穆公薨"条，《解题》引《通鉴考异》考证内容，证《史记·年表》记"穆公薨在烈王元年"为误。而从方法到思路，《解题》与《资治通鉴考异》也有一脉相承的关系。比如高似孙《纬略》曾说司马光编集《通鉴》，"一事用三四处出处纂成，是其为功大矣"。[③]《大事记》的编订也是如此，有时一件史事、一条记载吕祖谦往往要综合各书而成，比如周威烈

① 以上《东莱吕太史别集》卷8《与朱侍讲》，《吕祖谦全集》第一册，第438页。

② 司马光：《资治通鉴》卷末附《进书表》，中华书局，2010，第9607页。本章所引《通鉴》，除《大事记》原文所引者，皆出自此版本，不另出注。

③ 高似孙：《纬略》卷12，景印文渊阁《四库全书》本，上海古籍出版社，1987。

王十九年“晋魏斯好贤，师卜商，友段干木，敬田子方，用吴起为西河守、李悝为上地守、西门豹为邺令，魏由是强于三晋”一条，吕氏注曰：“以《史记》、《稽古录》、《说苑》、《皇极经世》、《外纪》修。”采五书而成一条，可见吕氏对待史料的严谨态度与综合之功，所以朱熹推崇说：“人多云其《解题》煞有工夫。其实他当初作题目，却煞有工夫，只一句要包括一段意。”①

因此，吕祖谦修《大事记》，在文献材料上，以《史记》、《通鉴》为主要史料来源与编撰依据，编撰思想、宗旨、方法、体例上受两司马的直接影响。

但从《大事记》具体记事来说，其后出转精、详尽齐备，很多方面都是《史记·年表》、《通鉴》所不可比拟的。记事方面，仅以《大事记》卷二周安王元年至周显王四十八年作初步的统计。《大事记》共记事295条，《史记·年表》所无者148条，《资治通鉴》所无者136条。其中周安王七年、周显王二年、周显王六年、周显王二十年、周显王二十七年、周显王三十年、周显王三十八年，《通鉴》全年无记事。周烈王二年、周显王二十四年，《大事记》、《资治通鉴》并无记事。《资治通鉴》有记载而《大事记》所无者只是寥寥数条而已。《大事记》所记事目要远远超过《资治通鉴》，也超过了《史记》之《年表》。

就史料的考辨来说，《大事记》在《史记》、《资治通鉴》的基础上，辨正史实，订正纪年，疏通地理，梳理制度，纠正了陈陈相因的一些讹谬之处，廓清了前人未能解决的历史疑问，体现出吕祖谦精深的史学考证能力。

三　《大事记》的笔法义例

吕祖谦《大事记》一书，历史材料来源于前代史书，固然不像朱子《资治通鉴纲目》那样明显有微言大义以寓褒贬的意图与想法，但也有其

① 黎靖德编《朱子语类》卷122，岳麓书社，1997。

笔法义例与精心设计的体例，“大事记”部分事目简洁，“通释”部分借重经典，“解题”部分细加考辨，都是作者精心结撰而成。吕祖谦从其观察思考历史的角度进行史料的剪裁组织，编纂成书，也体现出其卓越的史学见识与史书编撰才能。

1. 严守义例，体现史家旨意

史书是史家对历史事实的梳理成果，必然会体现史家对历史的判断。在传统史学中，最早体现史家对历史看法的史书是《春秋》。《春秋》通过其笔法义例对历史事实进行褒贬，成为后代史家的典范。吕氏《大事记》有拟续《春秋》之意，虽然并不认同《春秋》字字有褒贬，但对于春秋大义，还是尊崇的，在《大事记》中也往往通过较明确的笔法义例，表达对历史的认识与判断。

其中有对《春秋》笔法的沿袭、模仿。比如“大事记”卷一周敬王四十一年“白公杀公子申、公子结，执楚子”条。《解题》曰：“申，子西也。结，子期也。楚子，惠王章也。吴、楚僭称王，用《春秋》例书其本爵。”《春秋》义例，僭称王者书其本爵，这里吕祖谦明确说“用《春秋》例”，可见其接续、模仿《春秋》之意。在《大事记》一书中，此义例得到严格的遵守，以见吕祖谦维护正统的意识。比如“大事记”卷三周显王十四年“秦孝公、魏侯会于杜平”条，依据《史记·魏世家》而修，但未依《史记》称惠王，而是称其本爵“侯”。《解题》曰：“魏书本爵，而秦书僭称者，魏是时未称王，秦之僭称公，自春秋以来，非一日矣。”

除了沿袭《春秋》义例之外，《大事记》本书亦有严谨的笔法义例，以体现历史事实，并寓褒贬之意。

比如刘邦、项籍起兵反秦，在各自称王之前，《大事记》皆称“楚刘邦”、“楚项籍”，称王后则称“汉王”、“西楚霸王”。吕氏严守“诸侯”之义例，一丝不苟，客观记录历史事实。

另如“大事记”卷六秦始皇帝五年“赵相、魏相会盟于鲁柯”条。《解题》曰：“战国末犹有会盟，故特著之。”世代衰变，传统不存，史家于此多有感慨，吕氏对淳厚犹存的制度习俗往往给予特别的关注，并通过

笔法义例体现其褒贬之意。

2. 体例谨严

《大事记》一书未能最终完成，固然令人遗憾，但从已完成的部分，已可尽见吕氏之匠心，可以说这是一部体例独特而谨严的精心结撰的作品。“大事记”部分体现编年体史书叙事简洁、脉络清晰的特点，《通释》部分反映吕氏融合经史、注重统纪的历史观，《解题》部分精心考订、拾遗补阙。在《解题》正文以外，又附以自注的形式，对解题内容或作注释，或作评论，或作进一步的引申考证。体系完整，构思缜密，这种编纂体例在古代史部文献编纂中是非常独特的。

（1）纪年体例

从具体的纪年体例来看，《大事记》颇有《春秋》之遗意。以年统四时，以四时统月份。无月可纪时，以事系于年下，条理非常清楚。比如“大事记”卷一周敬王四十年，此年最后列“荧惑守心”条，《解题》解释说：“《史记》失其月，今附年末。余仿此。”

古史年代既远，纪年考订不易，对于史有其事，难以系年者，《大事记》系于国君纪年之最后。如“大事记”卷四周慎靓王二年“魏惠王会诸侯于臼里，将复尊天子，不克”条。《解题》曰：“臼里之盟，不知何年，今附于魏惠王薨之前。”再如卷四周赧王二年“齐田婴卒，子文立，实孟尝君”条，吕氏按语：“《列传》田婴卒于湣王之世，今附见于湣王元年。”

在纪年上，《大事记》总的原则是以王（帝）号纪年，辅以干支。比如周敬王三十九年为本书记载初始，故前标以“庚申”。其余每间隔十年标以干支纪年，不过仅标天干为甲之年。如“甲子周敬王四十三年”、“甲戌周贞定王二年”、“甲申周贞定王十二年”、“甲午周贞定王二十二年”，以此类推。

王号纪年下，小字标以诸侯纪年，初始之年与《史记·十二诸侯年表》同，并罗列十二诸侯国君之号。此后每年只列出著录大事各国的国君之号。如周敬王四十年，下列鲁哀公、齐平公、晋定公、宋景公、卫庄公君号纪年，因本年只纪此五国之事。另外，诸侯初立，会特别加以注明。

如周元王二年，下列鲁哀公、齐平公、晋出公君号，但本年只列鲁、齐事目，并未列晋国事目，只因晋出公错初立，故特别标明“晋出公错元年”。

《资治通鉴》中的纪年，无事则不书年，后来司马光自己也有所改变，修《举要历》时，无事亦备岁年，朱熹《资治通鉴纲目》亦沿袭之。吕祖谦《大事记》也是如此，无事亦书年。

《大事记》的这些处理，考虑周详，令人一目了然，甚便于初学之士。

纪年问题，看似简单，实则体现史家的观念，尤其在特别重视正统的宋代，史家对于纪年是特别关注的。吕氏对此也极为重视，在他与陈亮的通信中，就有对三国纪年的讨论。我们考察《大事记》的纪年，能够看出吕氏在这一问题上的独特观点。尤其在一些关键点上与《史记》、《资治通鉴》、《资治通鉴纲目》等的纪年并不相同。

下面通过几个例子来稍作分析。

第一个例子是田齐代姜齐的纪年问题。

《史记·六国年表》为表示天下之名分，对于齐康公十九年被田和迁居海上，虽然《田敬仲完世家》当年记载“田和立为齐侯，列于周室，纪元年”，但《年表》只书“田和始列为诸侯”，并无改齐之纪年，并于齐康公二十年书曰“田和卒”。康公二十六年卒，《年表》始书（田）齐，自齐威王元年始，是为了昭示尊卑逆顺之正理。[①]《大事记》基本认同《史记》的这一做法，但不同之处是于周安王十六年并书“齐康公十九年”、“田齐太公和元年”，此后只以田齐纪年，记事亦称田齐，直至齐康公卒后始去田氏，称齐威王元年。《解题》解释说：“齐犹未灭，故称田齐以别之。至康公卒，吕氏绝祀，乃去其氏。”既考虑到正统，又照顾到实际情况，不乏灵活性。这与《资治通鉴》等其他史书的处理都不同，此处《资治通鉴》径称为齐，不区别姜齐、田齐。朱熹《资治通鉴纲目》于周安王十六年径书“田齐太公和元年”，不以齐康公纪年，此后记事也是直接称

① 以上见《史记》卷15《六国年表》，卷46《田敬仲完世家》，中华书局，2013。本章所引《史记》，除《大事记》原文所引者，皆出自此本，不另出注。

之为“齐”,[①] 既无从昭示尊卑逆顺之理，也容易引起混淆。

第二个例子是周赧王五十九年卒后纪年问题。

周赧王卒后，至秦王政二十六年并天下，自号始皇帝，是所谓“海内无主三十余年”之时，如何纪年确实是史家难以处理的问题。

周赧王卒，周统已绝，但《史记·六国年表》没有马上以秦为正统纪年，因为当时秦未并天下，所以《六国年表》阙不书王者九年，到始皇帝元年，乃书其年于上以代周。《资治通鉴》卷六在周赧王卒后以秦昭襄王系年，是为五十二年。胡三省注曰：“西周既亡，天下莫适为主。《通鉴》以秦卒并天下，因以昭襄王系年。”司马光所编另一部史书《稽古录》也是如此，赧王卒后继以秦昭王五十二年。朱熹以为这一纪年方式未当，《资治通鉴纲目》的处理方式是以七国如楚、汉并书之，也就是并列七国纪年。王应麟则认为，周赧王卒于乙巳，第二年丙午，秦迁西周公，此时东周君犹存。壬子，秦迁东周君，周遂不祀。作史者应当自丙午至壬子系周统于七国之上，乃得《春秋》存陈之义。[②]

吕氏《大事记》的处理方式与《资治通鉴》相同，在周赧王卒后以秦昭王号纪年，自五十二年始。吕氏《解题》说：“是岁秦既灭周，故以秦年统诸国。”王应麟纠结的问题，吕氏也已经考虑到了：“自赧王降，周统已绝，东周虽未亡，特邾、莒附庸之类耳，所以存之而未论也。”卷六秦昭王五十三年“楚、齐、韩、燕、赵皆来宾”条，《解题》曰：“盖周亡而诸侯皆服于秦也。”可见当时的实际情况是诸侯皆臣服于秦，东周君更是附庸而已，所以《大事记》以秦昭王五十二年继周是有其道理的。吕祖谦的处理是从历史事实出发，当时秦国实力既强，也已成为实际上的霸主，且在此三十余年中，列国亦一一被秦所灭，朱熹《资治通鉴纲目》的处理，显得徒有其名，而未顾及事实。

第三个例子是楚汉纪年的问题。

---

① 朱熹：《资治通鉴纲目》卷1，明成化九年刊本。

② 王应麟：《困学纪闻》卷11，上海古籍出版社，2008，第1317～1318页。

《资治通鉴》作为编年体通史，在纪年体例上，使用一个特定的王朝年号按年记事。这在统一时代毫无问题，但在分裂或尚未一统时代，往往会造成纪年与记事脱节，还会陷入复杂的正统问题之中。比如三国时代，《资治通鉴》用曹魏年号纪年，南北朝时期用南朝年号纪年，不仅记事不便包罗，三国时代以谁为正统更是个纠缠不清的大问题。《大事记》只编到汉武时期，无缘得见吕氏对三国、南北朝时期纪年的态度。但从秦亡后的纪年体例来看，《资治通鉴》的处理比较简单，秦亡后即以高帝纪年，高帝后，以汉惠帝纪年，汉惠帝后，以汉高皇后吕氏纪年，等等。《大事记》与之不同，吕氏考虑到当时的实际政治形势，秦亡后并书楚义帝心元年、汉高帝邦元年、西楚霸王籍元年；义帝被废后，《大事记》并书汉高皇帝二年、西楚霸王二年；项羽败后，始单独书汉太祖高皇帝五年。朱熹《资治通鉴纲目》与《大事记》略有不同，秦亡后并书楚义帝心元年、西楚霸王项籍元年、汉王刘邦元年等二十国；义帝被废后，并书西楚霸王二年、汉王二年；项羽败后，始单独书汉太祖高皇帝五年。吕氏《大事记》的纪年方法，既符合历史事实，比较客观，同时不至于像《资治通鉴纲目》那样繁杂，显得比较简洁。

从上面的例子可以看出，吕祖谦对纪年问题，考虑是比较周详的，既符合历史事实，也能够照顾到一些特殊情况不便处理者。《大事记》仅修至汉武帝征和三年，三国、五代等相对复杂的情形尚未涉及，但吕氏应该是有通盘的考虑，比如朱熹曾经提到："《通鉴》例，每一年或数次改年号者，只取后一号。故石晋冬始篡，而以此年系之。曾问吕丈。吕丈曰：'到此亦须悔。然多了不能改得。某只以甲子系年，下面注所改年号。'"①朱熹所说的是《资治通鉴》卷二八〇，石敬瑭于后唐清泰三年冬篡位，改年号天福，《资治通鉴》只取天福元年系之，不标注后唐清泰三年，朱子以为不妥，故与吕祖谦有此探讨。吕祖谦的意见是以甲子系年，但下面要注明所改的年号，这符合吕氏一贯的思路，强调灵活变通，体现历史真实

① 黎靖德编《朱子语类》卷134，岳麓书社，1997。

情况，解决繁杂的历史问题。朱熹对这种做法应该是认同的。查《资治通鉴纲目》本年，上标丙申纪年，下注唐清泰三年十一月以后晋高祖石敬瑭天福元年，正与《朱子语类》中记载的吕氏处理方式相同。

（2）诸侯兴亡体例

诸侯封建之制，是《大事记》所记这一历史时期的制度重心所在。吕氏对西周以来的诸侯封建制度有较多认同，从他对列国衰微大夫擅政后的喟叹，到他引五峰先生胡宏对封建制的论述（吕氏引胡氏语论封建与郡县之制，应该是比较接受两周之诸侯封建制度的），都可见一斑。因此，吕氏对诸侯列国之兴亡，无论从历史重要性角度，还是从个人观念角度，都给予特别的关注。

从体例上来说，《大事记》“解题”部分于列国灭亡之时，引述《汉书·地理志》、《史记·货殖列传》等书，述各国初封，姓氏世系，地理疆域，民风士习，发展兴衰。哀其国灭，究其缘由，大国详之，小国略之，亦有总结盛衰兴亡之意在也。如卷二周烈王六年“魏赵韩灭晋，徙靖公于屯留”条，《解题》曰：

> 晋，姬姓。周成王封其弟叔虞于唐。唐在河汾之东，方百里。唐叔子燮徙居晋，改国号晋侯。自唐叔至靖公凡三十七世。按《前汉·地理志》：“河东土地平易，有盐铁之饶，本唐尧所居，《诗》风唐魏之国也。其民有先王遗教，君子深思，小人险陋。故唐诗《蟋蟀》、《山枢》、《葛生》之篇曰：‘今我不乐，日月其迈’，‘宛其死矣，他人是愉’，‘百岁之后，归于其居’。皆思奢俭之中，念死生之虑。吴札闻《唐》之歌，曰：‘思深哉！其有陶唐氏之遗民乎？’自唐叔十六世至献公，灭魏以封大夫毕万，灭耿以封大夫赵夙，及大夫韩武子食采于韩原，晋于是始大。至于文公，伯诸侯，尊周室，始有河内之士。吴札闻《魏》之歌，曰：‘美哉沨沨乎！以德辅此，则明主也。’文公后十六世为韩、魏、赵所灭。”《序传》曰：“武王既崩，叔虞邑唐。君子讥名，卒灭武公。骊姬之爱，乱者五世；重耳不得意，乃能

成霸。六卿专权，晋国以秏。”

吕氏引述《汉书·地理志》的记载，将晋国历史概括为三个阶段：“自唐叔十六世至献公，灭魏以封大夫毕万，灭耿以封大夫赵夙，及大夫韩武子食采于韩原，晋于是始大。”而以晋文公称霸诸侯为晋国历史上最强盛的时期，“至于文公，伯诸侯，尊周室，始有河内之土”。文公之后，国势渐衰，“文公后十六世为韩、魏、赵所灭”。最后又引《史记·太史公自序》，以见晋国兴衰。所谓“其民有先王遗教，君子深思，小人险陋”，“皆思奢俭之中，念死生之虑”，等等，则是对其地民风士习之描述。

《大事记》全书先后梳理陈、代、吴、夙繇、蔡、杞、莒、郯、姜齐、郑、晋、邾、越、滕、宋、鲁、韩、赵、魏、楚、燕、田齐、卫等诸侯国兴衰之史实，呈现各国历史沿革，兴亡衰灭，风俗变迁，连缀起来，可视作简明之列国志，从体例来看能够弥补编年体史书记事简略之不足，能够达成为初学者习读历史而编纂此书的目的。另外，吕祖谦曾说过“读史先看统体，合一代纲纪、风俗、消长、治乱观之”[①]，又说：“看《左传》，须看一代之所以升降，一国之所以盛衰，一君之所以治乱，一人之所以变迁。”[②]《大事记》中的梳理诸侯兴亡的编纂体例，也体现出吕氏主张贯通、注重盛衰之变的史学观念。

（3）史事始末体例

编年体史书的优点是纪年清晰，历历在目。缺点是史事之始末不易把握，尤其是对于初学者来说，更是如此。吕祖谦也清楚地认识到，编年、纪传等各种体例各有优长，未可偏废。但追究历史本末源流，是他一贯的主张，吕氏曾经说：“学者观史且要熟看事之本末源流，未要便生议论。”[③]他在《书袁机仲国录〈通鉴纪事本末〉后》中对袁枢所撰《通鉴纪事本末》有很高的评价：“《通鉴》之行百年矣，综理经纬，学者鲜或知之。习

① 《东莱吕太史别集》卷14《读史纲目》，《吕祖谦全集》第一册，第561页。

② 《左氏传说》卷首《看左氏规模》，《吕祖谦全集》第七册，第1页。

③ 《左氏传续说》卷首《纲领》，《吕祖谦全集》第七册，第2页。

其读而不识其纲，则所同病也。今袁子掇其体大者，区别终始，使司马公之微旨自是可考。躬其难而遗学者以易，意亦笃矣。”① 体现出对于纪事本末这一新兴的史书编撰方法的认同。

吕氏虽然没有纪事本末体的史作，但《大事记》中却有多处体现其注重源流本末的思想。在《解题》部分，吕祖谦对时间跨度较大的重要史事，采取述史事始末的体例，便于初学者理清历史脉络。

比如汉高祖刘邦自沛起兵，至灭项楚，成就大业，历时八年，大小数十战，形势变化，风云际会，为一时雄杰，“大事记”仅列事目不足以全面展示其雄才大略，故于《解题》部分详述其事迹始末，勾勒其一生功业。卷八楚义帝元年“遂西入咸阳，封府库。还军霸上”条，《解题》从秦二世元年九月，刘邦立为沛公开始，至西入咸阳，还军霸上止，详述史事。吕氏曰：“此高帝自起沛至入关所历也。”卷八汉高皇帝二年“汉王率五诸侯兵五十六万人伐楚，入彭城”条，《解题》述高帝西入汉中、东平关中、西伐楚之所经历。吕氏曰：“此高帝初取项羽之规摹也。”卷八汉太祖高皇帝五年“王还至定陶”条，《解题》从汉二年到灭楚垓下，还至定陶即位，历数始末。吕氏曰：“此高帝既败彭城，复围项羽，终于灭楚，首尾三年之所历也。”将此三处连缀共观，即可见出汉高祖刘邦一生功业之大端。

《大事记》在编年的基本体例下，通过《解题》部分的补充考证，或述一事之始末，或述一人之功业，首尾完备，叙事完整，就很好地弥补了《春秋》、《左传》、《资治通鉴》等编年体史书的体例局限。

（4）采择史料体例

吕祖谦《大事记》广征博引，采择多书。对于他书材料的使用，吕氏有明确的体例，既使行文简洁，不蔓不枝，又便于始学者阅读，不影响表达效果。

“大事记”部分，吕氏在每事条目下都注明据以编纂的史料来源。总体来看，《左传》、《史记》中记载翔实的优先采录，《左传》、《史记》中

① 《东莱吕太史文集》卷7，《吕祖谦全集》第一册，第115页。

著录不详、不确者则采择《资治通鉴》等其他史书，大致以时代先后为序。

对于《解题》部分采择他书史料的一般体例，吕氏也有明确说明，极具条理。《解题》卷一开首曰："此卷本末已见《左传》者，亦不重出。"《解题》卷二周威烈王二十三年"魏斯、赵籍、韩虔为诸侯"条，吕氏曰："自此卷以后，凡事之本末，当求之《通鉴》。训释名义，参考异同，蒐补缺遗，当求之《解题》。"并自注曰："本末全在《通鉴》者，《解题》更不重出。《通鉴》虽已载，《解题》间有训释参考，或《通鉴》未备，《解题》间有增补者，本末皆书。余见《通鉴》。所记大事不在《通鉴》者，各标所出书。"

卷一周贞定王二十二年"楚灭蔡"条，《解题》后吕氏注曰："自春秋后迄于秦灭，凡《史记》本纪、本书、本世家、本传所载，并不称按某书。若出于它纪、它书、它世家、它传者，称按某书。虽出本纪、本传有所辨正者，亦标所出。"

《大事记》援引广泛，叙及史实多有交叉，为避免重复，也为了史实关联，吕氏有意识采取史料互见的体例。比如卷六秦始皇帝二十二年，秦灭魏。《解题》在述其始封、世系、地理后，特以自注说明"风俗见'晋'及'秦分三十六郡'《解题》"。"晋"即卷二周烈王六年"魏赵韩灭晋"条，《解题》引《汉书·地理志》记唐、魏之国风俗。"秦分三十六郡"即卷七秦始皇帝二十六年"分天下为三十六郡"引《货殖列传》记其风俗"纤俭习事"。

由此可见，吕氏此书，虽然援引史料极为丰富，又经作者汇总剪裁，看似庞杂，但体例既明，融会贯通，材料来源仍然清晰，甚便于始学者使用。

四 《大事记》的评点

吕氏《大事记》之《解题》部分，除解释事目、考核史实之外，还注重点评史实、人物。吕氏的评点，有时虽不免过甚之处，亦有诛心之论，但总体上还是基于史实进行评判和分析，透彻犀利，细致深刻。

1. 以自注形式补充说明史实，分析史家书法，时加评点

如卷十汉孝文皇帝元年“增丞相陈平、太尉周勃、朱虚侯章等封邑”条，《解题》曰：

> 按《史记·本纪》：“皇帝曰：‘吕产自置为相国，吕禄为上将军，擅矫遣灌将军婴将兵击齐，（坐擅典、矫诏二事。）欲代刘氏，（坐谋叛律。）婴留荥阳弗击，与诸侯合谋以诛吕氏。吕产欲为不善，（谋叛也。）丞相陈平与太尉周勃谋夺吕产等军。（谋则陈平为首。）朱虚侯刘章首先捕吕产等。（捕斩诸吕则刘章为首。）太尉身率襄平侯通（身率者，专归入北军之功于周勃。纪通则见率者也。）持节承诏入北军。（诏者，少帝之诏也。文帝论功犹称此者，示易置大将必自天子出也。）典客刘揭身夺赵王吕禄印。（身夺者，非使人也。论功以躬亲为重。）益封太尉勃万户，赐金五千斤。（以夺北军功为第一。）丞相陈平、灌将军婴邑各三千户，金二千斤。（平主谋庙堂，而封邑与灌婴等，盖其自处也。）朱虚侯刘章、襄平侯通、东牟侯刘兴居邑各二千户，金千斤。（致堂胡氏曰：“刘章忠勇，先愤刘氏失职，年才二十，而诸吕惮之，不敢轻发。及平、勃举事，章手诛吕产，其功不在二人之下。文帝行赏，于章宜先，而即位三年，乃始与辟疆、兴居去侯而王，又不显言其功，何哉？初章欲立其兄齐王，谋不在代也。文帝以是终怀不平，大臣又无开陈之计，使盛德之主稍负疵议，惜哉！则其所谓‘朕自任衣冠，念不在此’者，殆空言矣！”）封典客揭为阳信侯，赐金千斤。’”

有对史事的说明，有对语句的解释，有对原因的分析，亦有对整个事件的评论，有吕氏本人的笔墨，也有转引他人的评论。内容丰富，评点细致。

此外如卷十汉孝文皇帝元年“遣陆贾谕南粤赵佗谢罪，去帝号”条，《解题》引《南粤传》以述其始末，评点甚细。卷十汉孝文皇帝三年“绛侯周勃免丞相就国”条，《解题》引《史记·袁盎传》袁盎之进言，并加点评。卷十二汉孝武皇帝元光四年“冬十二月，杀魏其侯窦婴”条，《解题》引《史记·魏其武安侯列传》，并加点评。

此类点评，能够勾连前后文字，联系相关史料，明确揭示史书原文所要表达的意思，点明史家的书法意旨，对于初学者读史来说，无疑会起到很好的引导作用。

2. **论事多指出人之情伪**

吕祖谦的对历史人物、事件的评点，往往比较新颖、深刻，令人有耳目一新之感。朱熹曾经批评他，"'伯恭解说文字太尖巧。渠被人说不晓事，故作此等文字出来，极伤事。'敬之问：'《大事记》所论如何?'曰：'如论公孙弘等处，亦伤太巧。'""有太纤巧处，如指出公孙弘、张汤奸狡处，皆说得羞愧人。伯恭少时被人说他不晓事，故其论事多指出人之情伪，云：'我亦知得此。'有此意思不好。"[①] 另外，朱熹《答孙季和》中也说："其间注脚有太纤巧处。如论张汤、公孙弘之奸，步步掇拾，气象不如，却似与渠辈以私智角胜负，非圣贤垂世立教之法也。"[②]

《四库全书总目》说："然则朱子所谓巧者，乃指其笔锋颖利，凡所指摘，皆刻露不留余地耳，非谓巧于驰辨或至颠倒是非也。"[③]

结合吕祖谦的评点解说，仔细揣摩朱子的评论，所谓"巧"者，有"指其笔锋颖利，凡所指摘，皆刻露不留余地"的意思，也有批评吕氏过于深细、过于主观，着意求新，强执一己之见为公论的意思。

比如卷十二汉孝武皇帝元光五年"擢公孙弘为博士，寻以为左内史"条，吕氏《解题》引《史记》列传以见本末。值得注意的是，其间吕祖谦以自注形式对公孙弘之为人行事做了细致精到的评点，指摘其奸诈之处，以致朱熹目为"纤巧"，"气象不如"。

下面摘录几条具体来看。

"时对者百余人，太常奏弘第居下。策奏，天子擢弘对为第一。召见，

---

① 黎靖德编《朱子语类》卷122，岳麓书社，1997。

② 《晦庵先生朱文公文集》卷54，朱杰人、严佐之、刘永翔主编《朱子全书》本，上海古籍出版社、安徽教育出版社，2002。

③ 永瑢等：《四库全书总目》卷27《左氏传说》提要，中华书局，1981。

容貌甚丽，拜为博士，待诏金马门。”吕氏评曰：“弘固尝为博士，武帝以为不能而告归。距今未及十年，其才术容有，初未见察。至于容貌，则犹夫人也。今或见其容貌甚丽者，特喜怒变于内，观瞻亦改外耳。”

“时方通西南夷，巴、蜀苦之，诏使弘视焉。还奏事，盛毁西南夷无所用，上不听。”吕氏评曰：“弘初见任使，若遽为迎合之论，其术浅迫，为帝所窥矣。西南夷非帝之大欲，虽极言不可，亦不至大忤帝意。此弘之所以敢为正论也，其奸深矣。”

“每朝会议，开陈其端，使人主自择，不肯面折廷争。”吕氏评曰：“辞气从容，引而不发，使人自悟，固盛德之事也。然至于事之迫切，亦有时而犯颜逆旨矣。盖诚意恳恻自不能已也。若弘者，特窥伺人主所向，为容悦而已。”

“于是上察其行慎厚，辨论有余，习文法吏事，缘饰以儒术，上说之，一岁至左内史。”于“慎厚”，吕氏评曰：“敢于为诈，非慎也。忌刻深险，非厚也。特为慎厚之貌而已。”于“有余”，吕氏评曰：“弘未尝抵掌奋袖，言辞如云也。特挑发其机，而不尽露，故帝以为有余耳。”于“习文法吏事”，吕氏评曰：“此儒者所难也。”于“缘饰以儒术”，吕氏评曰：“此吏所难能也，而弘独兼之。”

“弘奏事，有所不可，不肯庭辩。尝与主爵都尉汲黯请间，黯先发之，弘推其后，上常说，所言皆听，以此日益亲贵。”吕氏评曰：“武帝深知黯之忠，以为社稷臣，故弘推使当其锋，亦其术也。然弘本以顺为正，何必求伸己之论哉！盖专为容悦，则人主亲之而不敬之；专为强直，则人主敬之而不亲之。弘出入乎两者之间，此所以日益亲贵也。”

“尝与公卿约议，至上前，皆背其约以顺上指。”吕氏评曰：“前所奏事有不可者，非大忤帝也，故与汲黯相上下，意自附于忠说。至于武帝意之所必为，从之则可以取宠，违之则可以取疏，弘于是乎不暇顾其它矣。”

“汲黯庭诘弘曰：‘齐人多诈而无情，始为与臣等建此议，今皆背之，不忠。’上问弘，弘谢曰：‘夫知臣者以臣为忠，不知臣者以臣为不忠。’上然弘言。”吕氏评曰：“黯之庭诘，本无辞可答。弘之对，汗漫不切。帝遽然之者，其意盖曰：帝之所见既是，我不忍执迷遂非，以害国事，虽人以为不忠，不暇恤也。其所以蛊帝之心者深矣！以帝之聪明，岂全不察此，特方欲排众议而伸己欲，乐其为助耳。不冠之嫚，实萌于此时也。”

“弘为人谈笑多闻，常称以为人主病不广大，人臣病不俭节。”吕氏评曰：“弘之此言为百世之害。”

“养后母孝谨，及后母卒，服丧三年。”吕氏评曰：“自景帝短丧之后，汉庭臣无有服三年丧者，而弘乃服之，其所以取重于帝者，盖以此。然未必不有为为之也。权宠之臣，不肯一日离人主左右，而弘乃服丧三年，其所以自结者深矣。”

以上文字颇能证明朱熹所言不虚，确实有过于深细、过于刻露之嫌，但吕氏都是从文本入手，细细揣摩体贴出来，并不能说是脱离实际的主观臆断。吕祖谦也不是将公孙弘彻底否定，实际上，我们通观《大事记》全书，对于公孙弘的评价还是比较客观的。如汉孝武皇帝元朔三年“罢西南夷”条，吕氏说：“弘之欲罢朔方、苍海、西南夷，皆良策也。以弘之智，岂朱买臣浮辩所能屈哉！以武帝攘斥匈奴之意方盛，故阳为不胜耳。其请罢西南夷、苍海，专奉朔方，殊非小补也。弘虽号阿谀，犹能小行其意，视后世之阿谀者犹庶几焉。”另如汉孝武皇帝元朔五年“夏六月置博士弟子员”条，《解题》引《史记·儒林列传》述儒学发展，公孙弘为学官，悼道之郁滞，乃请曰：“丞相御史言：制曰‘盖闻导民以礼，风之以乐。婚姻者，居屋之大伦也’”云云，吕氏评曰：“是时论学者尚知本此。”也肯定了公孙弘的学识与道德。

另外，汉孝武皇帝元鼎二年“御史大夫张汤有罪自杀”条，《解题》引《史记·张汤传》，吕氏对张汤之作为，也有深入的分析评点。如“汤死，家产直不过五百金，皆所得奉赐，无他业”，吕氏评曰：“如此，则丞相、三长史所按汤与田信分物致富之事不验，故皆见诛。”似为诛心之论。但据《史记》记载，“昆弟诸子欲厚葬汤，汤母曰：‘汤为天子大臣，被污恶言而死，何厚葬乎！’载以牛车，有棺无椁。天子闻之，曰：‘非此母不能生此子。’乃尽案诛三长史。丞相青翟自杀。”张汤为人狠直，太史公亦有微言。

吕祖谦《大事记》中的点评，从细微处剖析史实脉络以及人物禀性心理，是其习惯使用的一种方式，往往能有出人意表的见解，可以称之为史书评点体，对于始学者深入了解历史事件与人物，有着指点蹊径的作用，也开后来文章评点、小说评点的先河。

吕氏曾有书信给朱熹说："向日不觉其非者，政缘为程文时考观新说，余习时有在者故耳。所与诸生讲说《左氏》，语意伤巧，病源亦在是。自此当力扫除也。"① 大概朱熹也曾直接去信给吕氏指出这一点，吕祖谦并不以为忤，反而诚恳剖析缘由，吕氏自己说病源在"为程文时考观新说"的余习。

吕氏为文、立论，皆有着意求新、不因循墨守的精神。这种求新的意识，体现在史评之中，使其能剖析入微，见人所不能见，但也不免会陷入为求新而求新的境地。忽略这一点，固然不够客观，但执着此一点，以偏概全，也不是实事求是的态度，更不能见出吕氏史评的价值所在。

五　《大事记》所体现的吕祖谦的史学观念

古代史家都有明确的史观，历史就是鉴古知今，解释过去对于当今的意义。司马迁强调"通古今之变"，司马光《资治通鉴》是"专取关国家盛衰，系生民休戚，善可为法，恶可为戒者"，都特别关注古今盛衰兴亡之规律。吕氏对前后两司马的推重与继承，是显而易见的。所以吕祖谦考察历史，比较注重观其大略，察其统体，考察变化沿革，总结盛衰兴亡之规律。而考察历史盛衰的目的在于畜德致用。

其一，善观其大略，察其统体。

吕祖谦对于读史之法，有自己的深刻理解，他曾说："读史先看统体，合一代纲纪、风俗、消长、治乱观之。如秦之暴虐，汉之宽大，皆其统体也。复须识一君之统体，如文帝之宽，宣帝之严之类。统体，盖谓大纲。

① 《东莱吕太史别集》卷 7《与朱侍讲》，《吕祖谦全集》第一册，第 402 页。

如一代统体在宽，虽有一两君稍严，不害其为宽。一君统体在严，虽有一下事稍宽，不害其为严。读史自以意会之可也。至于战国、三分之时，既有天下之统体，复有一国之统体，观之亦如前例。大要先识天下统体，然后就其中看一国之统体，先识一代统体，然后就其中看一君之统体。二者常相关也。既识统体，须看机括，国之所以兴、所以衰，事之所以成、所以败，人之所以邪、所以正，于几微萌芽时察其所以然，是谓机括。”[①] 从吕氏的表述来看，所谓统体，亦即大纲，有一代纲纪、风俗、消长、治乱之大纲，有一君统治宽严之大纲，察其统体，则能见国之所以兴衰，事之所以成败，人之所以邪正，于几微萌芽时察其所以然。此即谓之机括，用吕祖谦的话来说就是“枢机关纽”，也就是历史发展的关键与必然规律。

这是吕祖谦的一贯看法，在《左氏传说》中也反复强调。“看《左传》，须看一代之所以升降，一国之所以盛衰，一君之所以治乱，一人之所以变迁。能如此看，则所谓先立乎其大者，然后看一书之所以得失。”[②] 要“见得风声气息之大推移、习俗之大变革处”，“须看得天下大势”[③]。可见对于历史大关节、大关键的注重是吕祖谦史学中非常重要的观念，并且贯穿其史学之始终，体现于各种著作之中。

在《大事记》中，吕祖谦的这一观点得到全面的体现。比如《解题》卷三周显王十年“公孙鞅变法”条，吕氏曰：“学者苟以伏羲、神农、黄帝、尧、舜、禹、汤、文、武、周公之法与商鞅变法之令并观之，大略可睹矣。”《解题》卷五周赧王四十四年，吕氏曰：“大抵观战国之事者，取其大旨而已。”所谓“大略”、“大旨”，即其反复强调的“枢机关纽”，历史之大势，就是吕祖谦在《大事记》中梳理总结的要旨所在。因为在吕祖谦看来，读史不是为了博闻强记，了解一二史事，读史书、观历史，就是要观其大略，察其统体，这样才能够把握历史的规律，洞悉其盛衰变化。

卷二周威烈王二十三年特别列出“九鼎震”一条，用意即在于此。

---

① 《东莱吕太史别集》卷14《读史纲目》，《吕祖谦全集》第一册，第561页。

② 《左氏传说》卷首《看左氏规模》，《吕祖谦全集》第七册。

③ 《左氏传说》卷4，《吕祖谦全集》第七册，第52页。

《解题》曰："九鼎，大禹所铸，三代所传王室之大宝镇也。是岁，大夫篡盗受王命者三国，盖天下之大变也，九鼎安得不震乎？天下之战国七：秦变于戎者也，楚变于蛮者也，燕变于狄者也，魏、赵、韩、齐皆大夫窃国者也。今一旦而顿命其三焉，三代之礼乐刑政自是而废。古先圣贤之后，周室所褒封者自是而尽，戎狄盗贼自是而横行。中国人事之变如此，天地之气岂得不为之动哉！"此前虽然大夫专国者亦多，但未有敢自命为君者，至此三大夫不仅窃国，而且受天子之命，周礼之纲纪已尽，周王朝转入衰世。除却天命迷信因素，此时确实是周室变迁之关键点，是所谓能见出天下大势的大变革处，吕氏《解题》中的阐发，正是把握住了晚周历史发展的"机括"。

其二，洞察历史变迁之消息，总结历史发展规律。

吕祖谦曾说："壶丘子问于列子曰：'子好游乎？'列子对曰：'人之所游，观其所见，我之所游，观其所变。'此可取以为史之法。"[①] 善观其变是吕氏考察历史的又一个特点。

在《大事记》中体现得尤为显著。吕氏纪历史大事，考制度风俗，特别注意礼制风俗之变，制度初立、风俗始坏，都是吕氏关注的重点。因为从中可见历史变迁的缘起走势，盛衰变化的线索脉络，真正达到洞察历史的目的。

比如以下数条：

卷一周元王元年"晋定公薨，子出公错立，赵鞅降三年之丧为期"条，《解题》曰："礼为君斩衰三年，赵简子始降之。"

卷一周威烈王十七年记"秦初令吏带剑"条，《解题》曰："佩玉，三代也。佩剑，秦也。秦与三代之分无他，观其所佩而已矣。"

卷一周威烈王十八年记"秦初租禾"，《解题》曰："秦不用周礼，所谓初祖禾者，变其国之旧制也。"

卷三周显王十二年"齐封邹忌为成侯"条，《解题》曰："诸侯擅封

① 《丽泽论说集录》卷8"门人集录史说"，《吕祖谦全集》第二册，218页。

同姓，见于书传者，自晋昭侯封成师始。诸侯擅封异姓，见于书传者，自齐威王封邹忌始。”

卷十汉孝文皇帝元年“从高帝入汉中者，列侯益封”条，《解题》引《史记·本纪》“封淮南王舅父赵兼为周阳侯，齐王舅父驷钧为清郭侯”，自注：“《汉书·本纪》、《年表》皆止云舅，削‘父’字，盖班固之时，已不呼母兄弟为舅父矣。”

卷十汉孝文皇帝三年“淮南王长杀辟阳侯审食其”条，《解题》曰：“《史记·本纪》、《年表》称赵兼为淮南王舅父，然则古人称母之兄弟为舅父，犹称父之兄弟为伯、叔父，言皆我之父行也。管仲如周，周王谓之舅氏，呼仲为舅家之人耳。今人于母之兄弟单称舅，或称舅氏，失其义矣。”吕氏特别注意这一点，他认为是礼制风俗之变，而且是失却古义、日渐浇漓的变化，所以反复言之。

晚周礼法制度变古，是由先秦至秦汉历史的一大转折，吕氏十分注重这一变化，故特别标出各种制度之初变，各种官制之初设，各种风俗之初现，痛惜古礼寖坏，列国渐已不守周礼。从礼制风俗之渐变，见出历史变迁之消息，充分体现吕氏作为史家的意识，也可以看到吕祖谦善于总结梳理制度风俗变化以见历史变迁的思路。

凡历史事件皆有发生发展之过程，吕祖谦《大事记》不但梳理考证史事本身，又特别关注史事发生之始与发展之渐，通过对影响史事的关键环节的揭示，体现出对历史发展脉络与规律的把握。

比如以下数条：

卷二周显王五年，“秦章蟜伐魏。赵与韩救之，战于石门。秦败魏、赵、韩，斩首六万”。《解题》曰：“献公之遣章蟜伐魏，意在于复河西之地也。自是秦之势浸强矣。《左氏》纪诸侯侵伐，虽大战犹未尝书斩首几万也。以万计级，自石门之战始。”

卷八秦二世皇帝二年“楚庄贾弑陈胜”条，《解题》曰：“诸侯之起半岁矣，至是周文败，陈胜、吴广、武臣皆死。此秦势振，诸侯势衰之时也。”

同年“九月，章邯大破楚军定陶，杀项梁”条，《解题》曰：“此秦再振诸侯再衰之时也。本根既蹶，虽形有起伏，兵有利钝，亦何关于大势哉！”

可见吕祖谦特别注意历史发展与局势的根本与关键所在，秦国从偏居西戎到一统天下，必然有其由弱转强的长期努力，吕氏通过对秦国强盛过程中重要阶段的梳理，揭示出秦军形势一再振起，最终平定六国的大势。有时不把握历史进程中的起伏跌宕、进退升降，就无法深入理解与体会历史的真相，《大事记》对历史变迁消息的考察，确实有助于学者把握历史发展规律，理解历史的盛衰变化。

其三，治史强调畜德致用。

吕祖谦以文献传家，学问综博，尤其对于史部文献，烂熟于胸，且能贯通融合，互相发明。但吕氏为学，宗旨与目的却不在博闻，而在于畜德致用。吕氏说：“看史非欲闻见该博，正是要‘识前言往行，以畜其德’。”①

《解题》卷一开卷明义，介绍《大事记》各部分的编纂宗旨：“（《解题》）盖为始学者设，所载皆职分之所当知，非事杂博，求新语，出于人之所不知也。至于畜德致用，浅深大小，则存乎其人焉。”也明确说明《解题》之作的目的“非事杂博，求新语，出于人之所不知”，而是畜德致用，虽然不能保证受学者皆能如此，却是根本宗旨所在。

所谓“畜德致用”，用吕祖谦的讲法就是“多识前言往行，考迹以观其用，察言以求其心”，也就是考察历史、学习前贤以求其实用践行，“从历史盛衰大势中总结出治国的有用之学”。② 他自述治史方法说：“看史须看一半便掩卷，料其后成败如何。其大要有六：择善、警戒、阃范、治体、议论、处事。”③ 此六者可以说都是基于畜德致用的目的，以求对于个人的道德修养与王朝的政治统治都有所裨益。吕祖谦在《大事记》中总结历代制度的演变，考述礼制风俗的推移，目的即在于总结历史盛衰变化的

① 《丽泽论说集录》卷10，《吕祖谦全集》第二册，第259页。

② 吴怀祺：《宋代史学思想史》，黄山书社，1992，第216页。

③ 《丽泽论说集录》卷9“门人所记杂说”，《吕祖谦全集》第二册，第257页。

规律，以求有用于当世。

六 《大事记》的疏误问题

《大事记》综罗历代史书，综合考辨而成，后出转精，自然有其超出前人之处。但吕祖谦晚年疾病缠身，撰述时间紧迫，疏误之处亦自不少。

1. “大事记”与《解题》异者

有关吕礼相齐之事，“大事记”于周赧王二十一年（秦昭王十三年）记“秦五大夫吕礼奔齐”，于周赧王二十九年记“齐以吕礼为相。秦伐齐，吕礼出奔。”则吕礼自奔齐至去齐，首尾九年。但《解题》卷五周赧王二十一年“吕礼奔齐”条，吕祖谦曰：“后六年，《秦纪》复书吕礼来归，则其权宠能与穰侯相轩轾可知矣。”可见《解题》据《秦本纪》立说，以吕礼奔齐至来归，其间凡六年。是“大事记”与《解题》有异，未改也。

另如《解题》卷一周贞定王十六年“晋荀瑶与魏驹、韩虎围赵无恤于晋阳”条，吕氏提及“智伯之臣豫让刺赵襄子不克，见杀”，而“大事记”未记此事。吴师道曰：“让，义士也，史迁列之《刺客》，而苏辙氏《古史》亦谓之非贤，失之矣。朱子《纲目》附见于三晋始命之下，则以其事在前，不得特书以表之尔。《大事记》《解题》略见，而《记》不书，未知吕子之旨。”[①]

2.《大事记》考订或文献梳理有误者

（1）因失检致误

卷三周显王四十一年，“秦败赵师于河西，杀其将赵疵，取离石”。吕氏自注“以《世家》修”，其后有“秦以张仪为相”一条。此处“取离石”有夺字“蔺”，应作“取蔺、离石”，且《史记》记载不误。而此事应系于张仪相秦之后。吕氏此处有疏误。

卷四赧王二十年（秦昭王十二年），“秦丞相楼缓免，以穰侯魏冉为丞相”。而赧王二十四年，则记“秦丞相烛寿免。复以魏冉为丞相，封于穰

① 《战国策》卷18，上海古籍出版社，1995，第600页。

与陶，谓之穰侯。”吕氏自注，前者据《史记·年表》，后者据《穰侯列传》、《秦本纪》。查《年表》、《穰侯列传》、《秦本纪》，据秦纪则冉始相已封穰，后相封陶，于列传则复相时封穰，后益以陶，本身已有不合。吕氏沿其误，未做辨正。

卷四周赧王十四年，记“秦庶长奂与齐、韩、魏共攻楚，败楚于重丘，杀楚将唐昧，斩首二万”。而于赧王十六年，则记“秦将军芈戎攻楚，取新市。齐章子、魏公孙喜、韩暴鸢助秦攻楚，虏唐昧，取八城。”前曰杀，后曰虏，必有一误。《六国年表》、《楚世家》均不言虏唐昧，查《秦本纪》作“取唐昧”，“昧”字衍。《大事记》似因之而误。实则唐与新市同为秦所取八城之一。一则前后矛盾，吕氏有所疏误，一则《史记》有多处记载此事，吕氏似仅据《秦本纪》而作“虏唐昧”，也失于查检。

（2）因他书而误

卷四周显王四十六年，“秦张仪与齐、楚、魏大臣会啮桑”。《六国年表》、《秦本纪》、《魏世家》皆无魏，《大事记》因《楚世家》有魏，并将此系于楚伐魏之前，实误。

卷四周显王四十八年，“齐封田婴于薛，号靖郭君”。时在齐宣王二十二年，吕氏依据的是《资治通鉴》，有误。据黄式三《周季编略》卷六，及钱穆《先秦诸子系年》“靖郭君相齐宣王与湣王不同时辨”条的考订，田婴封于薛的时间在齐威王时无疑。黄式三定在齐威王二十一年，钱穆定在齐威王三十六年，近是。①

卷十二汉孝武皇帝太初二年，“春正月戊申，丞相牧丘恬侯石庆薨”。吕氏依据《汉书·武帝纪》与《资治通鉴》，有误。据吴玉贵《资治通鉴疑年录》考订，《汉书》之《百官公卿表》与《史记》之《汉兴以来将相名臣年表》皆曰“正月戊寅”，且太初二年正月丁巳朔，月内无戊申，戊

① 黄式三：《周季编略》卷6，凤凰出版社，2008，第78页。钱穆：《先秦诸子系年》，九州出版社，2011，第355～357页。

寅为正月二十二日，则此处“戊申”应为“戊寅”之讹。[1]

（3）考订疏误

吕祖谦对史事的考辨，颇有成绩（下节做专门分析），但因材料不足或考虑不周，吕氏考辨亦有疏误之处。

比如有关中山国之事。《史记》之《赵世家》及《六国表》，记“献侯十年，中山武公初立”。沈钦韩《汉书疏证》曰：“按《本纪》，桓公卒，子威公代立为西周君耳。河南之外，一民尺土，皆非周有，何得为中山之君乎？《魏世家》：文侯伐中山，使子击守之。……盖姬姓之中山灭于魏文侯，魏所封之中山又灭于赵主父。而《赵世家》及年表皆倒置中山武公之文于文侯伐中山之前，故迷惑难考。”[2] 吕氏《解题》曰：“是时中山势益强，遂建国，备诸侯之制，与诸夏抗。”仍指其为春秋鲜虞之中山，考辨有误。

另如卷四周赧王八年“赵初胡服”条。《解题》根据《战国策》“武灵王破原阳，以为骑邑”，吕氏认为此事表明“武灵王胡服骑射，盖始教一邑，然后遍行于境内”。钱穆《先秦诸子系年》认为原阳属云中，乃武灵王二十五六年灭中山攘地始得，非胡服骑射先于此邑，明矣。[3] 这些例子都说明吕氏学问虽宏博，考辨亦严谨，但限于史料不足及认识局限，仍然多有疏误未周之处。

第三节　《大事记》的史学考辨成就

一　考系年

古史纪年，舛误甚多。尤其是战国时代，缺乏有权威性的纪年材料，

① 吴玉贵：《资治通鉴疑年录》，中国社会科学出版社，1994，第5页。

② 转引自钱穆《先秦诸子系年》，九州出版社，2011，第171页。

③ 钱穆：《先秦诸子系年》，九州出版社，2011，第263页。

梳理考订文献史料，系年是一大难题。《大事记》作为编年体史书，系年是其考史的重心所在，也是其考证成果的重要体现。

《解题》综列众说，比较各家异同以取其长，能够纠正《史记》、《资治通鉴》、《汉书》等前代史书中的一些系年错误。对于众说不一、抵牾矛盾甚至相沿成错的情况，做了认真严谨的辨析考订，创获颇多。

（一）考订《史记》纪年之误

1.《史记》与他书不合者

卷一周敬王四十四年“冬，王崩”条。《解题》曰：“《史记·年表》在前一年，今从《左氏》。皇甫谧曰‘四十四年’崩，与《左传》合。以逾年改元例之，迁元王之元于次年。”

卷一周元王七年“宋景公薨。六卿逐启及大尹而立得”条。《解题》曰：“《史记·世家》载景公六十四年卒，宋公子特攻杀太子而自立，是为昭公。以《左传》考之，景公在位四十八年，未及定嗣而没，所谓公子特，即得也。得、特声相近，语转而讹也。三事《史记》皆误，今从《左氏》。”

此二例以《左传》纠正《史记》之误。

卷二周安王二十六年“魏、韩、赵共徙晋靖公食一城而分其地”条。《史记·晋世家》：“靖公二年，魏武侯、韩哀侯、赵敬侯灭晋而三分其地。”《齐年表》书“三晋灭其君”。又于赵肃侯元年，书“夺晋君端氏，徙于屯留”。《水经注》引《竹书纪年》：“梁惠成王元年（周烈王六年），韩共侯、赵成侯迁晋桓（即晋靖公也）于屯留。”《史记》与《竹书》所载不同。吕氏认为，三家分晋后，靖公尚食一城，其灭在徙屯留后，“始夷于编户矣”。《史记》记载有误，故“移三家灭晋于夺靖公所食城，徙处屯留之年”。因为吕氏认为，“《竹书》盖魏国当时之史，其载前世治乱虽多讹谬，至于书战国事，必可信也”（卷二周烈王六年）。

此例以《竹书纪年》纠正《史记》之误。

卷三周显王三十四年“齐宣王与魏惠王会于甄”条。《史记·魏世家》

于此年书"惠王卒，子襄王立"。《六国年表》亦于明年书"魏襄王元年"。《史记》本身纪年相合。但裴骃《史记集解》引荀勖曰："太史公书惠成王但言惠王，惠王子曰襄王，襄王子曰哀王。惠王三十六年卒，襄王立十六年卒，并惠、襄为五十二年。今案古文，惠成王立三十六年，改元称一年，改元后十七年卒。太史公书为误分惠成之世，以为二王之年数也。"司马贞《史记索隐》引《竹书纪年》曰："惠成王三十六年改元称一年，未卒也。"司马光《资治通鉴考异》也怀疑《史记》误分惠成之世以为二王之年也，认为《竹书纪年》"既魏史，所书魏事必得其真，今从之"。吕祖谦《解题》接受《资治通鉴考异》的结论。

此例为综合众家之说纠正《史记》之误。

2.《史记》本身纪年不合者

卷二周显王元年"齐伐魏，取观津。赵人归齐长城"条。《史记·年表》是年书"赵侵齐，取长城"。吕氏认为，《史记·田敬仲完世家》中齐威王封即墨大夫、烹阿大夫后，"遂起兵西击赵、卫，败魏于浊泽而围惠王。惠王请献观津以和解，赵人归我长城"。故赵侵齐取长城，必在封即墨大夫、烹阿大夫前，至是畏齐强而归之也。因此，《年表》记载有误。

齐威王初立威国内，诸侯咸服，是年赵侵齐，于理亦不合。查《赵世家》云"侵齐至长城"。另外，《资治通鉴》卷二记载："周显王元年，齐伐魏，取观津。赵侵齐，取长城。"并误。

此例为《史记》之《年表》与《世家》纪年不合，以《田敬仲完世家》纠正《年表》、《赵世家》之误。

卷三周显王二十八年"魏庞涓伐韩。齐田忌、孙膑伐魏以救韩"条。据《孙膑传》，是年齐魏战于马陵。《魏世家》则记魏伐赵，齐救赵击魏。吕氏以为，此乃往岁桂陵之战，是时田忌、孙膑亦为将，而桂陵、马陵，地名相近，易于混淆，故误记耳。从《孙膑传》。

此例为《史记》之《世家》与《列传》记载不合，以《列传》纠正《世家》之误。

卷四周赧王三年"楚景翠围韩雍氏。韩宣惠王薨，子仓立，是为襄王。秦庶长樗里疾帅师救韩败楚。齐、宋围魏煮枣。秦樗里疾与魏伐齐，虏其将声子于濮，遂伐燕"诸条。《解题》曰："雍氏在赧王时楚尝两围焉。按《后汉志》在颍川阳翟。徐广曰：'《秦本纪》惠王后十三年书"楚围雍氏"。《纪年》于此亦说"楚景翠围雍氏。韩宣王卒，秦助韩共败楚屈匄"。又云"齐、宋围煮枣"。皆与《史记·年表》及《田完世家》符同。'此是前围雍氏之事也。至于后围雍氏，在赧王十五年。《世家》合而为一，误矣。"

此例《史记》误将周赧王三年与十五年两围雍氏之事合二为一。吕氏辨其误。

3.《史记》本身及与他书纪年皆不合者

卷四周赧王十七年"齐、韩、魏伐秦，败秦军于函谷关"条。《解题》自注："《通鉴》载齐、韩、魏诸国伐秦，秦割地以和，于怀王卒之后。(《资治通鉴》卷四赧王十九年）吕氏按：孟尝君欲令秦出楚怀王以和，则是时怀王固未卒也。(《史记》、《战国策》)《秦纪》载诸国伐秦，怀王奔赵及怀王卒，皆书于秦昭王十一年，亦非也。当以《年表》为正。然《年表》今年既书三国伐秦，昭王十一年又书韩与齐、魏击秦，秦与韩武遂、魏封陵以和，亦误分一事为两事耳。"

《史记》纪年有误，吕氏综考《年表》、《世家》、《战国策》、《资治通鉴》而确定。

卷五周赧王二十六年"秦丞相魏冉、大良造白起、客卿错伐魏，至轵，取城大小六十一"条。《解题》引《穰侯传》："穰侯为将，拔魏之河内，取城大小六十余。"轵者，河内之属邑也。又通过自注加以考订。《秦纪》："昭王十六年，左更错取轵。"《白起传》书虏公孙喜之明年，取魏城六十一。以《穰侯传》、《年表》参考之，取河内城大小六十一，盖在穰侯再相受封之后。《秦纪》、《年表》所书皆非也。

吕氏考辨，时间在秦昭王十八年，认为《秦纪》纪年有误，《年表》纪年虽不误，然仅记客卿错伐魏，不言穰侯、白起，非也。《白起传》纪年亦有误。

（二）考订《资治通鉴》纪年之误

吕氏《大事记》以《资治通鉴》为本，凡同于《通鉴》者不重出，有不同者，采他书考辨之，其中就包括订正《资治通鉴》纪年之误。

卷六秦始皇帝十三年“桓齮取赵平阳、武城、宜安”条，《解题》曰：“以《年表》、《世家》考之，去年桓齮攻平阳，杀扈辄。今年桓齮定平阳、武城、宜安。李牧与战，却之，赵封牧为武安君。《通鉴》用《李牧传》（见《廉颇蔺相如列传》），并载于去年，不知《牧传》特终言之也。”

此例以《史记》之《年表》、《世家》纠正《资治通鉴》之误。

卷十二汉孝武皇帝元光元年“主父偃、徐乐、严安上书言事，皆以为郎中”条。《解题》曰：“《通鉴》载于元朔之元，盖附见于分封诸侯王子弟之前一年。以主父偃窃奏董仲舒高园殿对考之，高园殿火在建元六年，距元朔改元八年。若主父偃果以是年初召，则此未尝见武帝，安得窃仲舒草稿而奏之？若召见，亲近之后，方窃奏仲舒奏稿，则仲舒亦不应追论七八年前灾异也。况田蚡死已久，仲舒所谓‘贵而不正’者，果何所指乎？按《主父偃传》：‘元光元年，西入关见卫将军。卫将军数言上，上不省。资用乏，留久，诸侯宾客多厌之，乃上书阙下。朝奏，暮召。’是岁去高园殿火才一年耳。仲舒之草奏论说，盖其时也。偃方以口舌鼎贵，忌仲舒能出己右而陷之，亦好进者之常态。今移三子上书于此年之末，庶几于事为合。”

吕氏自注：“《主父偃传》载三子同时召见，皆拜郎中，而《徐乐传》载其所上书有‘略薉州，建城邑’，乃元朔元年，《通鉴》或亦据此，然不若主父偃窃董仲舒奏草事岁月明白，况《徐乐传》载，既上书‘后以为骑马令’，不云‘除郎中’，与《主父偃传》不同，未敢据也。”

此例以《史记》之《列传》纠正《资治通鉴》纪年之误，考证缜密，结论可靠。

卷十二汉孝武皇帝元封元年“遣赵破奴击西域，虏楼兰、车师王”条。《解题》自注曰：“《通鉴》以《汉书·本纪》不载赵破奴还师击西域破车师、楼兰事，遂据《年表》赵破奴封侯之岁，载于元封三年，殊不知立功数年后行封者多矣。”

此例纠正《资治通鉴》之误，源于不知史实变通之故。

（三）考订《汉书》纪年之误

《汉书》以汉朝人纪西汉史事，所据文献材料相对比较丰富，叙事系年比较准确，但经过两汉之间的更迭动荡，加以时日久远，简编漫灭，因此错讹之处亦复不少。

比如卷十汉孝文皇帝后三年“以中郎将张释之为廷尉”条。张释之为廷尉，《汉书》之《百官表》书于文帝前三年，吕氏认为有误，因为《汉书》本传记载：“释之事孝文帝，十岁不得调，无所知名。欲自免归。中郎将袁盎知其贤，惜其去，乃请徙释之补谒者。”既言“十岁不得调”，则拜廷尉不在前三年明矣。另外，《本传》载释之为廷尉，当犯跸、盗高庙玉环两狱，其下云：“当是时，中尉条侯周亚夫与梁相山都侯王恬开见释之持议平，乃结为亲友，张廷尉由此天下称之。”周亚夫文帝后六年始为中尉，若移释之为廷尉于后三年，则与周亚夫为中尉之年相近。因此，吕氏认为《百官表》误以“后三年”为“前三年”。有人怀疑此说，认为“《百官公卿表》后元年书廷尉信，孝景元年书廷尉欧，中间无为廷尉者。《本纪》景帝元年七月，诏议吏受所监临饮食、财物法，廷尉信又在议中。然则廷尉信自文帝后元年拜官，至景帝元年七月尚在职，七月后，始以张欧代之，岂可置释之为廷尉于后三年乎？”吕氏解释说：“《年表》后元年虽书廷尉信，而后七年又书奉常信，则既徙为他职矣。景帝元年议刑名，复书廷尉信，是信自廷尉而迁奉常，又自奉常而还故官。迁徙往来，《表》皆不载，则漏缺多矣，安知非后三年以前，信已徙他官，而释之补其处乎？又安知景帝元年七月以前，释之已出为诸侯相，然后复用信，信就职未几，而易以张欧乎？大抵迁官徙职，一往一来，岁月既远，安能悉得其真？而《年表》世尤罕读，无复善本，故不胜其舛误也。”

吕祖谦对此条的考证，逻辑清楚，确有依据，进一步的推测也比较合理，应该说结论是可靠的。

卷十一汉孝景帝五年“冬十月戊戌，晦，日有食之”条。《解题》曰：“《本纪》（此处指《汉书·景帝纪》）书于四年末，盖《太初》以正月为岁首之后所追记也，班氏因其误而失于釐正耳。今移于五年之首。中四年末，《本纪》又书‘十月戊午，日有食之’，亦误也。”

此处吕氏纠正《汉书》纪年之误。其实不止《汉书》，《资治通鉴》景帝四年书“冬，十月，戊戌晦，日有食之”，中四年末书“冬，十月，戊午，日有食之”，同误。朱熹《资治通鉴纲目》以疑传疑未改，明成化九年刊刻时始加以勘正。查吴玉贵《资治通鉴疑年录》，吴氏引胡三省注，亦认为此处《通鉴》承《汉书·景帝纪》，误以冬十月置于岁末，但依据《二十史朔闰表》，本年十月己酉朔，十月之晦应在戊寅，原文“戊戌”误，[①] 是有道理的。

二　考地理

纪年之外，地理也是吕祖谦《大事记》特别关注的内容，这是符合史学研究者的基本认识的。比如南宋著名学者王应麟曾说：“言地理者，难于言天，何为其难也？日月星辰之度，终古而不易；郡国山川之名，屡变而无穷。”[②] 确实如此，地理沿革变迁淆乱如麻，非素有研究者不能贯通，故地理之学，号为繁难。著名宋史学家邓广铭先生也曾提出研究历史有四把钥匙，即职官制度、历史地理、年代学和目录学。

尤其对于始学者来说，地理问题错综复杂，无从把握，而地理不明，如纸上谈兵，不能真正理解史事，更难以达成吕祖谦注重由历史而究古今之变，强调总结盛衰升沉之规律的目的。因此吕祖谦《大事记》中特别注意考辨地理形势，梳理地域沿革，是有其明确的意图的。

吕祖谦在地理学方面颇有造诣，谙熟地理形势与历代政区之设置。他撰有《六朝十论》，专论吴、晋、宋、齐、梁、陈六朝之得失兴亡，从中

① 吴玉贵：《资治通鉴疑年录》，中国社会科学出版社，1994，第3页。

② 王应麟：《通鉴地理通释》自序，《丛书集成初编》本。

可知其对山川形势、险要利害非常熟悉，在史馆时也曾直接参与过审定国史《地理志》的工作[①]。另外，吕氏特别注意地理形势与政治统治之间的关系，曾从地理形势分析关中与洛阳："关中是形势之地，洛是都会之中。欲据形势，须都关中，欲施政令，须都洛。"[②] 这都表明，吕祖谦本人对于地理之学有着较深的积累。

从《大事记》的来看，地理形势与行政沿革是吕祖谦特别注意去梳理考证的内容，对学者读史颇有裨益。

（1）介绍地理大势，疆域四至，地名沿革，使读史者建立起对诸侯国或重要城邑、形胜的地理认识。

《大事记》对于古今地名沿革，多引《左传》注、《水经注》、《史记》注、《汉书·地理志》、《汉书》注等，注明古地名今属州府军县，以及侯国、王国、郡县的建置，地理形势与沿革发展。古今对照，有助于建立清晰的地理观念，进而准确理解历史。如卷四周慎靓王二年"楚城广陵"条，《解题》曰："广陵在秦属九江郡，汉吴王濞所都也。景帝灭吴，以为江都国。武帝曰广陵国。东汉为广陵郡。东晋时，以郗鉴都督青、兖二州诸军事镇此。宋置广陵郡，文帝兼置南兖州。齐、梁因之。梁末，地入北齐，改曰东广州，析广陵、江阳为二郡。北齐末，地归于陈，复曰南兖州。寻为后周所取，改为吴州。隋开皇中改为扬州，始以广陵为治所，罢广陵、江阳二郡。大业初置江都郡。唐武德三年曰南兖州，七年曰邗州，九年曰扬州。贞观十八年复置江扬郡，与江都分治。天宝元年并为广陵郡，领淮南节度。今为扬州。"此节详述广陵地理沿革。历代名称不同，所辖变化，一一罗列，加以辨析，是吕氏考地理沿革最典型的例子。再如卷七秦始皇帝二十六年"分天下为三十六郡"条，相较于《史记》、《资治通鉴》及胡三省注，吕氏解题甚为详尽，不仅详列三十六郡郡名，并述及其后并南越、闽越置桂林、南海、象郡、闽中为四十郡事。且以自注形

① 《吕集佚文》之《与李侍郎仁父书》，《吕祖谦全集》第一册，第699～703页。

② 《东莱吕太史外集》卷5"己亥秋所记"，《吕祖谦全集》第一册，第731页。

式注明三十六郡在汉代的区划所在，以及沿革变化。最后解释秦之三川、河东即后来汉之三河（汉分三川为河南、河内，与河东号为三河），陪辅关中，为诸郡之地势最重者，使学者对于秦汉地理区划问题，能了然于胸，对当时政治情势，也能洞悉明白。其他如卷一周贞定王十六年考晋阳，卷三周显王十九年考咸阳，等等，也皆能考其历代沿革，脉络清晰，原原本本。

吕氏注意从地理形势来解释历史事实，地理明则史事明。如卷三周显王二十九年，魏徙都大梁。吕氏《解题》曰："安邑与秦界河，既献河西地，则迫秦不可都，故徙都大梁。"与《史记·商君列传》中商鞅说秦孝公事结合来看，即能明白当时魏迁都大梁，是因为河西之地尽入于秦，国都安邑直接与秦相接，已无"居领阨之西，都安邑，与秦界河而独擅山东之利"的地理优势。而魏都东徙后，秦进而据河山之固，东向以制诸侯，得以成就帝王之业。

吕氏更能够于地理沿革中见出历史变迁，盛衰形势。如卷六秦庄襄王元年"拔成皋、荥阳，初置三川郡"条，《解题》曰："荥阳、成皋，自春秋以来，常为天下重地。繇秦而上，晋、楚于此而争霸。繇秦而下，楚、汉于此而分雌雄。天下既定，七国、淮南、衡山之变，犹睥睨此地而决成败焉。东都以后，言形势其及之者鲜矣。人事既改，则地之轻重亦有时而移也。"不仅强调了春秋以来荥阳、成皋在列国争霸、王朝更迭中的重要位置，而且点明了东汉后影响力衰落的原因，在于"人事既改，则地之轻重亦有时而移"。虽然是论地理，仍然能够看出吕祖谦善于考察世变的通史观念。

（2）吕氏对于历史上有争议或不甚明确的地理沿革问题，广引史书地志，加以考订。

或罗列众说，取其优长者。如卷八汉高皇帝四年"西楚与汉约中分天下，以鸿沟为界"条，《解题》引《史记正义》中应劭、文颖、张华诸说，考辨鸿沟所在之地，详加罗列，而以张华之说为是。

或分析辨正，提出个人观点。如卷九汉太祖高皇帝六年"春正月丙午，分楚地为二国”条，《解题》曰：“按《本纪》……壬子，以云中、雁门、代郡五十三县立兄宜信侯喜为代王。”以下吕氏以自注形式详细考订，认为《史记·高祖本纪》载刘喜为代王于高帝七年，《汉兴以来诸侯年表》虽书喜元年于高帝六年，然谓韩王信降匈奴而喜继王其地，二者皆非。《汉书》之《本纪》、《年表》具载封拜年月日、郡名、县数，盖故府之所藏，更为可信，何况刘喜所王者云中、雁门、代三郡，信所王者太原一郡，二者自不相干，因此《史记》之误明矣。《史记》致误原因是太史公不明地理沿革变化。吕氏分析说，汉高帝以太原郡为韩国，徙信以备胡，都晋阳。当时韩王信上书说韩国邻匈奴，而晋阳去塞远，请移治马邑，上许之。马邑属代郡，在高帝时或属太原。至高帝十一年，封文帝为代王，颇取山南太原之地以属代，是割韩王信之故地以增益代国。吕祖谦最后的结论是：“自后世观之，韩之都乃在代之县，代之地乃涉韩之境，子长不深考，遂误以代之新封为韩之旧疆也。子长论舆地之大势，封建之大意，固非孟坚所及，至于综练故实，考核岁月，则孟坚之所长也。”

再如卷十二汉孝武帝元朔二年“置朔方、五原郡”条，《汉书·武帝纪》书“置五原郡”，《地理志》载：“五原郡，秦九原郡，武帝元朔二年更名。”吕氏对此略加考辨：“以五原郡诸县考之，稒阳有头曼城，则其地亦尝为虏取矣。《志》止谓之更名者，岂非郡地虽多为虏所取，而郡名尚存乎？武帝尽复郡境，易以新名，《纪》虽谓之置，亦可也。”对其间沿革之梳理，颇为清楚。辛德勇《以五原郡的始设时间为例述吕祖谦之历史考辨》一文对此非常推崇，认为体现了吕氏高超的历史考辨能力。①

《大事记》地理考证的成绩，窥一斑可见全豹，亦当引起后人的重视。

三 考制度

制度之学，是当时浙东一带学术的重心所在。前辈如薛季宣，著有

① 辛德勇：《以五原郡的始设时间为例述吕祖谦之历史考辨》，梅新林、王嘉良主编《江南文化研究》第一辑，学苑出版社，2006。

《春秋经解》、《春秋指要》，“上下千载，礼乐制度，莫不该通委曲，以求见之于事功”。吕祖谦曾称道其“于田赋、兵制、地形、水利，甚下功夫，眼前殊少见”[①]。比吕祖谦稍晚的陈亮、叶适、陈傅良，固然都精于制度之学，主于经世致用，与其基本同时但孤僻不相往来的唐仲友，治学重心也在于制度，“仲友邃于经学，通性命之理，下至天文地理、兵农、礼乐刑政、阴阳度数、郊社学校、井地封野，探索考订，体该本末，一一可见诸用”。[②]

浙东学者中，吕祖谦可谓翘楚，其于史学更是特别注重历代制度的梳理与考订。

吕祖谦有《左传类编》，又有《历代制度详说》，二书角度不同，都可见吕氏于历代制度之重视，见其深厚积累以及梳理考订之功。《左传类编》取《左传》中事类分类而编辑，凡十九目：周、齐、晋、楚、吴越、夷狄、附庸、诸侯制度、风俗、礼、氏族、官制、财用、刑、兵制、地理、春秋前事、春秋始末、论议，其中之主体即制度的梳理汇编。《历代制度详说》分制度与详说两部分，考述古代制度之原委与发展沿革，凡十五目：科目、学校、赋役、漕运、盐法、酒禁、钱币、荒政、田制、屯田、兵制、马政、考绩、宗室、祀事。

在吕祖谦的其他撰述中，对制度沿革也给予极大的关注。在吕氏看来，制度是解读历史的一把钥匙，而这把钥匙，在编年体史书中是若隐若现的，不专言制度，但细节处皆能体现制度之沿革变迁，读史者当细观之。比如《左氏传说·看左氏规模》说：“如郑之败燕，以三军军其前，潜军军其后，若此之类，人孰不知其为兵制？至于不说兵制，因而见之者，须当看也。如诸侯‘败郑徒兵’，此虽等闲句，而三代兵制大沿革处可见于此。盖徒兵自此立，而车战自此浸弛也。”[③] 在《左氏传说》、《续说》中，有关《春秋》官制、军制、井田之制，吕氏皆随文梳理，以辨明

① 黄宗羲、全祖望：《宋元学案》卷52《艮斋学案》，中华书局，1986。

② 楼上层：《金华耆旧补》卷19，《中国古代地方人物传记汇编》，北京燕山出版社，2008。

③ 《左氏传说·看左氏规模》，《吕祖谦全集》第七册，卷首第1页。

前人疏于考证处、语焉不详处。虽不是专门立论，长篇大文，只如抽丝剥茧，探幽索微，却往往颇有所得。

同样的，在《大事记》“解题”部分，吕祖谦结合具体史事，对于战国以至秦汉时期一些重要的制度也做了梳理考订，颇有所得。

1. 为读史者提供准确的制度解析，理清制度沿革脉络

汉承秦制，理清秦代制度对于了解两汉历史有着重要作用，能见出历史之发展，所以《大事记》对于秦朝制度非常关注。卷三周显王十七年“秦大良造公孙鞅伐魏”条，《解题》引颜师古、刘昭、如淳、杜佑等各家之说，略述秦爵之等级。卷三周显王二十年“秦初置有秩史”条，《解题》引《汉书》之《百官表》、《汉官仪》、《风俗通》、《后汉志》等，详考秦之县乡官制。卷七秦始皇帝二十六年，《解题》因《汉书》、《后汉书》之《百官表》、《职官志》及《通典》等书考秦之官制、郡县制度、礼乐之制、赋税制度、币制等。从封爵到职官，从郡县制度到礼乐之制，从赋税制度到货币制度等秦王朝各层面的重要制度，吕氏综合众说，做出简要清晰的梳理考订，看起来并无严密的体系，但前后勾连，累累若贯珠，也能显现撰者前后贯通解释历史的意图。

即使是一些看起来并不重要、有些枝节性质的制度，吕氏也特别加以考述。如卷五周赧王十九年“赵主父与齐、燕共灭中山，迁其王于肤施。还归，行赏，大赦，置酒酺五日”条，《解题》曰：“大赦，即《春秋》所书‘肆大眚’，非三代之旧也。汉律：三人以上，无故群饮酒，罚金四两。诏横赐得令群饮食谓之酺。群饮之禁，远自周公，赐酺之制，亦必非始于赵也。”以下以自注形式详引《周礼·族师》及注、疏，《礼记》及郑注做进一步补充说明，考述赐酺之制，细致入微。

再如卷九汉孝惠皇帝三年“秋七月，都厩灾”条，《解题》综合《百官表》、《汉官仪》等的记载，梳理西汉马政制度，得其大略。

饮酒、马政等都不算是特别重要的制度，却是深入理解古代历史文化的细节基础。历代典籍中虽有记载，但并不为人所重。吕氏综合总说，简要梳理其发展沿革，使学者能览其概貌，也体现出其巨细不遗、博学融通的学术特点。

2. 注重考订制度之变，以见出吕氏对于历史变迁、制度变革的看法

卷三周显王十九年“秦坏井田，开阡陌”条，吕氏《解题》对商鞅变革古之井田制度持批评态度。他认为井田之制，有其长处，“经纬错综，若画棋局。虽有强者，百亩之外不容兼并也，虽有弱者，百亩之内不至侵夺也。强弱愚智，各得其所。天生民而立之君，凡以为此。”商鞅此举是“不知代天理物之意，徒欲鼓舞奸猾，以利吾国”，“其设心如是，特盗贼之长雄耳，非可与论君道也”。并引班固评价“王制遂灭，僭差亡度”以佐证之，态度不可谓不严厉。

“秦弛虞衡之禁”条，又引董仲舒“秦用商鞅之法，改帝王之制，除井田，民得卖买，富者田连阡陌，贫者亡立锥之地”批评商鞅改古制，变新法，结果是使民知争利，贫富不均。

“秦令民父子兄弟同室内息者为禁”条，吕氏《解题》亦加以批评：“商君谓赵良曰：‘始秦戎翟之教，父子无别，同室而居。今我更制其教，而为其男女之别。’先王之礼，不下庶人，由命士以上，父子始别宫。令商君制礼，乃过于先王，抑不知果其情与？”吕氏的意思是，其法以礼制之名，实未明先王之礼制也。

对于井田制等三代制度之破坏，吕祖谦有明确的态度，通过对商鞅变法新政的梳理，表达了自己对古代制度寖衰的失望与批评。

卷六秦始皇帝十六年“初令男子书年”条，《解题》对男子书年制度，周礼、秦制，变化及效用，做了较详细的考述：“按《周官·媒氏》：‘男女自成名以上，皆书年月日名焉一。’成名，子生三月，父名之也。《内则》：‘子生三月之末，男角女羁，以见于父，父名之。宰书曰“某年某月某日生”而藏之。宰告闾史，闾史书为二，其一藏诸闾府，其一献诸州史。州史献诸州伯，州伯命藏诸州府。’其制详密如此，战国以来，不复重民之生，此制废缺久矣。始皇复令男子书年。其制及男，而不及女，特恐民之辟征役耳。岂有三代重民之意哉！然下一切之令，而使书之，亦岂能得其实乎？”

吕氏自注："徐幹《中论》曰：'民数为国之本也。先王周知其万民众寡之数，乃分九职焉。九职既分，则劬劳者可见，勤惰者有闻也。然而事役不均者，未之有也。事役既均，故上尽其心，而人竭其力，国家殷富，大小不匮，百姓休和，下无怨疾焉。'《周礼》：'孟冬，司寇献民数于王，王拜而受之，登于天府。内史、司会、冢宰贰之。'其重之也如是。今之为政者，未之知恤也。譬犹无田而欲树艺，虽有农夫，安能措其强力乎？是以先王制六卿六遂之法，所以维持其民，而为之纲目也。使其邻比相保，受赏罚相延及，故出入存亡、臧否逆顺可得而知也。及乱君之为政也，户口流于国版，夫家脱于联伍，避役逋逃者有之，于是奸心竞生，而伪端并作，小则滥窃，大则攻劫，严刑峻令不能救也。人数者，庶事之所自出也。莫不取正焉。以分田里，以令贡赋，以造器用，以制禄食，以起田役，以作军旅。国以建典，家以立度，五礼用修，九刑用措，其唯审人数乎！"

书年之制度，三代既有，秦始皇复令男子书年，名虽同而实有异。三代之制，重民之生，始皇之制，防民避征役。先王重民数，欲由此以分职，均事役，使上尽其心，人尽其力，及乱君为政，则失其本质。因此民数事小，所关厥大。吕氏注重对制度之变的考察，本意在于考察历史变迁，初不在名物制度本身。

四　考风俗

盖风俗是礼制之大端，风气推移，可见历史变迁。此是吕祖谦一以贯之的观念。在《左氏传说》、《续说》、《东莱博议》等书中亦多次申明。比如，《左氏传说》卷四僖公元年"楚国之举常在少者"条说："大抵看书，其间有两句可以见得一国风俗者，最当深考。"二十一年"楚灭六蓼郝灭须句"条也述及："此最见得风声气习之大推移，习俗之大变革处，学者当仔细看到此，又须看得天下大势，与战国汉唐相接。"①

这一特点，后人多有抉发者。吕思勉说："其论政事，亦恒以风俗为

① 《左氏传说》卷4，《吕祖谦全集》第七册，第49、52页。

重。所撰《礼记说》，訾‘秦汉以来，外风俗而论政事’。《论语说》曰：‘后世人所见不明，或反以轻捷便利为可喜，淳厚笃实为迟钝，不知此是君子小人分处。’”①

吕氏以为，“风俗之变，国势之隆替寓焉”②，“善政未必能移薄俗，美俗犹足以救恶政”，故风俗习气于国势政事所关亦大矣。他论史特别注意考察风俗之变，目的则在于鉴今。《左氏传说》卷八“太史书崔杼弑君”条曰：“观三太史之事，当知文、武、成、康涵养风俗之所致。观三舍人之事，当知我祖宗涵养风俗之所致。”③ 联系到淳熙四年轮对札子，吕祖谦畅论宋朝立国祖宗化成风俗所以维持天下之道，都说明观风俗论政事是他现实关切之所在。

因此，吕氏在《大事记》中也将这一观念贯穿始终，时作阐发，以体现其观风俗察世变的史学观念。列国为秦所灭后，《解题》皆详述其始封、世系、地理、风俗，其中特别总结描述各国民风习俗。比如卷六秦始皇帝二十二年，秦灭魏。《解题》在述其始封、世系、地理后，特以自注说明“风俗见‘晋及秦分三十六郡’《解题》”，都可见出吕氏记风俗之变的深意。

1. 夷狄变夏，风俗寖衰

卷一周元王元年“蜀人聘秦”条，《解题》曰：“《秦记》书‘蜀人来赂’，赂即聘也。聘必有币也。秦用夷，不能尽行聘礼，故其国史凡聘皆谓之赂。”

卷一周贞定王十八年“秦左庶长城南郑”条，《解题》曰：“庶长，秦官。……秦楚变于戎狄，不用周礼，故官名异于他国。”

卷一周威烈王九年“秦初以君甥妻河”条，《解题》曰：“用诸河以求福也。戎狄之俗也。魏文侯使西门豹为邺令，邺民苦岁，为河伯娶妇，豹始禁之。正与此同。时魏与秦邻，意者染秦俗与？”

---

① 吕思勉：《理学纲要》篇十“浙学”，东方出版社，1996。

② 《东莱吕太史外集》卷1“策问一”，《吕祖谦全集》第一册，第625页。

③ 《左氏传说》卷8，《吕祖谦全集》第七册，第103页。

以上数例中，吕祖谦反复强调秦楚用戎狄之俗，重点在说明当时夷狄对周礼与传统风习的破坏。

2. 战国风俗风气，与后代之不同

卷二周安王二十一年“楚悼王薨，宗室大臣攻吴起，杀之”条，《解题》曰：“墨氏虽邪说，所以盛行于当时者，盖其徒以死守之也。战国轻生尚义之俗，于此亦可见。田横之事有自来矣夫!”于轻生死重然诺的尚义习俗大加褒扬。

卷五周赧王三十六年“秦、赵会渑池”条，《解题》引龟山杨时说：“赵社稷安危之机，不在璧之存亡。夫以小事大。古之人有以皮币犬马珠玉而不得免者，况一璧乎！虽与之，可也。相如计不出此，不三数年，赵卒有覆军陷城之祸者，徒以璧为之祟也。然则全璧归赵何益哉！至于渑池之会，则其危又甚矣。相如智勇不足重赵，使秦不敢惴焉，乃欲以颈血溅之，岂孔子所谓‘暴虎冯河，死而无悔’者与?”又引《太史公序传》曰：“能信意强秦，而屈体廉子，用徇其君，俱重于诸侯。”吕氏认为，“合两说观之，相如之抗秦，特战国以气相加之习俗，至于体国而深自克，则非战国之士也”。

吕氏此论可谓得其实也。战国之士，勇于义，两宋之士，深于思。故春秋战国多慷慨就死之士，如鲁仲连、毛遂、唐雎皆能不辱使命。而两宋多理智分析，思致缜密而少慷慨之士。是以杨龟山不足以理解战国尚义之士，时习变化使然也。

3. 风俗有关于历史之变

吕祖谦认为自春秋以来的风俗变化影响到历史的发展，故对于此类风俗之变，颇为关注。

卷十二汉孝武皇帝元朔三年“族诛郭解”条，《解题》曰：“游侠始于王政之不行，而盛于战国之末。虽以始皇之暴，隳名城，杀豪杰，不能少杀其势。田横之死，自杀者至五百人，私义之胜亦极矣。文、景以来，累加诛揃。然其锋犹未衰也。至于武帝，势平文胜，禁网日密。自郭解之诛，而天下无大侠矣。班固、荀悦之论，固不可易，而司马迁讪薄拘学，乃豪侠之情，儒者不可不知也。”

游侠之风俗，有关于先秦、秦汉历史之发展多矣，风气之变，见于史书，吕氏明乎此，可见其对历史变迁把握之细致深入。

再如汉孝武皇帝元狩四年“前将军李广自杀”条，《解题》曰：“世变有文质，而人物有华实。汉初人物，固非中叶所能用也。李广生非其时，其留落不偶，何足怪哉！”以世风之变解释李广遭遇，角度很特别，也有一定的说服力。

五　考订史实

吕氏曾对朱熹说：“史事以文籍不备，阙疑处极多，但是非邪正所系，不敢草草也。”① 故《大事记》之《解题》于史实考订极为用心，也颇有所得。

如卷二周安王五年记“盗杀韩相侠累”事，据《史记·韩世家》记载：“（韩）烈侯三年，聂政杀韩相侠累。”《聂政传》则谓严仲子事韩哀侯，与韩相侠累有隙，严仲子恐诛，逃亡于魏，使聂政刺侠累，与《韩世家》记载不合。吕氏认为，因为其事偶同，所以《刺客列传》误以为哀侯之时，造成《史记》世家与列传记载不合。《战国策·韩策》也有相关记载：“东孟之会，韩王及相皆在焉。聂政刺韩傀，兼中哀侯。”“许异蹴哀侯而殪之。是故哀侯为君，而许异终身相焉。”吕氏据《韩世家》，认为哀侯既被杀，其子懿侯即立，许异不得为哀侯相，更何谈终身相之？而侠累死后，烈侯犹在位十年，谓之终身相之可也。因此，东孟之会，聂政刺相兼中其君，乃烈侯三年之事，《刺客列传》记载失实，《战国策》亦误为哀侯。

此事史书记载颇为混乱，东汉王充《论衡·书虚》篇已辨聂政刺杀韩王之事，可见其误久矣。吕氏做了进一步的梳理考证，基本理清了事实。

再如考辨战国时东、西周问题，也是《大事记》考订史实方面的重要成果。这一问题古来即有争议，比如《战国策》高诱注：“西周王城，今

---

① 《东莱吕太史别集》卷 8《与朱侍讲》，《吕祖谦全集》第一册，第 422 页。

河南；东周成周，今洛阳。”《世本》云：“西周桓公名揭，居河南；东周惠公名班，居洛阳。”说法就不相同。到宋代，学者多有讨论者。邵雍《皇极经世》、司马光《资治通鉴》与《稽古录》、鲍彪《战国策注》等都有所提及，但都不免有误。《资治通鉴》直以奔秦献邑者为赧王，《稽古录》中复误以西周桓公为东周。尤其是鲍彪注，以西周王城为周赧王所都，秉尊王之义，以西周为正统，于是变乱高诱本《战国策》次序，升西周策为首卷，降东周策为次，“极其舛谬，深误学者”。

吕祖谦在《大事记》解题中，对这一问题给予了极大的关注，前后共有八条考证涉及这一问题，贯穿全书。吕氏通过史料的梳理考证，基本辨明战国时东、西周问题，对前人的错误进行了廓清，使这一问题呈现出一个相对清晰的面貌，其结论也很快为后人所接受。

比如稍后赵与旹《宾退录》卷五系统考辨这一问题，洋洋洒洒，详述后稷以来周王朝的发展历程，直至战国时代东、西周分立的情形，所谓“博采载籍，究极本末而论焉”。[①] 观其核心立论与考辨依据，大多与吕氏《大事记》类同，虽然没有明说，但赵氏应该是了解《大事记》中对此一问题的考辨的。

元吴师道校注《战国策》时，亦讥鲍彪变乱《战国策》次序为甚谬，并引吕氏《大事记》纠正其误说，是对吕氏考证的明确认可与接受。到清代以来，学者进一步研究此一史事，吕祖谦的考辨已经不可绕过了。

六　考《史》、《汉》异同

吕祖谦对《史记》、《汉书》有深入细致的研究，尤其对《史记》非常推崇。吕氏《左氏传续说·纲领》说：“自司马氏、班氏以后作史者，皆无史法。”“《史记》所载却有岁月差互、先后不同处，不似《左传》缜密。只是识见高远，真个识得三代时规模。”“司马迁虽不免有些血气，为

① 赵与旹：《宾退录》卷5，上海古籍出版社，1983，第65～68页。

学未粹，然规模终是阔，使他克己为学，消除得血气，虽董仲舒亦不能及。”① 这在《大事记》之《解题》中体现得很明显。

朱子虽然不满吕氏对《史记》及司马迁过于推崇，但也对《大事记》中辨《史》、《汉》异同评价甚高。“伯恭《大事记》辨司马迁、班固异同处最好。”②

1.《史》、《汉》对比，以见《史记》之书法、义例与宗旨

（1）《汉书》删削增添文字，失《史记》书法、旨意。

卷十汉孝文皇帝元年“辛亥，皇帝即阼，谒高庙”条，《解题》广征博引，加以分析：“《曲礼》曰：‘践阼，临祭祀。内事曰：“孝王某。”外事曰：“嗣王某。”’践，履也。阼，东阶也，主人所升降也。《士冠礼》注云：‘阼犹酢也，所以答酬宾客也。’天子祭祀唯至尊，独升东阶。群臣皆繇西阶也。周康王将受顾命，繇宾阶者，未即位，不敢当主也。文帝已即位，故初谒高庙，即阼阶而升。《史记》书‘即阼’，志其正位，居尊之始也。《汉书》削‘即阼’二字。”

卷十一汉孝景皇帝二年“彗星出东北”条，《解题》曰：“《史记·景帝纪》载灾异甚悉，《汉书》皆略之，岂非以既见《五行志》不复重出欤？失其旨矣！”

卷十一汉孝景皇帝六年“后九月，伐驰道树，填兰池”条，《解题》分析曰：“列树以表道，古制也。伐之，非矣。填兰池，虽不知其故，然塞池以为陆，岂小役哉！《春秋》书‘毁泉台’，穀梁氏以为‘自古为之，今毁之，不如勿处而已矣’。正此意也。《史记》载于《本纪》，所以讥景帝废古制，劳民力。《汉书》削之。”

卷十汉孝文皇帝后七年“夏六月己亥，帝崩于未央宫”条，《解题》分析曰：“太史公曰：‘孔子言：“必世而后仁。善人之治国百年，亦可以胜残去杀。”诚哉是言！汉兴至孝文四十有余载，德至盛也。廪廪乡改正

① 以上皆见《左氏传续说》卷首《纲领》，《吕祖谦全集》第七册。

② 黎清德编《朱子语类》卷122，岳麓书社，1997。

服封禅矣，谦让未成于今。呜呼，岂不仁哉！’自‘汉兴至孝文’以下，子长专为武帝发也，虽意有所偏，亦可谓中武帝之病矣。班孟坚《赞》尽用《史记》‘孝文皇帝从代来，即位二十三年’一章，而自增两语云‘断狱数百，几致刑措’，复采‘呜呼仁哉’四字以结之，失其旨矣。”

以上《史记》记事皆有意旨，《汉书》或删削节略或增添补充，失却《史记》褒贬之意。

（2）《汉书》删削文字，造成上下文意不相属。

如卷十汉孝文皇帝元年“春正月，有司请蚤建太子”条，吕氏《解题》比较《史记》、《汉书》两《本纪》所载，大略皆同，但《史记》云：“吴王于朕，兄也，惠仁以好德。淮南王，弟也，皆秉德以陪朕。”所谓“秉德以陪”者，专为弟设也。《汉书》削“惠仁以好德”句，而云“吴王于朕，兄也；淮南王，弟也，皆秉德以陪朕”，失文帝之意矣。《史记》又云：“高帝亲率士大夫，始平天下，建诸侯，为帝者太祖。”《汉书》削“亲率士大夫”一句，则与下文“建诸侯”之语不相应，于文意亦未足。

此处《汉书》删削语句，造成文意不足，表达不畅。

（3）《史记》书法义例，含义弘深，《汉书》多不能达。

卷九汉太祖高皇帝十一年“封子恒为代王”条，《解题》认为，《史记》书“分赵山北，立子恒以为代王”，子长少游四方，识舆地之大势，故其书法简明，得主名山川之余意，如此类非一。《汉书》多改之，盖班氏所未达也。吕氏自注曰：“如（《史记》）汉二年书‘置陇西、北地、上郡、渭南、河上、中地郡；关外置河南郡’。六年书‘封韩信为淮阴侯，分其地为国。将军刘贾数有功，以为荆王，王淮东。弟交为楚王，王淮西’。则函谷之内外、淮水之东西居然可见。”

《史记》对山川地理形势的理解，为班固《汉书》所不及。司马迁青年时代游历南北，“二十而南游江、淮，上会稽，探禹穴，窥九疑，浮于沅、湘；北涉汶、泗，讲业齐、鲁之都，观孔子之遗风，乡射邹、峄；戹困鄱、薛、彭城，过梁、楚以归。于是迁仕为郎中，奉使西征巴、蜀以南，南略邛、笮、昆明，还报命”（《史记》卷一百三十《太史公自序》），对山川形势有切近的认识，在《史记》中也有意识地分析山川地理以见天下形势。班固《汉书》中对地理的记载可能详尽细致，但已无司马迁胸怀天下、指画天下的志意与情怀了。

卷十汉孝文皇帝元年“修代来功，封卫将军宋昌为壮武侯”条，吕祖谦说：“《史记》十表，意义弘深，始学者多不能达。”他在《解题》中做了详细的揭示：“《三代世表》，以世系为王，所以观百世之本支也。《十二诸侯年表》以下，以地为主，故年经而国纬，所以观天下之大势也。《高祖功臣侯年表》以下，以时为主，故国经而年纬，所以观一时之得失也。《汉兴以来将相名臣年表》以大事为主，所以观君臣之职分也。”而“班氏作《汉史》，苟欲自出机轴，尽变子长之例。分异姓王、同姓王为两表，汉初亲疏相错之意复不见。《同姓诸侯王表》废年经国纬之制，《王子侯》以下诸表废国经年纬之制，徒列子孙曾玄世数，是特聚诸家之谱牒耳。天下大势，当世得失，泯然莫可考，何名为表哉！太史公诸表，《秦楚之际月表》，此一时也；《汉兴以来诸侯年表》，此又一时也。至于以节目论之，则《高祖功臣年表》与《惠景间侯者表》异矣。《惠景间侯者表》与《建元以来侯者表》异矣。《建元以来王子侯者表》断自建元，其亦有以矣。彼班氏分诸侯王为两表，智不相近，理固应尔。至于《王子侯》起于高祖，则史家之常例也。至于中分西汉诸帝之功臣，以高、惠、高后、文为一卷，景、武、昭、宣、元、成为一卷，特以卷帙重大析之耳。别外戚、恩泽侯自为一表，虽颇有意，然其所发明者亦狭矣。《百官公卿表》上卷叙官制沿革，固有益于世，若下卷所谓表者，削去大事不记，则所书者止于公卿拜罢月日而已。并载九卿，虽为繁碎，犹非其大失也。《古今人表》，以区区一夫之见，而欲定生民以来圣贤愚智之等差，其不知量亦甚矣！”分析详尽，鞭辟入里，对《史记》之推崇与对《汉书》之贬抑可见一斑。

卷十一汉孝景皇帝七年，“夏四月乙巳，立胶东王太后王氏为皇后。丁巳，立胶东王彻为皇太子。”《解题》曰：“景帝在而称太后者，妾贱不敢体至尊，故系于其子之国而称太后也。”吕氏认为，《史记·本纪》先书

“立胶东王太后为皇后”，次书“立胶东王为太子”，其书法可谓正矣。班氏书“立皇后王氏”，第循常例而已。

卷十一汉孝景皇帝中二年，“三月，临江王荣下中尉府，自杀，国除”。吕氏认为，按《史记·本纪》：“召临江王来，即死中尉府中。”而《汉书·本纪》乃书曰：“临江王荣坐侵太宗庙地，征诣中尉，自杀。”《史记》所以不书所坐者，盖谓此特姑为之名，其实召来使酷吏杀之耳。班氏乃用他诸侯真有罪例，亦何所发明哉！

2. 以《史记》辨《汉书》所载史事不详、不确之处

卷十一汉孝景皇帝后二年“以岁不登，禁内史郡不得以粟食马”条，《解题》曰：“按《史记·本纪》：‘令内史郡不得食马粟，（吕氏自注：《汉书》止书“内郡”，非也。）没入县官。令徒隶衣七緵布。止马舂。为岁不登，禁天下食不造岁。’此皆自古荒政之遗法，与《曲礼》、《玉藻》、《穀梁》相出入。班史止载食马粟一事，余皆不书。”

吕氏重视制度沿革，他认为《史记》的记载尚能见古来荒政遗法，《汉书》则于荒政制度不甚了然，记载亦不准确。

另如卷十一汉孝景皇帝后三年“丙子，太子即位”条，《解题》曰：“按《史记·大事记》书：‘正月甲子，孝景崩。二月丙子，太子立。’景帝以癸酉葬，武帝以丙子立，用惠帝以来既葬即位之典也。班氏《景纪》书‘甲子，帝崩’，《武纪》又书‘甲子，太子即皇帝位’，是崩之日遽即位也，其误甚矣。盖武帝享国，多历年所，招方士，求长年，恤典废而不讲，受遗大臣如霍光辈皆不学少文，故武帝以丁卯崩，明日戊辰，昭帝遽即位。是后元之继宣，成之继元，哀之继成，皆以葬前正位号。自古既葬即位之礼遂废矣。”吕氏总结说：“班氏徒习见汉中业以后故事，不复知先王之典制，谬误若此比者非一条也。”

吕氏认为班固《汉书》在制度方面比之《史记》颇有不足，尤其不熟悉先秦古制，故往往导致史实记载有误。

3. 《史》、《汉》对比，以见司马、班历史观念与识见不同

吕祖谦推崇《史记》，尤其推重司马迁的历史见识，相反对于班固，则多有批评之语。

如卷十一汉孝景皇帝后三年“甲子，帝崩于未央宫”条，《解题》分析说：“太史公曰：‘汉兴，孝文施大德，天下怀安。至孝景，不复忧异姓，而晁错刻削诸侯，遂使七国俱起，合从而西乡，以诸侯太盛，而错为之不以渐也。及主父偃言之，而诸侯以弱，卒以安。安危之机，岂不以谋哉？’子长之赞如此，轻重抑扬之意可见矣。班孟坚乃谓：‘周云成、康，汉言文、景。’岂有旨哉！”

文帝、景帝从道德事功来看，应有高下之别，太史公评价可谓客观有识，吕氏引致堂胡氏（寅）语，尊文帝而抑景帝，其观点同于司马迁，而不赞同班固将文景并称的做法。

卷十二汉孝武皇帝天汉二年“著书百三十篇”条，吕氏《解题》曰：“古之为史者，举其大纲而已，尧、舜《二典》是也。其后编年以序事，如晋之《乘》、楚之《梼杌》、鲁之《春秋》是也。至司马迁始创纪、表、书、传之体焉。文中子曰：‘史之失，自迁、固始。’讥其失古史之体则当矣。然迁、固乌可以并言哉！迁之学虽未粹，感愤舛驳往往有之，然二帝、三王之统纪，周、秦、楚、汉之世变，孔子、孟子之所以异于诸子百家者，于其书犹有考焉。高气绝识，包举广而兴寄深，后之为史者殆未易窥其涯涘也。固特因迁之规摹而足成之耳。其窜定迁《史》诸篇，汉初豪杰之所存尚未深究，况前于此者乎！”

吕氏在此对司马迁与班固史学做了简要的比较，但结论非常清楚：迁、固不可以并言，司马迁《史记》包罗宏富，意旨深远，由之可以通古今之变，而班固不过邯郸学步，且自我约束，无论是气象与格局都无法步武太史公。

但吕氏对司马迁与《史记》，并非盲目推崇，对于《史记》的舛误，能指摘订正，对于司马迁的缺点，也从不讳言。比如卷十二汉孝武皇帝天汉二年“太史令司马迁下蚕室”条，《解题》曰：“当是时，群臣皆罪陵，迁乃言陵‘今举事一不幸，全躯保妻子之臣随而媒孽其短’，盖为武帝忠计，不暇顾众怨耳。以忠获罪，既得为臣之义，余何求哉！反愤然追咎左右亲近不为一言，抑不思左右亲近则迁前日诋以为‘全躯保妻子’者也，犹区区望其致力，不亦惑乎！”吕氏深于情理之体察，于此对太史公之言颇为不解，认为是其“学问不足之病也”，亦不做曲解与回护。

第四节　《大事记》史学考辨的方法、路径

有宋一代的史学考据，成就突出者，北宋有司马光，南宋有吕祖谦。吕祖谦对元祐之学的继承，是以史学考辨为扎实基础的。《大事记·解题》集中体现了吕氏史学考辨的成绩，其史学考辨的具体方法路径，也有值得探讨的地方。

吕祖谦史学考订的方法，其一是广列众说，考订详审。

《大事记》的编纂，以《左传》、《战国策》、《史记》、《资治通鉴》、《稽古录》、《皇极经世》等历代史书为主要依据，吕氏参合众书以成“大事记”及《解题》，故网罗众说、诸书互证是其史料辨正的基本方法。

如卷一周元王七年记“王崩，太子介嗣位，是为贞定”条，《解题》曰：“《史记》作定王介，《世本》、司马贞《索隐》、苏氏《古史》并作贞王，皇甫谧及《皇极经世》、《稽古录》并作贞定王，今姑从《稽古录》纪年，并列众说，以待知者。”

再比如卷九汉太祖高皇帝十年“九月，赵相国陈豨反于代。帝北征，次于邯郸”条，《解题》引《史记·本纪》书“赵相国陈豨反代地”，而《汉书·本纪》作“代相国”，吕氏判断《汉书》记载有误，因代王刘喜废后，不复置王，其地皆入赵，是时已无代国。另据《史记》、《汉书》之陈豨传，皆曰：“（上至平城还，封豨为列侯，）以赵相国将监赵、代边，边兵皆属焉。”吕氏广列《史记》本纪、列传及《汉书》本纪、列传材料，仔细考订以证《汉书·本纪》之误。

其二是以经为史，经史互证。

在吕祖谦的观念中，虽然尚无“六经皆史”的明确认识，但他确实是

将经书中的部分内容当作史料来看待的，且不说他从史学角度来读《左传》、解《左传》，看他《大事记》之《通释》部分将《尚书》、《诗经》等经书也列入其中就很清楚了。因此，《大事记》中的史实考订，也就离不开经书与史书的相互参证。

如卷九汉高皇后吕氏五年“初令戍卒岁更”条，《解题》曰：“《诗》曰：‘昔我往矣，杨柳依依。今我来思，雨雪霏霏。’则周初之戍期一年半而更也。齐襄公使连称、管至父戍葵丘，曰：‘瓜时而往，及瓜时而代。’则春秋时之戍期一年而更也。秦末、汉初之戍期，虽不可得而考，然兵革并起，势必淹久。至是，天下无事，故令戍卒岁更也。”此例以《诗经》所述、《左传》记载来考证周初及春秋时士卒戍期之长短，是吕氏以经为史观念以及经史互证方法的具体体现。

其三是归纳总结，分析类例。

有学者认为，东莱之史学，有求真之精神，惟不用归纳法，有以孤证、情理即作结论，且未加利用金石器物，直指东莱史考之优缺点，颇有见地。杜维运亦以为苏轼与东莱之史论，纵横捭阖，诚无史家之归纳精神。①

这种观点其实并不准确，吕氏史学并不欠缺归纳的精神与方法。姑且不论《历代制度详说》梳理历代典制，条理清楚，《两汉精华》归纳两汉君王治道，高度精练，就《大事记》来说，归纳法实际上是吕氏考察历史的主要学术方法。《解题》部分详考历代制度之变，总结《史记》书法意旨，无一不是归纳法的体现。战国风俗之变，汉初不学之风，若非吕氏从历史细节中探微索隐，归纳总结，后人则无从认识。

注重分析类例，可以卷六秦始皇帝十八年“定韩地”条为例来看，《解题》曰：“《年表》于虏韩王安之明年书秦灭韩，于虏楚王负刍之明年书秦灭楚，于虏燕王喜之明年书秦灭燕，于虏齐王建之明年书秦灭齐，于虏代王嘉之明年书秦灭赵，例以悉定其地为灭耳。独虏魏王假之明年，

① 刘昭仁：《吕东莱之文学与史学》，文史哲出版社，1981，第197页。

不书秦灭魏，岂非虏王假之年，魏地即定乎？”若非特别关注细微之处，并善于归纳梳理史书中的书法义例，吕氏是不可能发现并解释此处问题的。

可以说，归纳的精神与方法，渗透在《大事记》一书编纂之始终。

其四是文献细读，探微索隐。

吕祖谦主张看史书要看大纲，识本末，但并不废细节，往往还于细节解读中抉发历史隐微之处。《左氏传续说·纲领》说：“看史书事实，须是先识得大纲领处，则其余细事皆举。”① 对史书记载体例、书法的细微之处加以解读，切中肯綮，对始学者读史有指点迷津的引导作用。

吕祖谦文史兼通，思维缜密，内敛细致。于文章颇有心得，尤注意于字里行间体贴领悟，体察微言大义，辨正疑误之处。朱子说“伯恭于史分外子细”②，可见文献细读正是吕氏之长。《大事记》中屡见吕氏对史书的细致解读。

例如卷二周安王二十三年“齐康公薨于海上，田氏遂灭齐”条，《史记·田敬仲完世家》书“是岁，故齐康公卒，绝无后，奉邑皆入田氏”。齐康公被迁于海上，仅食一城，此处何谓“皆入”？吕氏认为：“盖一城之属邑固多也。舜一年所居成聚，二年成邑，三年成都。邑大于聚，都大于邑。战国之所谓城，即古所谓都也。”吕氏于此处能发现问题，与其读史的细致是分不开的，而吕氏的解释信而有征，言之成理，则体现出其学识的渊博。

又如卷十汉孝文皇帝八年“梁太傅贾谊陈政事”条，《解题》曰：“按谊疏及按《本传》，谊数上疏陈政事，多所欲匡建，其大略曰：‘臣切惟事势，可为痛哭者一，可为流涕者二，可为长太息者六。’以《传》所序考之，则纂集谊前后所上疏，合为此篇。以疏之辞考之，则纲条相应，又似一时所上。何也？盖痛哭、流涕、太息之目，必一疏所条画。班氏又

---

① 《左氏传续说·纲领》，《吕祖谦全集》第七册，第 2 页。

② 黎靖德编《朱子语类》卷 123，岳麓书社，1997。

取它疏，以义类相从，附之于其间耳。如痛哭一条，称淮南厉王之谥，而厉王追谥、置园在文帝十二年。又称冯敬匕首陷其胸，而冯敬之死，当在文帝十三年。两者皆非谊初为梁王太傅时事。凡此类，皆班氏所附入也。”通过史事考订，细辨文章分合之迹，可见吕氏读史之细致，体会之深入。

对于始学者来说，往往注重历史大事，对细节小处不甚注意，或者不能深究。吕祖谦细察评点，层层分析，考辨历史事实，揭示其中意旨，对理解历史有事半功倍之效。

其五，揆之情理，参以实证。

吕氏考史，推论之处亦多，并往往以情理言之。比如卷二周显王三年“赵与齐会阿下”条，《赵世家》曰：“成侯九年，与齐战阿下。”徐广曰：“战，一作会。”吕氏据《田敬仲完世家》，认为齐威王封即墨大夫、烹阿大夫后，诸侯莫敢致兵于齐二十余年，虽未可尽信，然距阿下之会首尾才五十年耳，当从别本。此处推断，既合乎情理，又基于吕氏对史实的准确把握，不是纯粹的臆断。

有时在无确凿依据之下，吕氏提出假说、推断，亦是一种选择，并非将其视为不易之论。其合理推测，是进一步考证的基础。如卷三周显王三十五年“齐宣王、魏惠王与诸侯会于徐州，以相王”条，《史记·秦本纪》此年书齐、魏为王，吕氏以《战国策》考之，盖在魏拔邯郸之岁（周显王十六年，魏惠王十八年），“《战国策》所载似得其实，盖魏以邯郸之胜，齐以桂陵之胜，志得意满，各僭称王，容有此理。若今岁，则魏方衰弱，齐亦未有大功，何为骤称王乎？”推测也合乎情理。当时魏国在马陵大败于齐，又被迫献河西之地于秦，并徙都大梁，其势方衰，骤然称王不合情理。吕氏又推测《史记·六国年表》记载“与诸侯会于徐州，以相王”，可能是“齐、魏称王，其日已久，至是共会诸侯，欲其皆称王，以同己之僭也”。而《秦本纪》的记载，他推测“或者齐、魏前此特称王于其国，至此其名号始通于诸侯乎？”吕氏的假说、推断，固然无有定论，但能够为进一步的考证提供思路。

又如卷五周赧王二十九年“魏以田文为相。秦伐齐，吕礼出奔”条，

《史记·孟尝君列传》记孟尝君为吕礼所嫉，为摆脱困境，遗穰侯书“子不如劝秦王伐齐”。齐湣王灭宋后，孟尝君为避祸，如魏为相。吕祖谦认为《史记》记载有误，孟尝君去齐相魏，应在齐灭宋之前。吕氏先以情理推测，“以齐湣之暴，孟尝君若未去齐，岂敢召穰侯之兵乎?”接着以《战国策》所记载为据，以证《史记》之误。《战国策》载薛公为魏相，谓魏冉之语，其辞与《史记》孟尝君遗穰侯书皆同。然则此书乃孟尝君为魏相时所遗也。同一年，李兑约五国以伐秦，无功，留天下之兵于成皋，而阴讲于秦。又欲与秦攻魏，以解其怨而取封焉。魏王不说。齐人谓齐王曰：“臣为足下谓魏王曰：‘……今王又挟故薛公以为相。’”最后，吕氏得出结论：“故薛公，孟尝君也。以此言考之，则孟尝君去齐为魏相，在五国伐秦之前，明矣。”既有合理的推测，又有细密的考辨，故而能得出令人信服的结论。

当证据不足时，吕氏往往阙疑待考。所谓大胆假设，小心求证，他对史实的考订是非常严谨的，结论也并不武断。

第四章

吕祖谦与朱熹在文献学方面的研究互动

吕祖谦受家学影响，少时从学于林之奇、汪应辰、胡宪等一时大儒，学术上呈现博杂的特点，其性格“平心易气，不欲逞口舌以与诸公角，大约在陶铸同类，以渐化其偏，宰相之量也”。[①] 因此他能吸引当时一大批学者形成一个关系良好的交游圈子。这既得力于他祖辈如吕好问、吕本中等的影响，也是他为人平易宽厚着意结交的结果。史载，吕祖谦“以关、洛为宗，而旁稽载籍，不见涯涘。心平气和，不立崖异，一时英伟卓荦之士皆归心焉。”[②] 从吕祖谦交游的学者群体来看，诸如朱熹、张栻、陆九渊、陈亮、叶适、尤袤、陆游、周必大、薛季宣、陈傅良等，基本涵盖了当时一流的学者文人。虽然这些学者学术主张不同，相互之间时有辩难，但是，吕祖谦是一个秉承“泛观广接”理念、善于汲取不同学说之长、为人平和温良宽厚的学者，因此，吕祖谦与当时各派学者都能建立融洽的关系，或与他们聚会讲学、游学，或以书信方式切磋学问，保持着密切的学术交往与互动。

历来谈到吕祖谦与其他各家学术之关系，往往会引用全祖望《同谷三先生书院记》的说法：“宋乾、淳以后，学派分而为三：朱学也，吕学也，陆学也。三家同时，皆不甚合。朱学以格物致知，陆学以明心，吕学则兼取其长，而复以中原文献之统润色之。门庭路径虽别，要其归宿于圣人则一也。”[③] 后人辗转引申，要不出此，比如刘永翔评曰：“东莱家学本获中原文献之传，而又博采群贤，于朱子则取其格物致知，于象山则取其道心

① 黄宗羲、全祖望：《宋元学案》卷 51《东莱学案》，中华书局，1986。
② 脱脱：《宋史》卷 434《吕祖谦传》，中华书局，1976。
③ 黄宗羲、全祖望：《宋元学案》卷 51《东莱学案》，中华书局，1986。

为一，于永嘉则取其经世致用，于眉山则取其文字波澜。”[①] 又有补充增益，其意一也。

但简单说吕祖谦学术兼取朱陆各家，实际上是不准确的，忽视了吕氏之学的自身渊源与其价值。吕氏治学宏博融通，泛观广接，但对于朱陆各家之学，却不是简单的“兼取”，而是互有影响。比如与朱子之间，讨论往复，涉及思想、学术、政治、教育等各方面。于陆九渊，于陈亮，于叶适，吕氏年辈资历皆长于彼，其心学成分、经世思想，皆自有渊源，相互之间谈论问学，更不能简单理解为吸纳、兼取。

因此，考察吕祖谦与当时学者之间在文献整理方面的交往互动，将有助于我们深入了解吕祖谦的文献之学在当时学术界的地位与影响，并进一步探讨吕学与当时学术之关系。

在吕祖谦交游的师友中，朱熹占有非常重要的地位，二人作为关系密切的学侣，学术交谊极为深厚，相互问学砥砺，促进了各自学术的发展。黄宗羲说：“朱子生平相与切磋得力者，东莱、象山、南轩数人而已。”[②] 清人王学炳也说：“观先生诸书，而朱文公之学可知。”[③]

据束景南《朱熹年谱长编》考证，绍兴二十五年（1155），吕祖谦随父亲吕大器到福州，初识朱熹。正式的学术来往，始于隆兴元年（1163）十月，吕祖谦与朱熹在婺州会面，“讲论问答不绝”。此后二人书信往来不断，共同的学术活动贯穿交往始终，直至吕祖谦去世。

有学者统计，《朱文公文集》中朱熹写给吕祖谦的书信有104封，吕氏基本上每封必回，有67封留存下来，这也是现存吕祖谦《文集》中写给一人书信最多的。[④] 这些书信是吕祖谦与朱熹二人进行学术交流的重要见证，从中我们能够看到一时学界巨子之间论学之严谨、胸怀之坦诚，也可以感受到吕、朱之间言辞恳切、惺惺相惜的挚友情怀。

---

① 杜海军：《吕祖谦文学研究》序一，学苑出版社，2003。

② 黄宗羲、全祖望：《宋元学案》卷50《南轩学案》，中华书局，1986。

③ 《吕东莱先生本传》，杜海军《吕祖谦年谱》附录，中华书局，2007。

④ 陈荣捷：《朱子新探索》，华东师范大学出版社，2007，第373页。

吕祖谦与朱熹各自对对方的评价都很高。吕祖谦曾说，“元晦英迈刚明，而工夫就实入细，殊未可量”。[①] 而朱熹认为吕祖谦“天资温厚，故其论平恕委屈之意多”。在吕氏去世后，有祭文曰：“伯恭有蓍龟之智而处之若愚，有河汉之辩而守之若讷，胸中有云梦之富而不以自多，辞章有黼黻之华而不易其出，孝友绝人而勉励如弗及，恬淡寡欲而持守不少懈，尽言以纳忠而羞为计，秉义以饬躬而耻为介。……盖其德宇宽弘，识量宏廓。”[②] 评价极高。

尤为可贵的是，吕祖谦和朱熹虽然在学术上有不少见解不甚相合，尤其在《诗经》学、史学等领域中，歧见多多，但这并不影响吕、朱之间的学术交往与密切关系。吕祖谦始终关注朱熹编辑《张载集》、《程氏易传》、《通书》等理学重要著作并为之刊刻，朱熹《论语要义》、《西铭解》、《太极图说解》、《大学章句》、《中庸章句》等著述初稿完成后，都会先寄予吕祖谦，请其批评，吕祖谦也会直陈己见。尤其两人商定删节《程氏遗书》为《程子格言》，合作编纂《近思录》，更为理学思想传播编定了经典文本。吕、朱二人的学术交谊，尤其在文献学领域的讨论、实践，既是学术史上的一段佳话，也确实促进了双方的学术进步，并对当时及此后学术界产生了深远的影响。

第一节　吕、朱《诗经》研究之互动

吕祖谦与朱熹关于《诗经》研究的互动，我们可以从两个方面来考察。

其一是吕、朱对《诗经》研究根本问题的讨论。

---

① 《东莱吕太史别集》卷 10《与陈同甫》，《吕祖谦全集》第一册，第 472 页。

② 《晦庵先生朱文公文集》卷 87《祭吕伯恭著作文》。本章所引《晦庵先生朱文公文集》出自朱杰人、严佐之、刘永翔主编《朱子全书》本，上海古籍出版社、安徽教育出版社，2002。下文出注时只注明书名篇卷。

主要集中在《诗序》、思无邪、雅乐郑声以及能否入乐四个方面，最早是由明代顾起元首先提出来的："文公取夹漈郑氏诋《小序》之说，多斥毛、郑，而以己意为之序；成公则尊用《小序》，且谓《毛诗》率与经传合，为独得其真，其异一也。文公释'思无邪'为劝善惩恶，究乃归正，非作诗之人皆无邪；成公则直谓诗人以无邪之思作之云耳，其异二也。文公以《桑中》、《溱洧》即是《郑》、《卫》，《二雅》乃名为《雅》，成公则谓二诗并是雅声，彼桑间、濮上，圣人固已放之，其异三也。文公以《二南》房中之乐，正大、小《雅》朝廷之乐，《商颂》、《周颂》宗庙之乐，《桑中》、《溱洧》之伦，不可以荐鬼神、御宾客；成公则谓凡《诗》皆雅乐也，祭祀聘享皆用之，惟桑濮郑卫之音乃世俗所用，元不列于三百篇数，其异四也。"①

后人续有探讨，称为吕、朱关于《诗经》学的四大论辩。② 但这几个问题，从现存文献来看，并非都是当时二人直接论辩的话题，因为有些观点是朱熹在吕祖谦去世后的进一步阐发，吕祖谦在世时，两人书信往来论辩主要围绕《诗序》、思无邪、雅乐郑声来展开。

淳熙元年，吕祖谦开始编撰《吕氏家塾读诗记》之时，朱熹《诗集解》已完成初稿，并开始修订。吕祖谦在《读诗记》中所引用的"朱氏曰"，为朱熹《诗集解》初稿的观点，但这时朱熹自己的观点已经有所改变，从"守序"转向"反序"。在这一过程中，二人一直有论争。但是朱熹一直没有看到吕祖谦的《读诗记》，所以也无从得知吕氏在其中引用他最初的观点。因此吕祖谦谢世后，吕祖俭刊印《读诗记》，请朱熹写序，朱熹虽然极力褒扬吕氏之作，所谓"兼总众说，巨细不遗，挈领提纲，首尾该贯，既足以息夫同异之争，而其述作之体，则虽融会通彻，浑然若出

① 《吕氏家塾读诗记》附录《重刻〈吕氏家塾读诗记〉序》，《吕祖谦全集》第四册，第796页。

② 姚永辉：《朱熹、吕祖谦关于〈诗经〉的四大论辩平议》，《诗经研究丛刊》第十四辑，学苑出版社，2008。本节对吕、朱《诗经》讨论的过程主要参考姚文的考证，以及束景南：《朱熹佚文辑考》，江苏古籍出版社，1991；束景南：《朱熹年谱长编》，华东师范大学出版社，2001。

于一家之言，而一字之训，一事之义，亦未尝不谨”，但还是能够感觉到他对于吕祖谦只是引用他《诗集解》初稿中的观点不甚满意：“此书所谓朱氏者，实熹少时浅陋之说，而伯恭父误有取焉。”[①]

乾道九年，朱熹再次修改《诗集解》，删减诸儒之说，不满于二程诸公发挥义理而偏离诗意之处。他认为，“大抵圣贤立言本自平易；而平易之中，其旨无穷，今必推之使高，凿之使深，是未必真能高深，而固已离其本指，丧其平易无穷之味矣。……此《集传》所以于诸先生之言有不敢尽载者也”。[②] 对于朱熹的这一看法，张栻曾经进行批驳，对吕祖谦说：“元晦……不当删去前辈之说。”[③] 吕祖谦对此并没有直接发表意见，但他在给朱熹的一封信中谈到“诸先生训释，自有先后得失之异。及汉儒训诂不可轻，此真至论”。[④] 也可以算是一个回应，也代表了吕祖谦对传统经注的一贯看法，是他兼容并蓄、泛观广接学术思想的具体体现。

淳熙二年四月，吕祖谦前往寒泉拜访朱熹。是年九月、十月，朱熹将修改后的《诗集解》寄给吕氏，十一月又致书吕祖谦，云：“窃承读《诗》终篇，想亦多所发明，恨未得从容以请。熹所《集解》，当时亦甚详备，后以意定，所余才此耳。然为旧说牵制，不满意处甚多。比欲修正，又苦别无稽援。此事终累人也。”[⑤]

淳熙五年，朱熹又修书致吕祖谦曰：“大抵《小序》尽出后人臆度，若不脱此窠臼，终无缘得正当也。去年略修旧说，订正为多。向恨未能尽去，得失相半，不成完书耳。”[⑥]

淳熙六年十一月，朱熹撰成《诗集传》，寄予吕祖谦，并致书曰：“《诗》说前已纳上，不知尊意以为如何？闻所著已有定本，恨未得见，亦

① 《吕氏家塾读诗记》朱熹序，《吕祖谦全集》第四册，第1页。
② 《晦庵先生朱文公文集》卷35《答刘子澄》。
③ 张栻：《南轩集》卷25《寄吕伯恭》，景印文渊阁《四库全书》本，上海古籍出版社，2003。
④ 《东莱吕太史别集》卷7《与朱侍讲》，《吕祖谦全集》第一册，第410页。
⑤ 《晦庵先生朱文公文集》卷33《答吕伯恭》。
⑥ 《晦庵先生朱文公文集》卷34《答吕伯恭》。

可示及否？鄙说之未当者，并求订正。”[1]

淳熙七年正月，朱熹致书吕祖谦：“《诗》说昨已附《小雅》后二册去矣。《小序》之说，未容以一言定，更俟来诲，却得反复。”[2]

吕祖谦与朱熹关于《诗经》学的讨论，持续时间较长，在细节问题上，固然会取长补短，各有所取，但对于《小序》等根本问题，始终未有大的改变。“《诗说》止为诸弟辈看，编得训诂甚详，其它多以《集传》为据，只是写出诸家姓名，令后生知出处。唯太不信《小序》一说，终思量未通也。”[3] 从吕氏同朱熹论辩同时修撰的《读诗记》中也可以看出，他仍然是坚定的尊序派，论辩只是加深了吕氏对于这一问题的认识与理解。

但朱熹与吕祖谦在《诗序》的讨论之外，又发起雅、郑之辩。淳熙七年三月，朱熹致吕祖谦书云：“向来所喻《诗序》之说，不知后来尊意看得如何？‘雅郑’二字，‘雅’恐便是大小雅，‘郑’恐便是《郑风》，不应概以风为雅，又于《郑风》之外别求郑声也。圣人删录，取其善者以为法，存其恶者以为戒，无非教者，岂必灭其籍哉？看此意思甚觉通达，无所滞碍，气象亦自公平正大，无许多回互费力处。不审高明竟以为如何也？”[4]

吕祖谦不同意朱熹的看法，他专门针对朱熹的说法作《诗说辨疑》来回应：“思无邪、放郑声，区区朴直之见，只守此两句。纵有它说，所不敢从也。横渠谓夫子自卫返鲁，乐正，《雅》《颂》各得其所，后伶人贱工识乐之正。及鲁下衰，三桓僭窃，自太师而下皆知，散之四方。圣人俄顷之助，功化如此。若如郑渔仲之说，是孔子反使《雅》《郑》淆乱。然则正乐之时，师挚之徒便合入河入海矣。可一笑也。”[5]

---

① 《晦庵先生朱文公文集》卷 34《答吕伯恭》。

② 《晦庵先生朱文公文集》卷 34《答吕伯恭》。

③ 《东莱吕太史别集》卷 8《与朱侍讲》，《吕祖谦全集》第一册，第 435 页。

④ 《晦庵先生朱文公文集》卷 34《答吕伯恭》。

⑤ 《东莱吕太史别集》卷 16《答朱侍讲所问》，《吕祖谦全集》第一册，第 598 页。

这一观点，吕祖谦在《吕氏家塾读诗记》有进一步阐发："《诗》，雅乐也，祭祀朝聘之所用也。桑间、濮上之音，郑、卫之乐也，世俗之所用也。雅、郑不同部，其来尚矣。战国之际，魏文侯与子夏言古乐、新乐，齐宣王与孟子言古乐、今乐，盖皆别而言之。虽今之世，太常教坊各有司局，初不相乱，况上而春秋之世，宁有编郑卫乐曲于雅音中之理乎？《桑中》、《溱洧》诸篇作于周道之衰，其声虽已降于烦促，而犹止于中声。荀卿独能知之，其辞虽近于讽一劝百，然犹止于礼义，《大序》独能知之。仲尼录之于经，所以谨世变之始也。借使仲尼之前，《雅》《郑》果尝庞杂，自卫反鲁正乐之时，所当正者，无大于此也。"①

"思无邪、放郑声，区区朴直之见，只守此两句"，表明了吕祖谦的坚决态度。但朱熹未能接受吕祖谦的意见，于七月致吕氏书，云："近来看得前日之说，犹是泥里洗土块，毕竟心下未安稳清脱。"②

朱熹认为"雅"即大、小《雅》，"郑"即《郑风》，《诗经》中存在"雅乐"与"郑声"的区别。"郑声淫"即意味着"郑诗淫"。但是吕祖谦则认为《诗》全为"雅乐"，孔子所说的"郑声"是指当时在郑国民间流行的新声，非为《郑风》。这是两人的核心论点所在。虽然往复辩难，但都无法说服对方。随着吕祖谦的去世，此一争论戛然而止，此后就只是朱熹一方的反驳与申说，最后以《读吕氏诗记〈桑中篇〉》一文对《诗序》问题、思无邪问题、雅郑问题等做了全面总结式的驳难。

明陆釴说："朱说《记》采之，吕说《传》亦采之，二子盖同志友也，非若夫立异说以求胜也。"③ 在吕、朱二人的讨论辩难之中，各自《诗经》学的主要学术路径渐渐清晰，吕祖谦等"尊序"一路与朱熹等"废序"一路，通过辩驳论难逐渐建立起自己的阐释体系。可以说，没有二人一生的辩论（甚至在吕氏去世后，朱熹仍然通过《读吕氏诗记〈桑中

① 《吕氏家塾读诗记》卷5《桑中》篇，《吕祖谦全集》第四册，第109页。

② 《晦庵先生朱文公文集》卷34《答吕伯恭》。

③ 《吕氏家塾读诗记》附录《重刻〈吕氏家塾读诗记〉序》，《吕祖谦全集》第四册，第796页。

篇〉》及讲学继续探究这些问题），也就不会有对《诗经》学若干核心问题的梳理与总结。

其二是吕、朱在《诗经》注释方面的互动。

如第二章所述，吕祖谦《读诗记》与朱熹《诗集解》（后定稿为《诗集传》）的编纂存在互相借鉴、互相促进的良性互动。

首先，《读诗记》对《诗集解》非常推崇，在《读诗记》中大量引述，数量仅排在毛传、孔疏和郑笺之后，而吕氏“定为一说”者的数量甚至还要超过孔疏，在宋代学者中是最多的，而且往往以之来纠正毛传、郑笺之误。这说明这一阶段两人在《诗经》问题上的看法是非常相近的，也体现了吕祖谦与朱熹之间友好的学术关系。

但随着朱熹对《诗序》看法的改变，两人的观点也开始出现冲突，如上所述，在几大基本问题上都展开了充分的讨论。但是我们注意到，即使是朱熹激烈批评吕祖谦的《诗经》学观点，他对于《读诗记》的注释成就还是能有一个客观的评价的。比如他在《读诗记》的序中就高度评价了《读诗记》的学术价值与成就。更重要的是，在今本《诗集传》中我们仍然能够看到朱熹对吕祖谦《诗经》注释学成果的重视与接受。比如，关于《大雅・文王》的作者，《诗集传》接受吕氏的说法，“味其辞意，信非周公不能作也”。于《大雅・烝民》“仲山甫之德”一章，《诗集传》引吕氏曰：“柔嘉维则，不过其则也。过其则，斯为弱，不得谓之柔嘉矣。令仪令色，小心翼翼，言其表里柔嘉也。古训是式，威仪是国，言其学问进修也。天子是若，明命使赋，言其发而措之事业也。此章盖备举仲山甫之德。”可见《诗集传》于吕氏解释《诗》意、章旨，亦往往接受并引述。于具体的制度、名物考订梳理，《诗集传》也多采纳吕氏的成果，比如《齐风・著》中对昏礼中亲迎之制的考述，《小雅・出车》对古者出师之制的分析，朱熹都采入《诗集传》中。

另外，除了毛传、郑笺、孔疏这些基本训释之外，《诗集传》与《读诗记》二书对本朝学者解《诗》之说的引述，相同相似之处很多，不能视作偶然的所见略同，而是可见二者之间的渊源关系颇深。甚至在《诗集传》中，我们能够看到有些部分基本雷同于《读诗记》的训释。比如《邶风·燕燕》“仲氏任只”一章，《诗集传》训释曰：“仲氏，戴妫字也。以恩相信曰任。只，语辞。塞，实；渊，深；终，竟；温，和；惠，顺；淑，善也。先君，谓庄公也。勖，勉也。寡人，寡德之人，庄姜自称也。”并引杨氏之说阐述《诗》旨。与《读诗记》的训释基本相同，只是体例有别，吕氏全部注明所引姓氏而已。

可见，朱熹《诗集传》与吕祖谦《读诗记》之间，互相借鉴，互有引述，而又具有各自独特的价值与意义，可谓《诗经》注释学史上颇有意思的一段学术佳话。后人往往过于强调二者之间的差异与不同，对其紧密联系多有忽视，可能会有碍于我们准确理解当时《诗经》学的真实面貌。

第二节　吕祖谦、朱熹文献编纂之合作

吕祖谦与朱熹对于文献编纂，都倾注了极大的热情，吕祖谦大部分撰述文字可以归为编纂，朱熹也有《伊洛渊源录》、《资治通鉴纲目》等编纂之作，两位学者相互之间也有频繁的互动、合作。除了共同编纂《近思录》之外，朱熹《伊洛渊源录》、《张载集》、《程氏易传》等文献的编纂都离不开吕祖谦的襄助，而吕氏《皇朝文鉴》、《大事记》等的编集也得到朱熹的高度关注，二人书信往来，讨论编纂体例与选录标准，讨论刊刻事宜，诸如此类，多有记载。

一　《近思录》之编定

淳熙二年，吕祖谦前往福建寒泉精舍拜访朱熹，两人同撰《近思录》。朱熹《书近思录后》介绍编选缘由说：“淳熙乙未之夏，东莱吕伯恭来自东阳，过予寒泉精舍。留止旬日，相与读周子、程子、张子之书，叹其广大闳博，若无津涯，而惧夫初学者不知所入也，因共掇取其关于大体而切

于日用者，以为此编。”[①] 本书的编纂目的是使“穷乡晚进有志于学，而无名师良友以先后之者”能够得其门而入，进入理学之堂奥。吕祖谦与朱熹是当时最有成就的教育家、理学家，由他们合作编选理学的入门之书，实在是再合适不过。

《近思录》十四卷编成后，作为承载理学思想的入门典籍，迅速为世人接受、推崇，并传诵于后世，对理学思想的传播产生了积极的影响。从南宋到清末，七百年间，《近思录》不仅在国内广为刊刻传抄，而且流传到朝鲜、日本、韩国等地，存世版本近200种。

《近思录》为吕、朱同撰，本无疑问，但朱子后学为推尊朱熹的地位，刻意抹杀吕祖谦在《近思录》编纂中的作用，以至于南宋以后的大多数版本只标“朱子撰”，完全无视吕祖谦在《近思录》立意、选文、修订、刻板等各环节中起到的重要作用。这一点，《四库全书总目》卷九十二《近思录提要》早有说明：“后来讲学家力争门户，务默众说而定一尊，遂没祖谦之名，但称《朱子近思录》，非其实也。”近来学者对此也多有辨正、揭明。[②]

实际上，分析梳理吕祖谦、朱熹在编纂《近思录》过程中的相互合作、深入讨论，可以清楚地看出二人在编纂《近思录》时，不同思路融合调整、双方观念逐渐统一的过程，看到吕、朱二人各自在其中起到的不可替代的作用。

在《近思录》的编纂过程中，吕祖谦对选文的确定、文章去取有自己的看法，并能够通过相互探讨与朱熹达成一致，而朱熹对吕祖谦的意见是充分尊重的，此书的编定是两人密切合作的结果。

比如《近思录》对《程氏易传》采择较多，就主要是因为吕祖谦的推崇。吕祖谦对《易》学素有研究，尤其推崇“（程氏）《易传》理到语精，

① 《晦庵先生朱文公文集》卷81。

② 杜海军：《吕祖谦与〈近思录〉的编纂》，《中国哲学史》2003年第4期。虞万里：《吕祖谦与〈近思录〉》，《温州师范学院学报》2004年第1期。程水龙：《理学在浙江的传播》，上海古籍出版社，2010。

平易的当，立言无毫发遗恨”，所撰《周易系辞精义》引述颇多。吕氏对《程氏易传》的重视从他关注朱熹刊刻此书就可以看得出来。而朱熹原本从体例方面考虑不愿采入，如他所说：“《易传》自是成书。伯恭都摭来作《阃范》，今亦载在《近思录》。某本不喜他如此。然细点检来，段段皆是日用切近功夫而不可阙者，于学者甚有益。”[①] 说明《程氏易传》最后是由于吕祖谦的坚持而载入的。仅就这一问题来说，朱熹最初不选《程氏易传》的理由是站不住脚的，比如钱穆、陈荣捷都提到朱熹此说前后自相矛盾，因为《易传》固然自成一书，其他《太极图说》、《正蒙》又何尝不是自成一书？缘何又载入首卷？但从此例可看出吕祖谦在选文时所起的重要作用。[②]

再比如《近思录》中论科举文字的选录，吕祖谦与朱熹也有一番讨论。朱熹曾说：“向编《近思录》，欲入数段说科举坏人心术处，而伯恭不肯，今日乃知此个病根从彼时便已栽种培养得在心田里了，令人痛恨也。”[③] 朱熹所痛恨者，“近世以来，乃有所谓科举之业者以夺其志，士子相从于学校庠塾之间，无一旦不读书，然问其所读，则举非向之所谓者，……以此道人，乃欲望其教化行而风俗美，其亦难矣。”[④] 批评科举令人徒欲务记览、为词章，以钓名取禄，所以他主张选取评说科举败坏人心的文字以警醒士子。但吕祖谦本人对科举却有自己的不同认识。一方面他出身世家，对事功本就热心，自己又是科举起家，中博学弘词科，辗转任严州教授、太学博士等教职，能够看到科举积极的一面，认为“人能以应科举之心读书，则书不可胜用矣。此无他，以实心观之也”。[⑤] 另一方面，也体现出他由此以教人，欲在世风趋向中有所作为的想法：“闾巷举子，舍举业则望风自绝，彼此无缘相接。故开举业一路，以致其来，却就其间择质美者告语

① 黎靖德编《朱子语类》卷119，岳麓书社，1997。
② 参见程水龙《理学在浙江的传播》第一章，上海古籍出版社，2010。
③ 《晦庵先生朱文公文集》卷54《答时子云》。
④ 《晦庵先生朱文公文集》卷78《建宁府建阳县学藏书记》。
⑤ 《丽泽论说集录》卷10，《吕祖谦全集》第二册，第255页。

之，今亦多向此者矣。"[①] 今本《近思录》中选取二程论科举的文字，比较温和，既申明举业之不可废，不必废，向学之心在己，但也流露出"科举之事，不患妨功，惟患夺志"的担忧，应该是吕、朱二人折中调和的结果。

另如卷第九为制度，选录四子于先代制度、宗法礼仪之论述，涉及礼乐、官制、学制、宗法、刑律、田制等方面。虽不重具体制度之考述，但亦可见理学家对制度的看法，以及论道治学之大体。钱穆评价说："周张二程适承宋代新旧党争之后，于各项制度极少具体创议。……此下理学家对具体制度皆较少论及，是为宋明儒逊于汉唐儒处。……而朱子此书，犹特辟此一目，亦可谓体大思精巨眼之无不瞻矣。"[②] 钱穆的评价很有道理，但《近思录》之所以单立制度一目，更大的可能是与吕祖谦有关，如前章所述，吕氏之学特重制度，《大事记》、《历代制度详说》等都是代表性著述，吕氏的学术渊源也更能体现与北宋四子在制度之学上的联系。

吕乔年所作《年谱》曰："四月二十一日，如武夷，访朱编修元晦，潘叔昌从。留月余，同观关洛书，辑《近思录》。"朱轼《史传三编》卷六亦曰："（吕祖谦）尝就访朱子，及归，朱子送之于道，祖谦欲编《近思录》，因与朱子同止寒泉精舍，分类抉微，一月而成。"[③] 都提到吕祖谦与朱熹以月余工夫编成《近思录》。实际上，《近思录》编成后又经过反复的修订，主要工作由朱熹完成。但即使稍有改动，朱熹都会征求吕祖谦的意见，比如《晦庵先生朱文公文集》卷三十三有《答吕伯恭》书数通，都是征询吕祖谦对修订《近思录》的意见：

> 《近思录》近令抄作册子，亦自可观。但向时嫌其太高，去却数段，（小字注：如太极及明道论性之类者）今看得似不可无。如以《颜子论》为首章却非专论道体，自合入第二卷。又事亲居家事直在第九卷，亦似太缓。今欲别作一卷，令在出处之前，乃得其序。卷中

---

① 《东莱吕太史别集》卷7《与朱侍讲》，《吕祖谦全集》第一册，第398页。

② 钱穆：《宋代理学三书随劄》，三联书店，2002，第169页。

③ 朱轼：《史传三编》卷6，景印文渊阁《四库全书》本，上海古籍出版社，1987。

添却数段，草卷附呈，不知尊意如何？……

《近思》数段，已补入逐篇之末，今以上呈。恐有未安，却望见教。所欲移入第六卷者，可否？亦望早垂喻也。

而吕祖谦所作《近思录》序文，也是鉴于《近思录》首卷全谈道体，理论艰深，“文字难看”，于是应朱熹的要求，作一篇说明文字以有助普通士子阅读入门。

以上数端，可见吕祖谦与朱熹在《近思录》编纂过程中的互相合作、互相影响，《近思录》能有深远持久的影响，与吕、朱二人编纂思想的调谐融合、编辑过程中的精诚合作是分不开的。

二　史部文献之编纂

吕祖谦在南宋理学家中，以史学著称，他自己既有《大事记》这样格局宏大、体例谨严的历史撰述（未完成），又有《十七史详节》、《两汉精华》等卷帙浩繁的史抄文字，又以史职参与修撰《徽宗实录》、《四朝正史志》等官方史书，可能还是较早有“经即是史”观念的学者。他说“观史先自《书》始”①，明确把儒家经典《尚书》等看作史籍。

对于吕祖谦对史学的推重，朱熹是很不以为然的，甚至在吕祖谦去世后还有比较直接的批评。“问东莱之学。曰：‘伯恭于史分外子细，于经却不甚理会。尝有人问他“忠恕”，杨氏、侯氏之说孰是，他却说，公如何恁地不会看文字？这个都好。看来他要说为人谋而不尽心为忠，伤人害物为恕，恁地时方说不是。’义刚曰：‘他也是相承那江浙间一种史学，故恁地。’曰：‘史甚么学，只是见得浅。’”② 又说：“某自十五六时至二十岁，史书都不要看，但觉得闲是闲非没要紧，不难理会。大率才看得此等文字

① 《东莱吕太史别集》卷7《与张荆州》，《吕祖谦全集》第一册，第395页。

② 黎靖德编《朱子语类》卷122，岳麓书社，1997。

有味，毕竟粗心了。吕伯恭教人看《左传》，不知何谓。”[①]

朱熹强调先经后史，“读书须是以经为本，而后读史”。[②] 吕祖谦则经史并重，二人观念有所不同。吕氏去世后，朱熹学术地位与学术成就有极大地提升，又加上与浙东事功之学的论辩，肯定会影响到他后来对吕祖谦的评价。但朱熹对于吕祖谦的史学造诣还是非常认可的。比如他评价《大事记》“其书甚妙，考订得子细”，叹服《大事记》乃“自成一家之言”，“其精密为古今未有”，《大事记·解题》“煞有工夫”。同时，这种认可也体现在他撰述为数不多的史部文献时，对吕祖谦史学造诣的尊重以及倚重。

乾道八年四月，朱熹根据司马光的《资治通鉴》及其《目录》、《举要历》和胡安国的《资治通鉴举要补遗》编成《资治通鉴纲目》，删繁就简，补其所未备。但因不满其书，遂欲与吕祖谦同编：“元晦近日亦得书，欲同作编史工夫，比亦寄条例去。”[③] 后来未成，吕祖谦另作《吕氏家塾通鉴节要》，朱熹转而与其友人弟子修订纲目。

乾道八年九月，朱熹编成《五朝名臣言行录》，刻板于建阳。吕祖谦对朱嘉所编次的《言行录》提出批评：“近麻沙印一书，曰《五朝名臣言行录》，板样与《精义》相似，或传吾丈所编定，果否？盖其间颇多合考订商量处。”[④] 认为非是治学严谨者所做之事，“前辈言论，风旨日远，记录杂说，后出者往往失真，此恐亦不得不为之整顿也”。可见吕祖谦在文献编纂上的严谨态度。对此，朱熹也是认同的，回应吕祖谦说：“《言行》二书，亦当时草草为之。其间自知尚多谬误，编次亦无法，初不成文字。”[⑤] 并自省曰：“《言行录》流布甚广，其间多合商量处。中间以书告之，然不胜毛举。近得报云欲改数处，亦未妥帖。要之此书自不必作，既作而遽刻之，此尤非便。”[⑥]

---

① 黎靖德编《朱子语类》卷104，岳麓书社，1997。

② 黎靖德编《朱子语类》卷122，岳麓书社，1997。

③ 《东莱吕太史别集》卷9《与刘衡州》，《吕祖谦全集》第一册，第453页。

④ 《东莱吕太史别集》卷8《与朱侍讲》，《吕祖谦全集》第一册，第429页。

⑤ 《晦庵先生朱文公文集》卷33《答吕伯恭》。

⑥ 《晦庵先生朱文公文集别集》卷6《与林择之》书八。

《伊洛渊源录》是朱熹汇编伊洛二程学派的资料，从而研究其学派传授渊源的理学史著作，开后代研究一派学术渊源的风气。从编纂过程来看，吕祖谦在其中也起了非常重要的作用。

乾道九年十一月，朱熹草成《伊洛渊源录》，即寄吕祖谦告知编纂情况："欲作《渊源录》一书，尽载周、程以来诸君子行实文字。正苦未有此及永嘉诸人事迹首末，因书士龙，告为托其搜访见寄也。"① 并再三致书，请吕祖谦发表意见，并请其为序："《外书》《渊源》二书颇有绪否？幸早留意。"② "《渊源录》许为序引，甚善。"③ 可见朱熹对吕祖谦意见的期待与看重。

吕祖谦则直陈己见，认为此书编集疏略，不可早出，建议稍加数年以待其成："《渊源录》其间鄙意有欲商榷者，谨以求教。大抵此书其出最不可早，与其速成而阔略，不若稍待数年而粗完备也。"并以自己秉承"中原文献之传"的深厚家学渊源积极为其搜罗资料："汪丈说高抑崇有伊洛文字颇多，皆其手泽，故子弟不肯借人。已许为宛转假借。若得此，则所增补者必多。推此类言之，则毋惜更搜访为善。只如《语》《孟》精义，当时出之亦太遽，后来如周伯忱《论语》、横渠《孟子》等书，皆以印版既定，不可复增，此前事之鉴也。"④

此后吕祖谦多次致书朱熹，告知为《渊源录》寻访搜集史料之进展。"《渊源录》、《外书》皆领。旦夕即遣人往汪丈处借书。永嘉事迹，亦当属陈君举辈访寻，当随所得次第之。《渊源》序录，本非晚辈所当涉笔，然既辱严诲，当试草具求教。"⑤ 即使在病中亦不废裒集之事："某荼毒不死，遂经吉祭……比来伏腊……《外书》、《渊源录》亦稍稍裒集得数十条……"⑥

《伊洛渊源录》未修定吕祖谦即去世，此后朱熹虽继续修订，但一直

---

① 《晦庵先生朱文公文集》卷 33《答吕伯恭》。

② 《晦庵先生朱文公文集》卷 33《答吕伯恭》。

③ 《晦庵先生朱文公文集》卷 33《答吕伯恭》。

④ 《东莱吕太史别集》卷 8《与朱侍讲》，《吕祖谦全集》第一册，第 431 页。

⑤ 《东莱吕太史别集》卷 8《与朱侍讲》，《吕祖谦全集》第一册，第 416 页。

⑥ 《东莱吕太史别集》卷 8《与朱侍讲》，《吕祖谦全集》第一册，第 419 页。

未能最后定稿。同时由于在材料取舍上尤其在对待吕氏先祖的材料看法上，二人存在分歧，故吕祖谦虽应允朱子作序，但是一直未能动笔。《伊洛渊源录》成为两人学术交谊的未完之作。

吕祖谦与朱熹在文献整理及文献学方面的合作并不仅限于以上所述，其他如讨论刊刻理学典籍、经典诠释问题等等，不一而足。通过考察吕祖谦与朱熹在文献学研究上的互动交流，我们可以更深刻地认识到吕祖谦在当时学术界的影响与地位，如田浩所说："朱熹与张栻的交往论学，到1173年已经渐渐取得支配的地位，但他从来不能够支配吕祖谦的思想。"①

在吕朱的学术互动中，虽然吕祖谦鲜明地体现出宽厚平易、融合通达的特点，但一个不容忽视的事实是，吕祖谦在一些重大问题上与朱熹展开了严谨、深入的论辩。朱熹的观点很少能改变吕祖谦对重大问题的判断，相应的，朱熹本人也以坚持己见作为自己的主要特点。两位学者本着坚持与交流的态度，讨论着各个领域的核心问题，并在论证中丰富着自己的观点和看法，逐步构筑起自己的学术体系。吕祖谦去世后，朱熹在祭文中说："道学将谁使之振，君德将谁使之复邪？后生将谁使之诲，斯民将谁使之福邪？经说将谁使之继，《事记》将谁使之续邪？若我之愚，则病将孰为之箴，而过将孰为之督邪？"深切表达了自己失去互相砥砺的诤友的哀痛。

① 田浩：《朱熹的思维世界》，江苏人民出版社，2011，第103页。

吕祖谦文献整理活动年表

吕祖谦文献整理活动，主要集中在乾道、淳熙之际。在此之前，吕祖谦转益多师，广泛问学，除继承家学文献传统之外，先后向张九成、林之奇、汪应辰、胡宪等问学，可能尚未进行具体的文献整理与撰述。

绍兴二十五年（1155）

吕乔年《年谱》："三月，从三山林先生少颖之奇游。"

杜海军《吕祖谦年谱》推断：《观澜集》是林之奇教授门生的重要教材，吕祖谦集注类编《观澜集》当在此时。并认为从是年起，为李樗、黄櫄《毛诗集解》作音义。但从现在掌握的材料来看，证据不足。

从籍溪胡宪学，胡宪最精《礼》学，东莱向其问礼，在《礼》学方面受其影响甚大。《论语》学方面，胡宪撰有《论语会义》，先纂辑数十家《论语》之说，后以二程之说为本，抄撮精要，附以己说。体例全而博杂，有学者认为对东莱编撰《吕氏家塾读诗记》体例方面会有影响。

隆兴元年（1163）

十二月，朱熹除武学博士，与时论不合，南归。至婺州访吕祖谦，"讲论问答不绝"。

乾道二年（1166）

十一月，吕东莱母亲去世，护丧归婺州。三年正月，葬母于武义明招山。其间，士子相过，聚学者近三百人。

乾道三年（1167）

夏，应朱熹共同编史之约，作编史条例。《东莱吕太史别集》卷九《与刘衡州》："元晦近日亦得书，欲同作编史工夫，比亦寄条例去也。"

乾道四年（1168）

始立《乾道四年九月规约》。自明招归金华，授业曹家巷，讲《左传》以资课试，作《左氏博议》。

吕祖谦《东莱博议·序》："《左氏博议》者，为诸生课试之作也。始予屏处东阳之武川，仰林俯壑，出户而望，目尽无来人。居半岁，里中稍稍披蓬藋，从予游。谈余语隙，波及课试之文，予有思佐其笔端，乃取左氏书，理乱得失之迹，疏其说于下。旬储月积，浸就编帙。诸生岁时休沐，必抄置褚中，解其归装无虚者。并舍姻党，复从而广之，曼衍四出，漫不可收。客或咎予之易其言。予应之曰：'子亦闻乡邻之求医者乎？深痼隐疾，人所羞道而讳称者，揭之大途，惟恐行者不阅，阅者不播。彼岂腼然忘耻哉？德欲蓄而病欲彰也。予离群而索居，有年矣。过而莫予辅也，跌而莫予挽也，心术之差，见闻之误，而莫予正也。幸因是书而胸中所存所操，所识所习，毫忽发谬，随笔呈露，举无留藏。又幸而假课试以为媒，借逢掖以为邮，遍至于诸公长者之侧。或矜而镌，或愠而谪，或侮而谯。一语闻则一病瘳，其获不既丰矣乎？传愈博而病愈白，益愈众，于予也奚损！'遂次第其语，以谂观者。凡《春秋》经旨，概不敢僭论，而枝辞赘喻，则举子所以资课试者也。"

修《东莱公家传》。

乾道五年（1169）

除太学博士，改添差严州，友张栻。撰《春秋讲义》。

《景定严州续志》卷二《名宦》："吕祖谦……乾道五年需太学博士次来为郡员外博士，铎音大振，士由远方负笈者日众，泮宫至不足以容之。在学著《春秋讲义》。明年，张南轩为守，政教胥善。"

是年，始取经、史诸书其事可为法者编《阃范》，以教导生徒，有补世教。

张栻《南轩集》卷十四《阃范序》："东莱吕祖谦伯恭父为严陵教官，与其友取《易》、《春秋》、《书》、《诗》、《礼》传、鲁《论》、《孟子》，圣贤所以发明人伦之道，见于父子兄弟夫妇之际者，悉笔之于编。又泛考子史诸书，上下二千余载间，凡可以示训者，皆辑之。惟其事之可法而已，载者之失实有所不计也，惟其长之可取而已。”

校勘家中旧藏尹焞标注《易传》与朱熹校订《伊川易传》，交周汝能、楼锷等在东阳刊出。

《东莱吕太史文集》目录第七卷：“《书校本伊川先生易传后》，乾道五年十月既望。”《东莱吕太史文集》卷七《书校本伊川先生易传后》：“伊川先生遗言见于世者，独《易传》为成书。传摹浸舛，失其本真，学者病之。某旧所藏本，出尹和靖先生家，标注皆和靖亲笔。今复得新安朱熹元晦所订，雠校精甚，遂合伊氏、朱氏书，与一二同志手自参定，其同异两存之，以待知者。既又从小学家是正其文字，虽未敢谓无遗恨，视诸本亦或庶几焉。会稽周汝能尧夫、鄮山楼锷景山方职教东阳，乃刊诸学官。”

据吕乔年编《年谱》，是岁，为门生讲授《易》、《诗》、《春秋》等，编撰教材《己丑讲义》、《己丑所编》。

乾道六年（1170）

四月，编《阃范》成。

《东莱吕太史别集》卷十《答潘叔度》四：“《壶范》，张丈甚爱此书，欲便刊板（恐后月半编辑可毕）。今所欠者是杨龟山《三经义辨》，要切而严州遍借无本，年兄或有之，因便附来为佳。（《易》只依次序，不编《家人》卦在首，此乃张丈之意，此说甚长也。）近得刘宾之、周子充书，皆以不得在此间为恨。此间亦以二公及年兄不在此为恨也。”

四月，有与朱子书。言及《伊川易传》及《通书》刊刻事。

《东莱吕太史别集》卷七《与朱侍讲》二：“《通书》已依《易传》样板刊，但邵康节一段所谓‘极论天地万物之理，以及六合之外’，不知六合如何有外。末载伊川之类，亦恐是邵家子弟欲尊康节，故托之伊川，不知可削去否。其它所疑，张丈已报去，更不重出。……婺州《易传》已毕工，今先用草纸印一部拜纳，告更为校视标注。示及，当令再修也。”

五月，《与朱侍讲》三：“《易传》差误处，旦夕便递往金华，诿谨厚士人厘正。《噬嗑》‘和且治矣’一段，发明尤善，盖当时草草之过也。更看得有误处，告径附置来临安，俟刊改断手，即摹印数本拜纳。”

十二月，以太学博士召试为国史院编修官，实录院检讨官。在临安，有《与朱侍讲》六：“《中庸》‘不可能’、‘道不远人’两章，反复思之，龟山之说诚为奇险，非子思本指。向日不觉其非者，政缘为程文时考观新说余习时有在者故耳。所与诸生讲说左氏语意伤巧病源亦在是，自此当力扫除也。婺本《易传》纳三本去，不敢加装治，误字皆已改，但卦画粗细、行数疏密之类，不能如人意悉厘正耳。（二程）《遗书》建本未到之前，已用去冬所寄本刊板，故其间一两段多更易次序处，姑仍其旧。余皆以建本为正，旦夕亦毕工矣。《二程先生集》款曲亦当令婺人刊之。然新添伊川二子所为序引，殊无家风，恐适足为先生之累，欲削去之，更望一报。”

乾道七年（1171）

九月，除秘书省正字，兼国史院编修官、实录院检讨官。

乾道八年（1172）

二月，复修《丧祭礼》，定《祭礼》。

五月，搜集资料补《伊洛渊源录》、《二程外书》、《震泽语录》等。

《东莱吕太史别集》卷八《与朱侍讲》七：“某荼毒不死，遂经吉祭……比来伏腊……《外书》、《渊源录》亦稍稍裒集得数十条……”

《晦庵先生朱文公文集》卷四十六《答潘叔昌》十：“伯恭昨补《外书》、《震泽语录》，问‘圣贤之言要切处思’一段意思却极好也。”

乾道九年（1173）

为诸生讲尚书，有《癸巳手笔》。

二月，袁枢为严州州学教授，东莱与之讨论《通鉴纪事本末》。

七月，与朱熹讨论刊刻《横渠集》事宜。

《东莱吕太史别集》卷七《与朱侍讲》二十二：“此间方刊《横渠集》，断手当首拜纳。《说文》苦无善本，见令嗣说方雠校。昨见刘子澄说赣州方欲刊书，自可径送渠，令锓木也。《洙泗言仁》未合处，因便望录示，亦欲得思索也。”

《晦庵先生朱文公文集》卷三十三《答吕伯恭》二十三：“人还……《横渠集》刊行，甚善。但不知用何处本？若蜀中本，即所少文字尚多。俟寄来看，或当补，即作别集也。《说文》此亦无好本，因便已作书与刘子和言之矣。”

八月，因刊《横渠集》，遣专人往汪应辰处，求《横渠集》详本。

《东莱吕太史别集》卷七《与汪端明》十：“近欲刊《横渠集》，已刻数板矣，而子澄具道尝闻诲谕在成都所传，得于横渠之孙，最为详备。今即令辍工，专遣人往拜请，敢幸悉以付去人。或尚留黄冈，亦告遣一介往取，令此人伺候数日，无害也。使学者得见全书，亦非小补。倘签秩丛错，小史辈不能检寻。倘伯时昆仲以成就此段为念，毋惮出郊之劳，尤为厚幸。顾不敢请耳。”

十月，东莱与陆九龄同观《实录》，有《实录节》。（见吕乔年《年谱》）

十一月，《精骑》在建阳刊刻。《晦庵先生朱文公文集》卷三十三《答吕伯恭》二十六：“近见建阳印一小册，名《精骑》，云出于贤者之手，不知是否？”杜海军《吕祖谦文学研究》中提及《精骑》一书，认为即是《历代制度详说》初名。宋俞成《萤窗丛说》卷下：“东莱先生吕伯恭尝教学者作文之法，先看《精骑》，次看《春秋》，权衡自然，笔力雄朴，格致老成，每每出人一头地。”《精骑》似乎专为文章而作，而非《历代制度详说》这样的史抄类撰述。另考秦观《淮海集》后集（卷六）中有《精骑集》序，云“取经传子史事之可为文用者，得若干条，勒为若干卷，题曰《精骑集》”。不知与此有无关联。

欲刊胡安国《春秋传》，为朱熹刊刻《程氏易传》。

是年冬，选古文四十篇示学者作文途径。

淳熙元年（1174）

东莱除父服，撰《吕氏家塾读诗记》。八月入越，九月作《入越录》。

据吕乔年《年谱》，本年正月，以韩尚书（元吉）守婺，散遣诸生，始编《读诗记》。阅（胡安国）《春秋左氏传》，有标抹本。

去年冬所选古文在建宁刊刻。

刊刻《横渠集》。

八月，东莱有书与朱熹，指出《渊源录》编纂不可速成。欲慎刊《横渠集》续编。

《东莱吕太史别集》卷八《与朱侍讲》二十八："《渊源录》事，书稿本复还纳。此间所搜访可附入者，并录呈。但永嘉文字屡往督取，犹未送到。旦夕陈君举来，当面督之也。《渊源录》其间鄙意有欲商榷者，谨以求教。大抵此书其出，最不可早。与其速成而阔略，不若少待数年而粗完备也。汪丈说高抑崇有伊洛文字颇多，皆其手泽，故子弟不肯借人。已许为宛转假借，若得此，则所增补者必多。推此类言之，则毋惜更搜访为善。只如《语孟精义》，当时出之亦太遽。后来如周伯忱《论语》、横渠《孟子》等书，皆以印板既定，不可复增。此前事之鉴也。《横渠集》续收者，本欲便刊，以近得张丈书复寻得一二篇，俟其送至，乃下手，亦开板太遽之失也。"

《晦庵先生朱文公文集》卷三十三《答吕伯恭》三十六："《渊源》、《外书》皆如所喻，但亦须目下不住寻访，乃有成书之日耳。"

九月四日，东莱陪同伯舅（曾逢），与潘景宪、詹季章等泛舟访苏师德，论诗，观苏氏所藏旧书数种，记宋时书款式。

《东莱吕太史文集》卷十五《入越录》："四日，饭已，侍伯舅，同叔度、詹季章（徽之）泛小舟，出南堰，绕城缘鉴湖访苏仁仲计议（师德）于偏门外……仁仲，苏子容丞相孙，致仕闲居，年垂八十，道前辈事亹亹不厌。出旧书数种，《管子》后子容手书'庆历乙酉家君面付'，犹苏河阳所藏也。纸尾铭款云：'惟苏氏世，官学以儒。何以遗后，其在此书。非学何立？非书何习？终以不倦，圣贤可及。'其曰'书帙铭戒'者，子容所识。其曰'先公铭戒'者，铭语亦同，盖子容之子所识也。纸背多废笺简刺字，异今制者。末云：'牒件状如前，谨牒。如前辈所记。'署衔多杭州官，称子容云'知府舍人'，乃知杭州时也。"

据吕乔年《年谱》，是岁，撰《左氏手记》。《东莱吕太史别集》卷十三《甲午左传手记》。

淳熙二年（1175）

二月，在明招，作《书袁机仲国录〈通鉴纪事本末〉后》。

《东莱吕太史文集》卷七《书袁机仲国录〈通鉴纪事本末〉后》："《通鉴》之行百年矣，综理经纬，学者鲜或知之。习其读而不识其纲，则所同病也。今袁子掇其体大者，区别终始，使司马公之微旨自是可考，躬其难而遗学者以易，意亦笃矣。昔者司马公与二刘氏、范氏，翻中秘外邸之书余二十年，其定为二百九十四卷者，盖百取其一，千取其十也，览者犹难之。若袁子之纪本末，亦自其少年玩绎参订，本之以经术，验之以世故，广之以四方贤士大夫之议论，而后部居条流，较然易见，夫岂一日之积哉！学者毋徒乐其易，而深思其所以难，则几矣。"

三月二十一日，携潘景愈自婺州出发，入闽访朱熹。始作《入闽录》。

四月十三日，与朱熹同考《吕氏乡约》、《蓝田吕氏乡仪》。

杜海军《吕祖谦年谱》按："此二书皆有朱熹淳熙二年四月所作跋文，正是吕祖谦在时。"束景南《朱熹年谱长编》考："此吕氏《乡约》、《乡仪》，应即吕祖谦携入闽来讨论者，盖其时朱熹、吕祖谦方各自著《祭仪》，又欲讨论《伊洛渊源录》，故遂及蓝田吕氏之书也。"

往福建寒泉精舍访朱熹，同撰《近思录》。

吕乔年《年谱》："四月二十一日，如武夷，访朱编修元晦，潘叔昌从。留月余，同观关洛书，辑《近思录》。"

《晦庵先生朱文公文集》卷八十一《书近思录后》："淳熙乙未之夏，东莱吕伯恭来自东阳，过予寒泉精舍。留止旬日，相与读周子、程子、张子之书，叹其广大闳博，若无津涯，而惧夫初学者不知所入也，因共掇取其关于大体而切于日用者，以为此编。总六百一十二条，分十四卷。盖凡学者所以求端用力、处己治人之要，与夫辨异端、观圣贤之大略，皆粗见其梗概，以为穷乡晚进有志于学，而无名师良友以先后之者，诚得此而玩心焉，亦足以得其门而入矣。如此，然后求之四君子之全书，沉潜反复，优柔厌饫，以致其博而反诸约焉，则其宗庙之美、百官之富庶乎，其有以尽得之。若惮烦劳，安简便，以为取足于此而可，则非今日所以纂集此书之意也。五月五日，朱熹谨识。”

朱轼《史传三编》卷六：“（吕祖谦）尝就访朱子，及归，朱子送之于道，祖谦欲编《近思录》，因与朱子同止寒泉精舍，分类抉微，一月而成。”

《四库全书总目》卷九十二《近思录》提要：“朱子与吕祖谦同撰。……其书与吕祖谦同定，朱子固自著之，且并载吕祖谦题词。又晦庵集中有乙未八月与祖谦一书，又有丙申与祖谦一书，戊戌与祖谦一书，皆商榷改定《近思录》，灼然可证。《宋史·艺文志》尚并题朱熹、吕祖谦类编。后来讲学家力争门户，务默众说而定一尊，遂没祖谦之名，但称《朱子近思录》，非其实也。”

杜海军《吕祖谦年谱》按：“《近思录》的编纂，吕祖谦其功实伟，编辑思想、所选条目皆以吕祖谦为主导。”

据杜海军《吕祖谦年谱》与束景南《朱熹年谱长编》，在寒泉精舍，朱吕二人商议删定《程氏遗书》为《程子格言》、《程子微言》。

本年前后，始修订《书说》。

《晦庵先生朱文公文集》卷三十三《答吕伯恭》三十九：“修订《书说》甚善，得并《程书》、《诗外传》等节次见寄，甚幸。”（此书作于淳熙二年十二月）

《晦庵先生朱文公文集》卷八十三《跋吕伯恭〈书说〉》：“予往年送伯恭父于鹅湖，知有此书而未及见也。”鹅湖之会在是年五月。

据徐儒宗《婺学之宗——吕祖谦传》，是年冬，居家研经读史，撰有《乙未手笔》。

淳熙三年（1176）

四月，应朱熹要求，作《题近思录》，说明编撰次第及用意。

五月，作《读书记》，纵论读《诗》、《书》、《易》、《戴记》、《通鉴》、《左传》、西汉书、杜子美诗及韩退之、柳子厚等文，以为即此亦可

以使人立世。（见《五百家播芳大全文粹》卷一百六）

七月，复编《读诗记》。

吕乔年《年谱》："七月十日，迁塾于右司斋，复编《读诗记》。"

十月，以李焘推荐，除秘书省秘书郎兼任国史院编修，实录院检讨官，与修《徽宗实录》。

淳熙四年（1177）

三月，实录院进《徽宗皇帝实录》二百卷，吕祖谦审订增削数百条。

十月，在三馆，开始参与编撰《中兴馆阁书目》。

陈骙《南宋馆阁续录》卷四："淳熙四年十月，秘书少监陈骙等言：'中兴以来，馆阁藏书，前后搜访，部帙渐广，循习之久，未曾类次书目，致有残缺重复，多所讹舛。乞以《崇文总目》就令馆职编撰，更不置局。'"

十一月九日，得丞相赵如愚、礼部尚书兼学士周必大荐，被旨校正《圣宋文海》。"请一就删次断自中兴以前，十六日，有旨从之。"（《年谱》）《建炎以来朝野杂记》乙集卷五《文鉴》："伯恭尽取秘府所藏，及士大夫所藏本朝诸家文集，旁求传记他书，悉行编类，凡六十一门，为百五十卷。"

越二年（淳熙六年），书成，孝宗赐名《皇朝文鉴》。

淳熙五年（1178）

吕乔年《年谱》："以与修《中兴馆阁书目》，书成进御，减二年磨勘。"

《中兴馆阁书目》凡七十卷，《序例》一卷。著录图书四万四千四百八十六卷。

闰六月，与李焘书，论修史事，论徐锴《说文解字通释》。

与修《四朝正史志》。

继续修撰《圣宋文海》。《晦庵先生朱文公文集》卷三十四《答吕伯恭》七："《文海》条理甚当，今想已有次第。……盖此书一成，便为永远传布，司去取之权者，其所担当，亦不减《纲目》，非细事也。"

九月，诏吕祖谦主持测验淳熙历法。

十月，吕祖谦致朱熹书，提及“《文海》近方略成次序”。

十二月，致李焘书。论《说文解字》、修史等事。

淳熙六年（1179）

正月，进《文海》一百五十卷，有《进编次〈文海〉札子》，陈述编次意旨、方法及全书规模。“《圣宋文海》一部，共一百五十四册，并临安府元牒到御前降下《圣宋文海》旧本一部，计二十册，并用黄罗夹复，封作七复，欲望特与敷奏缴进。”孝宗以为“有益治道”，赐名《皇朝文鉴》。

东莱虽因编类《文海》，采摭精详，与除直秘阁，但《文海》终因广遭诋毁，不得刊刻。

六月，主管建宁府武夷山冲佑观。七月，妻子芮氏卒。九月，葬芮氏于明招山。

九月，在新居为诸生讲说《诗》、《书》。

是年冬，为弟子时澜等口授《尚书讲义》。吕祖谦辑《书说》未毕而卒，时澜续补完成三十五卷。

时澜《增修东莱书说原序》：“东莱夫子讲道于金华，首摅是书之蕴。门人宝之片言只字，退而识录，见者恐后，亟以板行，家藏人诵不可禁御。夫子谓俚辞间之，繁乱复杂，义其隐乎？修而定之，澜执经左右，面承修定之旨。”（《增修东莱书说》）

《文献通考》著录《东莱书说》十卷。“大愚叟（吕祖俭）书后曰：《尚书说》自《秦誓》至《洛诰》，凡十八篇，伯氏太史己亥之冬，口授诸生而笔之册者也。惟念伯氏退休里中之日居多，以《诗》、《书》、《礼》、《乐》训授学者，俾其有以自得乎此，初未尝喜为书也。然听之有浅深，记之有工拙。传习既广，而漫不可收拾。伯氏盖深病之。一日客有来告者，曰记录之易差固也，各述其所闻，而复有详略得失之异，则其差为甚矣。非有以审其是，学者何从而信之？于是然其言，取《尚书》置几间而为之说。先之《秦誓》、《费誓》者，欲自其流而上溯于唐虞之际也。辞旨所发，不能不敷畅详至者，欲学者易于览习，而有以舍其旧也。讫于

《洛浩》而遂以绝笔者，以夫精义无穷，今姑欲以是而废夫世之所笔录，盖非所以言夫经也。未再岁，伯氏下世，整次《读诗记》犹未终篇，《书》及《三礼》皆未及次第考论，而《书》则犹口授而非传闻。南康史君曾侯取而刊之学官，书来求纪其本末，义不辞也。因书其所知，以附于卷末。”（《文献通考》卷一百七十七）

据吕乔年《年谱》，是年复修《读诗记》，《吕氏家塾读诗记》初稿成。

淳熙七年（1180）

据吕乔年《年谱》，正月一日，“始有《日记》……建家庙，修《宗法》及《祭礼》”。据《东莱吕太史文集》卷十五《庚子辛丑日记》，是年，东莱于家修养，主要工作为编《大事记》，修《读诗记》。

《东莱吕太史文集》卷十五《庚子辛丑日记》：“正月戊寅。一日甲寅，初编《大事记》，起周敬王三十九年。晴。”《大事记原序》：“司马子长《年表》大事记，盖古策书遗法。获麟以上既见于《春秋经》；周敬王三十九年以下，今采《左氏传》、历代史、邵康节先生《皇极经世》、司马文正公《稽古录》、《资治通鉴目录》、《举要历》，辑而广之。意所未安，参稽百代，颇为增损。书法视太史公，所录不尽用策书。范例云起《春秋》后，讫于五代，分为若干卷，《通释》若干卷，《解题》若干卷，合若干卷。淳熙七年正月一日，东莱吕祖谦伯恭序。”（《吕祖谦全集》第八册《大事记》）

《晦庵先生朱文公文集》卷二十七《答詹帅书》：“伯恭《大事记》甚精密，古今盖未有此书。若能续而成之，岂非美事？但读书本自不多，加以衰老昏惫，岂复能办此事？世间英俊如林，要必有能为之者。但恐其所谓经世之意者，未离乎功利术数之间，则非笔削之本意耳。浙中近来怪论百出，骇人闻听，坏人心术。强者唱，弱者和，淫衍四出，而颇亦自附于伯恭。侍郎丈在远，未必闻之。他日还朝，当为深叹息也。”

《朱子语类》卷一百五：“说编《通鉴纲目》，尚未成文字。因言：‘伯恭《大事记》忒藏头亢脑，如抟谜相以（似）。又，《解题》之类亦大多。’”

《朱子语类》卷一百二十二："看《大事记》，云：'其书甚妙，考订得子细，大胜《诗记》。此书得自由，《诗》被古说压了。'""伯恭解说文字太尖巧。……敬之问：'《大事记》所论如何？'曰：'如论公孙弘等处，亦伤太巧。'""伯恭《大事记》辨司马迁、班固异同处最好。渠一日记一年。渠大抵谦退，不敢任作书之意，故《通鉴》、《左传》已载者，皆不载；其载者皆《通鉴》、《左传》所无者耳。""东莱自不合做这《大事记》。他那时自感疾了，一日要做一年。若不死，自汉武至五代，只千来年，他三年自可了此文字。人多云，其解题煞有工夫。其实他当初作题目，却煞有工夫，只一句要包括一段意。解题只见成，检令诸生写。伯恭病后，既免人事应接，免出做官，若不死，大段做得文字。"

淳熙八年（1181）

据《东莱吕太史文集》卷十五《庚子辛丑日记》，是年吕祖谦继续编《大事记》，修《读诗记》。一日修《大事记》，一日修《读诗记》，几无间断。

据吕乔年《年谱》，五月，考定《古周易》十二篇。作《书所定古周易十二篇后》，《音训》一篇，为门人王莘叟笔受。淳熙九年，朱熹刊于临漳。

《东莱吕太史文集》卷七《书所定古周易十二篇后》。

《古周易》上经："东莱先生曰：汉兴，言《易》者六家，独费氏传古文《易》而不立于学官。刘向以中古文《易经》校施孟梁丘经，或脱去'无咎'、'悔亡'。惟费氏经与古文同。然则真孔氏遗书也。东京马融、郑玄，皆为费氏学，其书始盛行。今学官所列王弼《易》，虽宗庄、老，其书固郑氏书也。费氏《易》在汉诸家中最近古，最见排摈。千载之后，岿然独存，岂非天哉！自康成辅嗣，合彖、象、文言于经，学者遂不见古本。近世嵩山晁氏编《古周易》，将以复于其旧，而其刊补离合之际，览者或以为未安。祖谦谨因晁氏书，参考传记，复定为十二篇。篇目卷帙，一以古为断。其说具于《音训》云。淳熙八年五月望日，东莱吕祖谦谨书。"

《古周易》上经："右《古文周易经传》十二篇，亡友东莱吕祖谦伯恭父之所定。而《音训》一篇，则其门人金华王莘叟之所笔受也。熹尝以为《易经》本为卜筮而作，皆因吉凶以示训戒，故其言虽约，而所包甚广。夫子作《传》，亦略举其一端，以见凡例而已。然自诸儒分经合传之后，学者便文取义，往往未及玩心全经，而遽执《传》之一端以为定说。于是一卦一爻，仅为一事，而《易》之为用反有所局，而无以通乎天下之故若是者。熹盖病之，是以三复伯恭父之书而有发焉，非特谓其章句之近古而已也。《音训》则妄意其或有所遗脱。莘叟盖言书甫毕，而伯恭父没，是则固宜然，亦未敢辄补也。为之别见于篇后云。淳熙九年夏六月庚子朔旦，新安朱熹谨书。"

七月二十七日，修《读诗记》至《公刘》一章止。

七月二十八日，《庚子辛丑日记》止。

据吕乔年《年谱》，是年编《欧公本末》。又有《坐右录》、《卧游录》。

又有"抹荆公目录"。

《晦庵先生朱文公文集》卷八十二《题伯恭所抹荆公目录》："伯恭病中读书，漏刻不去手。既定《诗》说，记古今大事，而其余力又及此。然皆未及终篇而卒，读者恨之。此书经杨、陈二公掊击，不遗余力，而其肺腑之际，犹有未尽白者。今观伯恭于书首四卷乃不加一词，而其几微毛发之间，皆不得有所遁。学者于此，不唯可以究观前事，而极夫治乱之源，抑亦可以反求诸心，而审其得失之端矣。淳熙壬寅正月十七日，来哭伯恭之墓，而叔度出此编视予，感叹之余，为书其左。朱熹仲晦书。"

《欧公本末》，《直斋书录解题》卷七著录四卷，云："吕祖谦编，盖因观欧阳公集，考其历仕岁月，同官同朝之人，略著其事迹，而集中诗文亦随时附见，非独欧公本末，而时事时贤之本末亦大略可观矣。"

《卧游录》，《直斋书录解题》卷七著录一卷，云："吕祖谦撰，晚岁病废卧家，取史传所载古今人境胜处录之，而以宗少文'卧游'之语置诸卷首。"

《坐右录》无考。

参考文献

一　基本典籍

（汉）司马迁：《史记》，中华书局，2013。

（汉）班固：《汉书》，中华书局，1962。

（宋）吕祖谦：《吕祖谦全集》（十六册），黄灵庚、吴战垒主编，浙江古籍出版社，2008。

（宋）吕祖谦：《十七史详节》（八册），黄灵庚主编，上海古籍出版社，2008。

（宋）朱熹：《朱子全书》，上海古籍出版社、安徽教育出版社，2002。

（元）脱脱：《宋史》，中华书局，1976。

（宋）李焘：《续资治通鉴长编》，中华书局，1979。

（宋）晁公武：《郡斋读书志》，上海古籍出版社，1990。

（宋）陈振孙：《直斋书录解题》，徐小蛮、顾美华点校，上海古籍出版社，2006。

（宋）《二程遗书》，上海古籍出版社，2000。

（宋）张方平：《乐全集》，文渊阁《四库全书》本。

（宋）王珪：《华阳集》，《丛书集成初编》本。

（宋）李幼武：《宋名臣言行录》，文渊阁《四库全书》本。

（宋）朱熹：《伊洛渊源录》，文渊阁《四库全书》本。

（宋）朱熹：《资治通鉴纲目》，明成化九年刊本。

（宋）吕本中：《师友杂记》，文渊阁《四库全书》本。

（宋）吕本中：《童蒙训》，文渊阁《四库全书》本。

（宋）吕本中：《紫微杂说》，文渊阁《四库全书》本。

（宋）张载：《张载集》，中华书局，2006。

（宋）欧阳修：《诗本义》，文渊阁《四库全书》本。

（宋）苏辙：《诗集传》，宋筠州公使库刻本。

（宋）朱熹：《诗经集传》，中国书店，1994。

（宋）严粲：《诗缉》，文渊阁《四库全书》本。

（宋）李樗、黄櫄：《毛诗集解》，文渊阁《四库全书》本。

（宋）段昌武：《毛诗集解》，文渊阁《四库全书》本。

（宋）黎靖德编《朱子语类》，岳麓书社，1997。

（宋）叶适：《习学记言序目》，中华书局，1977。

（宋）司马光：《资治通鉴》，中华书局，2010。

（宋）司马光：《稽古录》，中国友谊出版公司，1987。

（明）黄宗羲、（清）全祖望：《宋元学案》，中华书局，1986。

（清）梁玉绳等撰《史记汉书诸表订补十种》，中华书局，1982。

（清）黄式三：《周季编略》，凤凰出版社，2008。

（清）永瑢等：《四库全书总目》，中华书局，1981。

（清）阮元：《十三经注疏》，中华书局，1980。

（清）马瑞辰：《毛诗传笺通释》，中华书局，1992。

（清）胡承珙：《毛诗后笺》，黄山书社，1999。

（清）陈奂：《诗毛氏传疏》，商务印书馆，1934。

（清）方玉润：《诗经原始》，中华书局，2006。

（清）朱彝尊：《经义考》，中华书局，1998。

朱杰人、严佐之、刘永翔主编《朱子全书》，上海古籍出版社、安徽教育出版社，2002。

诸祖耿：《战国策集注汇考》，凤凰出版传媒集团凤凰出版社，2008。

杨伯峻：《春秋左传注》，中华书局，1981。

程俊英、蒋见元：《诗经注析》，1991。

二　研究专著

陈开勇：《宋代开封——金华吕氏文化世家研究》，中国社会科学出版社，2010。

陈来：《朱子书信编年考证》，上海人民出版社，1989。

陈荣捷：《朱子新探索》，学生书局，1988。

陈戍国：《诗经刍议》，岳麓书社，1997。

陈文采：《两宋诗经著述考》，台湾花木兰文化工作坊，2005。

程水龙：《理学在浙江的传播》，上海古籍出版社，2010。

戴维：《诗经研究史》，湖南教育出版社，2001。

董洪利：《古籍的阐释》，辽宁教育出版社，1993。

董洪利：《古文献学基础》，北京大学出版社，2008。

董平：《浙江学术思想史》，中国社会科学出版社，2005。

杜海军：《吕祖谦年谱》，中华书局，2007。

杜海军：《吕祖谦文学研究》，学苑出版社，2003。

杜泽逊：《文献学概要》，中华书局，2001。

冯浩菲：《中国训诂学》，山东大学出版社，1995。

郝桂敏：《宋代〈诗经〉文献研究》，中国社会科学出版社，2006。

何炳松：《浙东学派溯源》，广西师范大学出版社，2004。

洪本健：《欧阳修诗文集校笺》，上海古籍出版社，2009。

洪湛侯：《诗经学史》，中华书局，2002。

侯外庐、邱汉生、张岂之：《宋明理学史》，人民出版社，1997。

黄焯：《毛诗郑笺平议》，上海古籍出版社，1985。

黄曙辉编校《刘咸炘学术论集》（史学编），广西师范大学出版社，2007。

蒋见元、朱杰人：《诗经要籍解题》，上海古籍出版社，1996。

孔东：《宋代东莱吕氏之族望及其贡献》，台湾商务印书馆，1988。

李建军：《宋代〈春秋〉学与宋型文化》，中国社会科学出版社，2008。

刘毓庆:《历代诗经著述考》,中华书局,2002。

刘昭仁:《吕东莱之文学与史学》,文史哲出版社,1986。

罗莹:《宋代东莱吕氏家族与研究》,人民出版社,2011。

吕思勉:《理学纲要》,东方出版社,1996。

莫砺锋:《朱熹文学研究》,南京大学出版社,2000。

内藤湖南:《中国史学史》,上海古籍出版社,2008。

潘福恩、徐余庆:《吕祖谦评传》,南京大学出版社,1992。

潘富恩、徐余庆:《吕祖谦思想初探》,浙江人民出版社,1984。

钱穆:《宋明理学概述》,九州出版社,2010。

钱穆:《先秦诸子系年》,九州出版社,2011。

钱穆:《中国思想史论丛》,安徽教育出版社,2004。

钱穆:《朱子新学案》,九州出版社,2011。

邱汉生:《诗义钩沉》,中华书局,1982。

沈玉成、刘宁:《春秋左传学史稿》,江苏古籍出版社,2000。

束景南:《朱子年谱长编》,华东师范大学出版社,2001。

田浩:《朱熹的思维世界》,江苏人民出版社,2011。

王凤贤等:《浙东学派研究》,浙江人民出版社,1993。

王懋竑:《朱熹年谱》,中华书局,1998。

闻一多:《诗经研究》,巴蜀书社,2002。

吴怀祺:《中国史学思想通史(宋辽金卷)》,黄山书社,2010。

吴玉贵:《资治通鉴疑年录》,中国社会科学出版社,1994。

夏传才、董治安主编《诗经要籍提要》,学苑出版社,2003。

夏传才:《诗经研究史概要》(增注本),清华大学出版社,2007。

徐儒宗:《婺学之宗——吕祖谦传》,浙江人民出版社,2005。

姚红:《宋代东莱吕氏家族及其文献考论》,中国社会科学出版社,2010。

姚荣松:《吕祖谦——中国历代思想家》,台湾商务印书馆,1987。

余敏辉:《欧阳修文献学研究》,人民出版社,2010。

张舜徽：《中国文献学》，中州书画社，1982。

浙江省武义县政协文史资料委员会编《吕祖谦与浙东明招文化》，社会科学文献出版社，2006。

三　研究论文

（一）吕祖谦著作整理及文献研究

丁赋生：《古易音训〈宋咸熙刊本〉考》，《杭州大学学报》1996年第4期。

杜海军：《吕祖谦与〈近思录〉的编纂》《中国哲学史》2003年第4期。

冯春生：《吕祖谦丁部文献目录版本考述》，《浙江师范大学学报》2006年第2期。

冯春生：《吕祖谦经学著述目录版本考述》，《浙江师范大学学报》2002年第6期。

黄觉弘：《今传〈春秋集解〉作者非吕祖谦考辨》，《中国典籍与文化》2010年第1期。

黄灵庚：《吕祖谦佚文补遗》，《古籍整理研究学刊》2008年第1期。

黄灵庚：《吕祖谦佚文考辨三则》，《文献》2008年第2期。

李解民：《〈春秋集解〉为吕祖谦撰考》，《中国典籍与文化论丛》第八辑，北京大学出版社，2005。

孙建元：《吕祖谦〈音注河上公道德经〉记略》，《古汉语研究》1996年第3期。

孙建元：《吕祖谦音注三种研究》，《广西师范大学学报（哲学社会科学版）》1998年第4期。

张其凡：《吕中与〈大事记讲义〉》，《安徽师大学报》1992年第1期。

张宗友：《吕氏〈春秋集解〉十二卷本作者与流传之探索》，《中国典籍与文化》2009年第4期。

周梦江：《吕祖谦、陈亮通讯考述》，《温州师范学院学报》1993年第2期。

周梦江：《吕祖谦致陈亮信考释举例》，《浙江师院学报》1984年第3期。

（二）吕祖谦生平、家世、交游考论研究

岱宗：《刀笔宗师吕东莱》，《浙江月刊》1974年第8期。

韩酉山：《吕本中与“中原文献之传”》，《江淮论坛》2009年第3期。

刘昭仁：《朱熹与吕祖谦的交谊》，《黄山学报》2004年第4期。

罗莹：《论东莱吕氏家族的家教与家风》，《殷都学刊》2009年第3期。

罗莹：《正心诚意——论东莱吕氏家族的理学传统》，《学术月刊》2010年第1期。

邱鸣皋：《陆游、吕祖谦、韩元吉关系考述》，《齐鲁学刊》2001年第6期。

童向飞：《尹焞、陈亮、吕祖谦、朱嘉、周必大等与韩元吉交游考略》，《徐州师范大学学报（哲学社会科学版）》2000年第1期。

王基西：《理学家小传——东莱先生吕祖谦》，台湾《中国语文》2002年第535期。

（三）吕祖谦学术成就研究

1. 学术思想综合研究

步近智：《论吕祖谦与婺学的特征》，《中国哲学史研究》1983年第2期。

陈国灿：《吕祖谦的学术风格》，《浙江社会科学》2005年第5期。

陈卫平：《别具特色的思想家评传：读〈吕祖谦评传〉》，《孔子研究》1994年第3期。

董平：《吕祖谦思想论略》，《浙江学刊》1991年第5期。

杜海军：《论吕祖谦对浙东学术的培植与影响》，《江南文化研究》（第一辑），学院出版社，2006。

杜海军：《论吕祖谦研究中的偏见》，《浙江师范大学学报》2008 年第 4 期。

杜海军：《吕祖谦受学吕本中吗——与刘玉敏商榷兼论吕祖谦学术渊源于吕本中》，《中国哲学史》2008 年第 1 期。

方同义：《论吕祖谦的人格气度和学术特色》，《宁波大学学报》2008 年第 6 期。

巩本栋：《填补了中国思想史研究的一项空白：读〈吕祖谦评传〉》，《复旦学报》1992 年第 6 期。

胡昌智：《吕祖谦之学术渊源》，《幼狮月刊》1976 年第 34 卷第 3 期。

黄灵庚：《经、史并重的吕学特色》，《浙江社会科学》2005 年第 5 期。

黄灵庚：《吕祖谦学术简论》，《儒学与二十一世纪文化建设》，学苑出版社，2010。

刘玉敏：《吕祖谦学术渊源考略》，《中国哲学史》2007 年第 3 期。

潘富恩、施昌东：《论吕祖谦》，《浙江学刊》1982 年第 1 期。

潘富恩：《论吕祖谦兼容并蓄的学术思想》，《中国哲学史》1992 年第 1 期。

潘富恩等：《简论吕祖谦的治学之道》，《宋代思想和中华文明》，学林出版社，1995。

邵建东、陈国灿：《略论吕祖谦的民本思想》，《宁波大学学报》2007 年第 4 期。

田浩：《重寻历史上的吕祖谦》，《大陆杂志》1995 年第 8 期。

汪俊：《宋代吕氏家族学术特点述略》，《扬州大学学报》2001 年第 1 期。

王远：《吕祖谦之家学及其开创的婺学渊源小考》，《浙江方志》1991 年第 1 期。

肖永明、张长明：《吕祖谦的思想学术渊源与治学特点》，《湖南大学学报》2003 年第 3 期。

徐洪兴：《南宋浙东学派研究的一项硕果：〈吕祖谦评传〉》，《浙江学刊》1992 年第 6 期。

姚培峰：《吕祖谦的学术思想与处世风格》，《敦煌学辑刊》2005 年第 2 期。

2. 吕祖谦哲学思想研究

《中国哲学家——吕祖谦》，《哲学与文化》1981 年 8 卷第 8 期。

程梅花：《吕祖谦的方法论及其对老庄思想的继承和发展》，《山西高等学校社会科学学报》2003 年第 3 期。

李明友：《吕祖谦的理学思想》，《孔子研究》1992 年第 1 期。

李明友：《吕祖谦的理学思想》，《浙江大学学报》1992 年第 1 期。

李仁群：《吕祖谦对老庄思想的兼容与改造》，《安徽史学》2004 年第 6 期。

马秀娴：《吕祖谦之理学研究》，香港新亚研究所硕士论文，1985。

潘富恩、陈天林：《论吕东莱〈易说〉中的哲学思想》，《周易研究》2002 年第 3 期。

潘富恩、徐余庆：《吕祖谦的实学思想述评》，《复旦学报》1992 年第 6 期。

潘富恩：《论吕祖谦朴素辩证法思想的历史贡献》，载《江南文化研究》，学苑出版社，2007。

屠承先：《吕祖谦的本体功夫论》，《学术研究》2001 年第 8 期。

王凤贤：《吕祖谦思想的心学倾向》，《学术月刊》1991 年第 6 期。

肖永明：《吕祖谦的道德性命之学及其兼融朱陆的特点》，《佛山科学技术学院学报》2003 年第 2 期。

杨金鑫：《“鹅湖之会”新述——兼论吕祖谦的哲学思想》，《湖南师大学报》1988 年第 5 期。

3. 吕祖谦经学研究

蔡方鹿、付春：《吕祖谦的〈诗经〉学探析》，《宁波党校学报》2008

年第2期。

蔡方鹿：《吕祖谦的经学思想及其方法论原则》，《中国哲学史》2008年第2期。

蔡方鹿：《吕祖谦的易学思想》，《周易研究》2008年第2期。

杜海军：《〈读诗记〉及其权属与影响》，《中国社会科学院研究生院学报》2003年第6期。

杜海军：《吕祖谦的〈诗〉学观》，《江苏社会科学》2005年第5期。

顾永新：《日本宫内厅书陵部藏宋刊本〈吕氏家塾读诗记〉影印说明》之《吕氏家塾读诗记》，《中国典籍与文化》2003年第1期。

郭丽娟：《吕祖谦诗经学研究》，台湾东吴大学硕士论文，1994。

洪春音：《朱熹与吕祖谦诗说异同考》，台湾东海大学硕士论文，1994。

黄灵庚：《吕祖谦〈左传〉学述要》，载《〈春秋〉三传与经学文化》，长春出版社，2010。

赖炎光：《吕祖谦的诗经学》，台湾《中国学术年刊》（6卷），1973。

李家树：《南宋朱熹、吕祖谦“淫诗说”驳议述评》，《河北师范大学学报》2005年第1期。

李之鉴：《吕祖谦易说浅论》，《河南师范大学学报》1997年第1期。

林建勋：《吕东莱的春秋学》，台湾“中央大学”硕士论文，1990。

彭维杰：《朱子诗传旧说探析》，台湾《国文学志》1999年第6期。

孙旭红：《吕祖谦〈左传〉学中的王霸之辨》，《江汉大学学报》2010年第2期。

王玉桂：《〈吕氏家塾读诗记〉之训释和文献价值》，《淮北职业技术学院学报》2010年第6期。

吴冰妮：《〈吕氏家塾读诗记〉前后文本比较分析》，《文献》2009年第2期。

吴冰妮：《〈吕氏家塾读诗记〉研究》，北京大学博士论文，2010。

吴国武：《董逌〈广川诗故〉辑考》，载《北京大学中国古文献研究中心集刊》（第七辑），北京大学出版社，2008。

徐儒宗：《吕氏〈古周易〉与朱子〈周易本义〉简论》，金华“首届吕祖谦学术研讨会”论文，2003。

杨新勋：《论吕祖谦〈诗经〉学的主要思想》，《江南文化研究》第一辑，学苑出版社，2006。

杨新勋：《吕祖谦〈吕氏家塾读诗记〉在〈诗经〉学史上的意义》，《南京师范大学学报》2008年第6期。

杨延：《〈吕氏家塾读诗记〉特色初探》，《牡丹江大学学报》2009年第5期。

杨延：《从诗史互证看〈吕氏家塾读诗记〉的宗毛倾向》，《新疆大学学报》2009年第6期。

杨延：《从以礼说诗看〈吕氏家塾读诗记〉的宗毛倾向》，《乌鲁木齐职业大学学报》2010年第1期。

姚永辉：《论吕祖谦〈吕氏家塾读诗记〉中的“诗史互释”》，《诗经研究丛刊》第八辑，学苑出版社，2006。

姚永辉：《朱熹、吕祖谦关于〈诗经〉的四大论辩平议》，《诗经研究丛刊》第十四辑，学苑出版社，2008。

张卫中：《吕祖谦左传研究论析》，《绍兴师专学报》1992年第1期。

张卫中：《吕祖谦左传研究论析（续）》，《绍兴师专学报》1992年第1期。

赵制阳：《吕氏家塾读诗记评介》，台湾《孔孟学报》1997年第9期。

知堂：《谈东莱博议》，《宇宙风》1937年第44期。

朱宏秋：《论吕祖谦〈左传〉学之经传观》，《河南图书馆学刊》2009年第1期。

朱宏秋：《浅论吕祖谦〈左传〉学之经史观》，《华北水利水电学院》2009年第1期。

朱宏秋：《浅论吕祖谦〈左传〉学之理说与心说》，《黄河科技大学学报》2009年第4期。

4. 吕祖谦史学研究

蔡坚：《理学与事功：略论吕祖谦史学思想的基本特征》，《上海教育学院学报》1998 年第 1 期。

陈居渊:《吕祖谦的正统史观与〈三国志详节〉》,《中共宁波市委党校学报》2009 年第 4 期。

董平:《论吕祖谦的历史哲学》,《中国哲学史》2005 年第 2 期。

高焜源:《吕祖谦的史学批评》,台湾华梵大学硕士论文,2000。

胡昌智:《吕祖谦的史学》,台湾《书目季刊》1976 年 10 卷第 2 期。

胡昌智:《吕祖谦与其史学》,台湾东吴大学硕士论文,1974。

李炳泉:《吕祖谦的史学思想》,《烟台师院学报》1989 年第 3 期。

李宗翰:《吕祖谦之历史思想》,台湾"清华大学"硕士论文,1997。

刘昭仁:《吕东莱之文学与史学》,文史哲出版社,1986。

潘富恩:《吕祖谦与浙东史学》,《孔子研究》1992 年第 1 期。

潘富恩等:《论吕祖谦的历史哲学》,《哲学研究》1984 年第 2 期。

钱茂伟:《吕祖谦史学研究的学术史考察》,《江南文化研究》第三辑,学苑出版社,2009。

孙方明:《吕祖谦史学思想初探》,《西南师院学报》1985 年第 2 期。

吴怀祺:《吕祖谦的史学》,《史学史研究》1992 年第 2 期。

徐小燕:《〈历代制度详说〉初探》,《书目季刊》2003 年第 6 期。

张其凡:《〈大事记讲义〉初探》,《暨南学报》1999 年第 2 期。

5. 吕祖谦文学研究

陈广胜:《〈宋文鉴〉与吕祖谦的学术思想》,载《宋代哲学与中华文化国际研讨会论文集》,河南大学出版社,1996。

陈广胜:《吕祖谦与〈宋文鉴〉》,《史学史研究》1996 年第 4 期。

陈守富:《〈东莱博议〉及其评点本》,《四川大学学报》1990 年第 4 期。

杜海军:《〈东莱标注颍滨先生文集〉对苏辙文的辑佚与校勘价值》,《浙江师大学报》2009 年第 3 期。

杜海军:《吕祖谦与〈唐宋八大家〉》,《广西师范大学学报》2006 年第 1 期。

巩本栋:《论〈宋文鉴〉,《中国文化研究》2012 年第 1 期。

江枰:《吕祖谦编选〈古文关键〉质疑》,《贵州文史丛刊》2004 年第 4 期。

林素芬:《吕祖谦的辞章之学与古文运动》,《国立中央图书馆馆刊》1995 年 28 卷第 2 期。

林文腾:《吕祖谦〈皇朝文鉴〉研究》,台北市立师范学院硕士论文,2001。

林永锐:《吕祖谦的〈东莱博议〉评说》,《海南大学学报》1993 年第 3 期。

罗莹:《〈古文关键〉经典的确立与文章学上的意义》,《沈阳师大学报》2009 年第 4 期。

马东瑶:《吕祖谦的文学教育》,《河南教育学院学报》2008 年第 6 期。

邱江宁:《吕祖谦与〈古文关键〉》,《浙江社会科学》2005 年第 5 期。

孙琴安:《吕祖谦的散文评点及其地位》,《江南文化研究》,学苑出版社,2007。

王晓靖:《吕祖谦〈古文关键〉中散文理论探析》,《连云港师范高等专科学校学报》2008 年第 4 期。

王晓靖:《试论吕祖谦的诗歌创作》,《连云港职业技术学院学报》2006 年第 4 期。

吴承学:《现存评点第一书——论〈古文关键〉的编选、评点及其影响》,《文学遗产》2003 年第 4 期。

吴万居:《吕祖谦〈东莱博议〉锥指》,台湾《光武学报》1988 年第 13 期。

萧之华:《秉春秋快笔、诛奸雄之心——谈吕祖谦及其〈东莱博议〉》,《文艺月刊》1989 年第 243 期。

许爱莲:《吕祖谦及其〈东莱博议〉》,台湾师范大学硕士论文,1990。

张秋娥:《修辞接受与修辞表达——从〈古文关键〉评点看吕祖谦的

修辞思想》，《河南师范大学学报（哲学社会科学版）》2002年第5期。

朱黎辉、王金生：《吕祖谦家学传承及文学贡献分析》，《牡丹江师院学报》2008年第3期。

6. **吕祖谦教育思想研究**

官志隆：《吕祖谦丽泽书院讲学研究》，台湾中正大学硕士论文，2003。

黄淑娟：《吕祖谦成学背景及其教育思想研究》，东吴大学硕士论文，2000。

刘贵杰：《吕祖谦的人格教育思想》，台湾《社会科教育学报（竹师）》2014年第7期。

牛梦琪：《吕祖谦的教育思想》，《驻马店师专学报》1989年第2期。

潘莉娟：《论吕祖谦求实用的教育思想》，《北方论丛》1991年第6期。

秦玉清、张彬：《吕祖谦与丽泽书院》，《杭州师范学院学报》1999年第2期。

魏丽：《试论吕祖谦经世致用的教育观》，《商丘职业技术学院学报》2008年第6期。

张垣铎：《吕东莱的教育思想》，《东方杂志》1978年12卷第6期。

张垣铎：《吕东莱教育思想初探》，台湾《南台工专学报》1990年1卷第13期。

赵雨：《吕祖谦的学习心理思想研究》，《华东理工大学学报（社科版）》2005年第2期。

7. **基于学术史背景的吕祖谦研究及其他**

高越天：《述金华学派》，《浙江月刊》1973年5卷10期。

黄灵庚：《婺州文献述要》，《浙江社会科学》2009年第6期。

李华瑞：《南宋浙东学派对王安石变法的批判》，《史学月刊》2001年第2期。

李甲孚：《朱子、吕祖谦与近思录》，台湾《中央月刊》1975年7卷第 4 期。

林明贤：《〈近思录〉思想研究》，台湾辅仁大学硕士论文，2003。

潘富恩、刘华：《论浙东学派的事功之学》，《复旦学报》1994 年第 5 期。

潘富恩：《论陆九渊与吕祖谦思想之异同》，《商丘师范学院学报》2005 年第 3 期。

潘富恩：《论朱子与东莱思想之异同》，《朱子学刊》2000 年总第 11 期。

邵建东：《陈亮与吕祖谦政治思想比较》，《金华职业技术学院学报》2010 年第 2 期。

徐德智：《朱熹和吕祖谦的经史观》，《人文及社会学科教学通讯》2004 年第 6 期。

许修嘉：《陈亮与吕祖谦学术思想异同——思想合流契机》，台湾逢甲大学硕士论文，2002。

叶建华：《宋代浙江事功学派述评》，《浙江学刊》1989 年第 6 期。

张秀惠：《南宋古文评点研究》，台湾政治大学中文研究所硕士论文，1986。

周梦江：《南宋婺学与永嘉学派》，《浙江学刊》1990 年第 2 期。

朱仲玉：《试论金华学派的形成、学术特色及其历史贡献》，《浙江师大学报》1989 年第 4 期。

后　记

本书是在我的博士论文基础上修改而成的。2008 年 9 月，当我如愿重回燕园在职读博的时候，并没有意识到这是一段艰难远超预想的历程。那些年一边教书，一边读博，自己时时有精力交瘁之感，亦曾陷入焦虑与惶恐，一种分身乏术的焦虑，一种基于对学术敬畏的惶恐。所幸有众多师友的谆谆教导与热情鼓励，有相濡以沫的家人的默默支持，自己才能最终顺利完成学业。

在本书即将面世的时候，我要向多年来帮助过自己的师友亲人表达最诚挚的谢意。

感谢北京大学古文献研究中心的安平秋教授、杨忠教授、廖可斌教授、曹亦冰教授、高路明教授、刘玉才教授、杨海峥教授、顾永新教授，中华书局的胡友鸣先生、骈宇骞先生。从论文开题、写作一直到预答辩、答辩，诸位先生给予诸多帮助和指导。

感谢我的硕士导师吴鸥教授多年来对我学业和工作生活的关心。

感谢挚友李鹏飞，感谢付佳、马昕等师妹、师弟，为我提供各种帮助。

感谢我在职单位北京第二外国语学院的唐晓敏教授、裴登峰教授多年来在工作上给予的热忱帮助和照顾。

感谢我的家人。妻子向农既要辛劳工作，又要负责女儿的教育，双方父母一直帮我们照料小孩、操持家务，使我能够抽出时间完成学业，感谢他们的无私付出。

业师董洪利教授学问渊博，亦是忠厚长者，从本科期间对我们夫妇一直关怀照顾，二十余年未有稍衰。董师于今年四月遽归道山，不能看到本书的出版，我也无法再聆听教诲，心中念及，哀不能已！惟师恩永志不忘！

路漫漫其修远兮，吾将上下而求索。

是为记。

李洪波

2017 年 10 月 1 日于水清木华园

图书在版编目(CIP)数据

吕祖谦文献学研究 / 李洪波著. -- 北京 : 社会科学文献出版社, 2017.9
ISBN 978 - 7 - 5201 - 1499 - 8

Ⅰ. ①吕… Ⅱ. ①李… Ⅲ. ①吕祖谦(1137 - 1181) - 文献学 - 研究 Ⅳ. ①B244.99 ②G256.1

中国版本图书馆 CIP 数据核字 (2017) 第 244375 号

吕祖谦文献学研究

著　　者 / 李洪波

出 版 人 / 谢寿光
项目统筹 / 宋月华　李建廷
责任编辑 / 李建廷　赵晶华

出　　版 / 社会科学文献出版社 · 人文分社 (010) 59367215
　　　　　地址: 北京市北三环中路甲 29 号院华龙大厦　邮编: 100029
　　　　　网址: www.ssap.com.cn
发　　行 / 市场营销中心 (010) 59367081　59367018
印　　装 / 三河市东方印刷有限公司

规　　格 / 开　本: 787mm × 1092mm　1/16
　　　　　印　张: 16.5　字　数: 240 千字
版　　次 / 2017 年 9 月第 1 版　2017 年 9 月第 1 次印刷
书　　号 / ISBN 978 - 7 - 5201 - 1499 - 8
定　　价 / 89.00 元